I0405029

これはすごい!

驚異の販促

200の成功実例があなたの会社を救う!

成功事例集

三浦　進

toExcel
San Jose　New York　Lincoln　Shanghai

広くマーケティングの現場に推薦したい

小中　陽太郎

世の中、なんでも仕掛けがある。

仕掛け花火、大仕掛け、なかには、色仕掛けなんてとんでもないものまで罷り通るご時世である。これだけ、いろいろ仕掛けがありながら、これまで、『販売促進の仕掛け』について、具体的に取り上げた本がなかったというのも不思議といえば不思議である。そして、販促のプロの三浦進が、そのコロンブスの卵を立てて見せたのが本書である。戯作風に申せばこうもなろうか。

「さあさ、お立ち会い、手前ここに取りい出しましたる『販売促進事例集』、種も仕掛けもございませぬ、もし種があるとすれば、三浦が長年、販売の現場で培い、観察した販売の知恵（日本マクドナルド藤田社長の言葉）でございます」

三浦は、販売促進の手法を、広告、販売手法、仕掛けと分類し、最後の仕掛けには決して膨大な金がかかるものではない、と力説する。要は知恵、つまりアイデアだ、という。そして、それは商品への興味を高める仕掛け、開拓する仕掛けだと喝破するのだ。

本書の特長は、デパートから宅配焼き鳥まで、ＪＲからコンビニまで、規模の大小によらず、成功した秘密の実例を数字とともに示しているので、実に説得力がある。三越の前身である越後屋呉服店の創業者三井高利が、傘に、『越後屋』と書いてにわか雨のときに自由に傘を貸し出した逸話も、三浦にかかると東京・京橋の焼鳥屋のバイクに、『宅配焼き鳥』と書かせたアイデアとなって活きてくる。また、そのバイクを運転する者の服装の清潔さにも注意するという心配りが奥ゆかしい。衛生的なイメージを植えつけるのだ。

こうしてみると、三浦の仕掛けは、人間味豊かな心配りだ、とまとめることができるだろう。

ただ、三浦にも判断ミスが一つあった。それは、『販促の本』の『販促』を営業に不得手な私などに頼んだことである。しかし平賀源内以来マスコミとは販促かもしれない。しかも三浦は、長年独力で、『はがきコラム』というユニークな個人通信を発行し続けている。それは既に１８６号にもなっている。ぼくは、この三浦のコラムの愛読者で、日本ペンクラブの会員に推薦させていただいた。三浦がコラムで鍛えた、短い文章のなかにエスプリを利かせる修業が、本書に活きたとすれば、三浦の仕掛けは、どうしてどうしてなかなかの仕込みがあったことになる。
本書を広くマーケティングの現場にある読者に推薦するゆえんである。

プロローグ

米国のある少年の話である。彼は自宅にたくさんの兎を飼い、兎達の餌にやる草が毎日大量に必要だった。これは1人ではとても無理だった。そこで少年は考えた。近所の子供達を集めある日こういった。

「君達、兎にやる草をとってきてくれたら、このかわいい兎のそれぞれに、君達の名前をつけてあげるよ」

翌日から近所の子供達は、自分の名前のついたかわいい兎のために、せっせと草をとり、少年の家に運んだという。その少年とは、後に米国の鉄鋼王ともいわれるようになったカーネギー。彼はこの逸話が示すように、少年時代からその商才を発揮し、並みはずれた発想の持ち主だったようである。

私は販売促進の仕事をするようになって、すでに30年あまりになるが、若い時分にこのカーネギーの話を読んではじめて『販売促進の基本』を悟ったような気がする。

「デパートの1階にはどうしてトイレがないのか。またエレベーターはどうしてフロアーの奥にあるのか」「同じ商店街の中で、同じ薬局、値段もほぼ同じなのに、どうしてあの店はいつも客で立て込んでいるのか」

私はいつも疑問を持ち、これらすべてに実は仕掛けがあることを次第に気づいた。販売促進の手法は、広告手法、販売手法、仕掛け手法の3つに分けられるが、本書では特に仕掛けについて、あらゆる業界の事例や私自身の体験も加えてまとめてみた。

販促は、決して難しいものではないし、膨大な費用がかかるものでもない。要は、〝仕掛けのアイデア〟にある。これが私の持論だ。いかに多くの仕掛けのアイデアを持ち、それを実行するか、勝負はこれで決まるといっていい。

日本マクドナルド社長の藤田田氏は、優れた販促の戦略家だと私はかねがね尊敬している。同氏がいつも口にしているのが「知識ではなく知恵だ」という一言だ。販促についてこれほど簡潔にいいきった言葉を私は知らない。

本書は、まさに販促ヒントの宝の山であるよう努力した。収録した多くの事例の中から、何か一つでも皆さんがヒントを得られれば、と願っている。

インターネットでも常時読むことができ、日立化成工業㈱提供の「水のあるくらし・話のシャワールーム」（http://www.toppan.co.jp/hitachi-chem/han2.htm）にアクセスしてほしい。本書の内容の一部が既に配信されている。

なお、本書の出版にあたり、評論家の日本ペンクラブ専務理事小中陽太郎氏より、過分な推薦文を頂いた。本欄を借りて厚くお礼を申し上げたい。また、メディアアナリストの北村良輔君には、資料収集の手助けを受け、いろいろ貴重なアドバイスをもらったので併せてお礼申し上げたい。

長年あたためてきた構想を、こうして一冊にまとめ、それが読者諸兄のお役に立てば、望外の喜びである。

三浦　進

●販売促進事例集●

目次

プロローグ　4

第1章　事例に入る前の販促の心得 ―― 21

●販売促進の手法　22
成果を左右するプラン・ドゥ・シー　25
企画のステップ　その一　27
企画のステップ　その二　29

第2章　街にあふれる販促のヒント ―― 31

●商店・流通業界の販促事例　32
『商談中』と表示すると中古車がすぐに売れた　32
冷や麦を3倍売ったスーパー　33
父の日にネクタイを通常期の5倍売ったデパート　34
『焼鳥宅配』で大きな成果　35
記憶力で勝負する、いつも満員の飲み屋　37
『ヨロシクメニュー』で固定客を掴む　39
板長おすすめ品の裏話　40
臨時休業の時、表に伝言板を取り付ける　41
買いやすい工夫。薬局のコンドームの自動販売機　42
ペットショップで好評だった名前字典　43
ガソリンスタンドの素晴らしいセンス　44

販売促進事例集

アイデア溢れるお米屋の店頭　45
アイデアのある商店街の茶舗　48
工夫を凝らした呉服屋の店内　48
メガネ量販店のキメ細かなサービス　50
「修学旅行に店舗を使って！」マクドナルドの新商法　51
リプトンの巧妙な宣伝アイデア　53
外食産業の巧みな戦術　54
成功したコンビニの開店チラシ戦術　55
お客の誘引に成功しているコンビニ　57
レンタルビデオの見事な商法　59
新規オープンのショッピングセンター　60
青果点でPBコメを販売　62
ますます増える娯楽施設の託児所　63
カーテンを自室で試してから買う　64
買い物ついでに中古車選び　66
ガソリンスタンドの新商売のあれこれ　67
他業種のコメ参入の意外な苦戦　69
ターゲットを絞り新戦略を展開する不二家　70
地方都市での出店に賭けるすかいらーく　71
空いてる時間に勝負を賭ける外食産業　73
スーパーの夜の商戦あれこれ　74
人気を呼ぶ衣料店内の喫茶店　75
出店攻勢で急成長するドトールコーヒー　76

東京・銀座のコーヒー戦争 78
一杯50円のコーヒーを出前する銀座ルノアール 80
アイスコーヒーにも一工夫する喫茶店 81
青果物商社ドールが外食に参入 82
全館でPHSが使える高島屋新宿店 83
デパートのギフト商戦のアイデア 84
売上げを1000億円伸ばしたデパートの共通商品券 86
デパートの自社カード作戦のあれこれ 87
企画力が勝負『セレクト型ギフト』 89
コスメティックプラザで成功した西武百貨店 90
成功した西武百貨店のVIPシステム 92
勤め帰りのOLを狙うデパート 93
各デパートのポイント合戦花盛り 94
古き時代のデパートの販促戦術あれこれ 95

第3章 企業の数だけ販促事例はある――99

●あらゆる業種の販促事例 100
飲料自販機の設置に8000人の社員を動員したJT 100
商品開発力で好調を続けるユニ・チャーム 101
顧客サービスに徹する三貴グループ 104
写真マーケットを大きく変えた写真屋さん45 105
APSフィルムの即日仕上げがやっとスタート 107

ゴルフクラブ市場で独走する『プロギア』 108
カーワックスで快進撃を続けるタイホー工業 110
『物流と情報』で問屋のトップを目指す伊藤忠食品 112
返品ＯＫ、流通業界の大きな変身 114
価格保証に挑戦する各社の戦術 115
保証期間を伸ばす各社の戦術 117
価格と応対で勝負する大塚家具 118
ヤングに人気のドラッグストア 120
住宅近接型店舗で固定客を掴む 121
小売業トップに踊り出たセブン・イレブン 122
トップをめざすファミリーマート 124
各企業が導入するポイントサービス 126
札幌にオープンしたペット同伴バー 127
マンションでペットも市民権を得る 129
引き算の理論で下取りを前提にしたローンのアイデア 130
観光情報からテントまで提供するレンタカー 132
レンタカー業界の販促あの手この手 133
車とゲーム機のジョイントキャンペーン 135
習慣を変えさせて商品を売る 137
平賀源内の巧妙な販促アイデア 138
有機養殖魚がますます人気 140
商品開発で、牛乳の宅配がよみがえる 141
カラーテレビはアンテナの色で売れた 143

販売促進事例集

見学バスツアーで物件を見事完売した不動産会社　144
建売住宅を夜間にオープンした不動産会社　145
マンションの中古物件をリフォームしてショールームに　147
マンションのデータ管理でリフォーム需要をとる　148
逆転の発送、ゆうパックの巧みな商法　150
ガス器具を売りガスを使わせる。東京ガスの例　その一　152
東京ガスの例　その二　153
テレビ通販に新しい芽、大手商社が小売業に進出　154
情報メディアへの進出を狙う花王　156
人気を集めるバンダイのサラブレッドカード　157
若者のハートを捉えた腕時計アルバ・スプーン　158
五輪での富士とコダックのフイルム戦争　160
話題性を創ったショールーム戦略　162
王座大関を揺さぶるワンカップ200ミリ戦争　163
酒に音楽を聞かせて醸造する黄桜酒造　165
環境問題で共感を呼び、23倍の売上げを上げた宝酒造　166
新商品が業績を支える宝酒造　168
ドライがラガーを抜いた見事な戦術　169
1本150円ビールの開発・防戦戦略　171
タコ焼きに進出した吉本興業　172
学生30万人にDM展開するリクルート　174
米社と合併、会員制の新型通販のスタート　175
クール宅急便の熾烈な戦争　176

販売促進事例集

農業のパソコン時代に賭ける富士通 177
ホーロー技術で独走するタカラ 179
お寺までつくったゼネコンのフジタ 180
市場のニーズに対応する斎場の建設ラッシュ 182
日本信販が低利葬祭クレジットをスタート 183
墓地と墓石のセット販売で伸びるニチリョク 185
シルバー産業への各企業の進出（ハード編） 187
シルバー産業への各企業の進出（ソフト編その一） 189
シルバー産業への各企業の進出（ソフト編その二） 191
お年寄りに人気のシルバースター旅館 192
障害者パワーがニュービジネスに挑戦 193
全国共通ゆうえんち券の人気 195
大型懸賞でユーザーを引き込む 198
グリーンスタンプを大手スーパーが採用 200
プレミアムキャンペーンに成功した日産とサントリー 201
8・8・8のあやかりイベント 203
8・8・8の鉄道各社のあやかり商法 205
増収増益を続ける花王の戦略 206
ハンドドライヤーに勝負を賭ける三菱電機 207
嗜好の変化に対応する飲料メーカー 209
廉価版文庫本のテストマーケティングがスタート 211
老いも若きもパソコン教室で猛勉強 212
超低価格のパソコンを売る『アキア』の秘密 214

日本マクドナルドのキャンペーンと経営戦略 216
ガソリンスタンドに目をつけたマクドナルド 217
日本マクドナルドの80円ハンバーガー 219
ゲームに進出するジャストシステム 221
個人にスペースを貸す中古車センター 223
衛星オークションを展開する三井物産 224
チラシ戦法でお客を取り込むジーンズメイトの巧みな戦術 225
エリアマーケティング成功例（その一） 227
エリアマーケティング成功例（その二） 229
マンションに温水洗浄便座を73台売る 231
ワープロ合宿教室で1回に80台を売る 232
自転車教室を開き大量販売に成功 233
医師にビデオを53台売る 234
作戦の失敗でビデオを売りそこなう 236
ソニー8ミリビデオは『旅』と『若者』をとらえた 238
必ず売れる『限定仕様商品』 239
マニアに人気の光岡自動車 241
驚異的なライカのサービス体制 242
モデルルーム格安処分の仕掛け 243
無料取り替えキャンペーンで成功したゼブラ 244
自社のオフィスをショールームにしたコクヨ 245
赤のイメージで日本市場を制覇したコカコーラ 247
消費を促す電動鉛筆削り機の仕掛け 248

フィルターが大きな販促効果 249
魔法のように巧妙なリースの仕掛け 251
村から村へ情報を伝えた富山の薬屋 253
生保で全国ベストテンに入ったBさん 255
『街起こし事例』都会編 その一 257
『街起こし事例』都会編 その二 258
『街起こし事例』都会編 その三 259
『街起こし事例』地方編 その一 260
『街起こし事例』地方編 その二 262
『街起こし事例』地方編 その三 264

第4章 〝人を動かす〟販促のテクニック―― 267

●鉄道・ツアー関連販促事例集 268
くつろぎの旅を演出するJRの『お座敷列車』 268
『フルムーン』は国鉄時代の傑作商品 269
JR各社の冬の企画商品合戦 271
女性客を巧みに捉えるJR各社 272
JR東海と小田急の巧みな戦術 274
鉄道事業の綿密な経営計画 275
続々ヒットを飛ばすJTBのアイデアマン物語 277
コンビニでパック旅行券が買える 278
借り切りでゆっくりとツアーの時代 279

釣り、クルマ、ツアーは女性がターゲット 281
女性の一人旅を歓迎する旅館事情 283
バスのなかで土産物を売り、それを宅配サービス 284
ハワイへ誘うJALのキャンペーン 286
事前予約・回数で割り引く各航空会社の販促アノ手コノ手 287
航空幅運賃に対応する旅行各社 289
21世紀の『初日の出』を太平洋上で 290
シニア向けツアー商品も花盛り 292
海外『現地発着ツアー』の魅力の商品 294
航空運賃を直販で格安に販売するイージージェット 296
国内パックに割安レンタカーをセット 297
身体障害者も気軽に旅を……。 299

第5章 普遍性のあるインターネット販促 ―― 301

●インターネットビジネス事例集 302
本邦初の電子モールを構築した凸版印刷 302
テレビ番組と連動するインターネットを開発したNEC 304
広告業界に乗り出したNEC 305
インターネット家電がいよいよ登場 306
114部署の情報を流す岡山県庁 309
地方自治体が取り組むコンピュータ・ネットワーク 310
ゴルフ場の情報をリアルタイムで 312

販売促進事例集

スキー場からプロ野球までも　313
最適なスキー板を画面上でアドバイス　314
接続サービスに女性専用型が登場　316
産直に全国の農協も参入　317
5000店舗と情報網を構築する資生堂　319
出版界も本格参入、インターネットで読者開拓　320
インターネットでの電子決済システムの構築進む　322
インターネットで資金の移動も　323
投資の訓練になる資産運用ゲーム　324
ホームページで国宝の普賢菩薩をじっくりと鑑賞　326
インターネットもおいしい時代、食品各社の戦術　328
最適ルートは時刻表ではなくホームページで　329
店舗の要らないインターネット商売　331
プロバイダーがCATV各社と提携　332
CATVにインターネットを接続してマルチメディアに　334
インターネットで宿泊プランを予約販売　335
仮想モールを開設したエンドウの戦略　337
キメ細かいサービスの『京都モール』の展開　338
遠隔在宅医療が実験段階に　340
25万種類の商品情報を提供する会員制の通販　341
中小企業向けインターネット一括支援　342
CD－ROMでインターネットを無料接続する日産　343
長距離割安のインターネット電話　344

第6章　〝代わりにやってあげる〟ノウハウとは　347

●代行ニュービジネス事例　348
給食事業で快進撃を続けるエームサービス　348
テレマーケティングで伸びるベルシステム24　349
便利、代行を売る米国のニュービジネス　351
コピーサービスで月3000万円の売り上げのキンコーズジャパン　353
営業・販売促進業務を代行するマースジャパンの商法　355
帳簿から、製造・営業を代行する日本アシスト・グループ　357
書類整理のノウハウを売り込むファイリング・システム　358
電話健康相談サービスで年商10億円のティーペック　360
人と触れ合うビジネスを築くキンダーネットワーク　361
個人輸入代行システムを構築したブルックランズ　363
利用急増する高層ビルの共同配送　365
買い物代行ビジネスで急成長するJCP　366

第7章　シビアな金融の販促テク――369

●金融・カード業界の販促事例　370
自動販売機にも仕掛けがある　370
銀行のATM機が稼ぐ巨額な手数料　371
取り引きに応じて点数を加点する第一勧銀の味な戦術　373
マクドナルドに進出した三和銀行　375

銀行の新商売戦術アレコレ　その一 376
銀行の新商売戦術アレコレ　その二 377
銀行の新商売戦術アレコレ　その三 378
銀行の新商売戦術アレコレ　その四 379
銀行の商法の問題点　その一 380
銀行の商法の問題点　その二 381
提携で活路を見い出すカード会社の知恵のアレコレ 383
ICチップカードを加盟店ですぐ発行する日本信販 385
カード各社が開始した市外通話料金の割引サービス 386
HISがクレジット事業に進出 389
海外で現金がいる、そんな時に便利なシティカード 390
金券をプリペイドカードと交換するチケットクラブ 391
自動契約機で売り上げを伸ばす消費者金融 392

第8章　未公開販促術を教えます 395

●提言集　これでいいのか！ 396
工夫がないギフトやプレミアム 396
遅れているホテル、旅館の販促策 399
時代を読めなかった秋葉原電気街 401
『顧客招待』のアノ手コノ手 403
顧客管理がなっていない車と生保 405
これからのテーマパークの問題点 407

ショールームにも欲しい販促アイデア　411
付録　ヒット商品ネーミング　416
付録　販促カレンダー　419

第1章

事例に入る前の販促の心得

販売促進の手法

ひとくちに販売促進といっても、手法は誠に広範囲で、多岐にわたっている。

一般的にはその商品の特性を分析して、効果的な販売促進策を検討するのだが、その際の販促手法は、どちらからといえば広告媒体が主に考えられることが多い。つまりマス指向ということだ。

24ページに販売促進の手法を整理してみた。①の広告手法や②の販売手法については、専門書が多く、事例も多く取り上げられているが、③の仕掛け手法については、まだ具体的に取り上げたものが、ほとんどない。ところで実はこの③の手法こそが、効果的な販売促進を可能にするキーとなるものだと、私は力説しておきたい。本書の狙いは、ここにある。マーケティング先進国の日本で、まだ仕掛け手法に絞り込んだ関連書籍がないことは、驚きである。

ところで「仕掛け」は英語で「トリック」という。日本人にとってトリックという言葉にはいささかの抵抗感を感じないわけでもない。だがそれは、「ひっかけ」とか

「騙し」ではなく、手品のトリック的罠でもない。「商品を売るための頭脳的、戦略的な仕掛け」という次元で、ここでは理解してもらいたい。

〈マーケティングから見た販売促進の手法の色々〉

1.広告手法	印刷媒体	●カタログ ●パンフレット ●チラシ ●ポスター ●ビラ ●ハガキ ●DMなど
	サイン媒体	●看板 ●ネオン ●電光 ●ノボリ・たれ幕
	マス媒体	●新聞雑誌 ●TVラジオ ●インターネット
	動的媒体	●ＰＯＰ ●サンドイッチマン ●チンドン屋 ●飛行船 ●アドバルーンなど
2.販売手法		●店舗 ●営業活動 ●展示即売会 ●通信販売 ●訪問販売 ●会員組織 ●店会組織 ●テレ・マーケティング
3.仕掛け手法		●商品への関心、興味度を高める仕掛け ●商品の魅力づくりの仕掛け ●買いやすい仕掛け　●買いたくなる仕掛け ●売りやすい仕掛け　●売りたくなる仕掛け ●売る手法の仕掛け ●セール、キャンペーン （プレミアム・サンプリング・モニタリング・コンテスト・ジョイント）

成果を左右するプラン・ドゥ・シー

本書は、販売促進の手法の中の「仕掛け」の成功事例や、私自身の体験から得た事例をまとめている。仕掛けというと、何だか安っぽく見られがちだが、実はこれこそが販促活動のキーになるもので、巧妙な仕掛けがなければ、売れるものも売れないといってよい。仕掛けを考える場合、私の場合はまず「?」から始める。この「?」は市場背景、商品特性、シェア、競合他社、または予算（費用）であったりする。そして、その「?」をいかなる手法で解明し仕掛けの企画を立てるか、これが決め手になる。

重要なことは、あくまでもプラン・ドゥ・シー、つまり企画、実施、検証であり、この繰り返しこそが成果を左右するのである。

〈企画のフローとプラン・ドゥ・シー〉

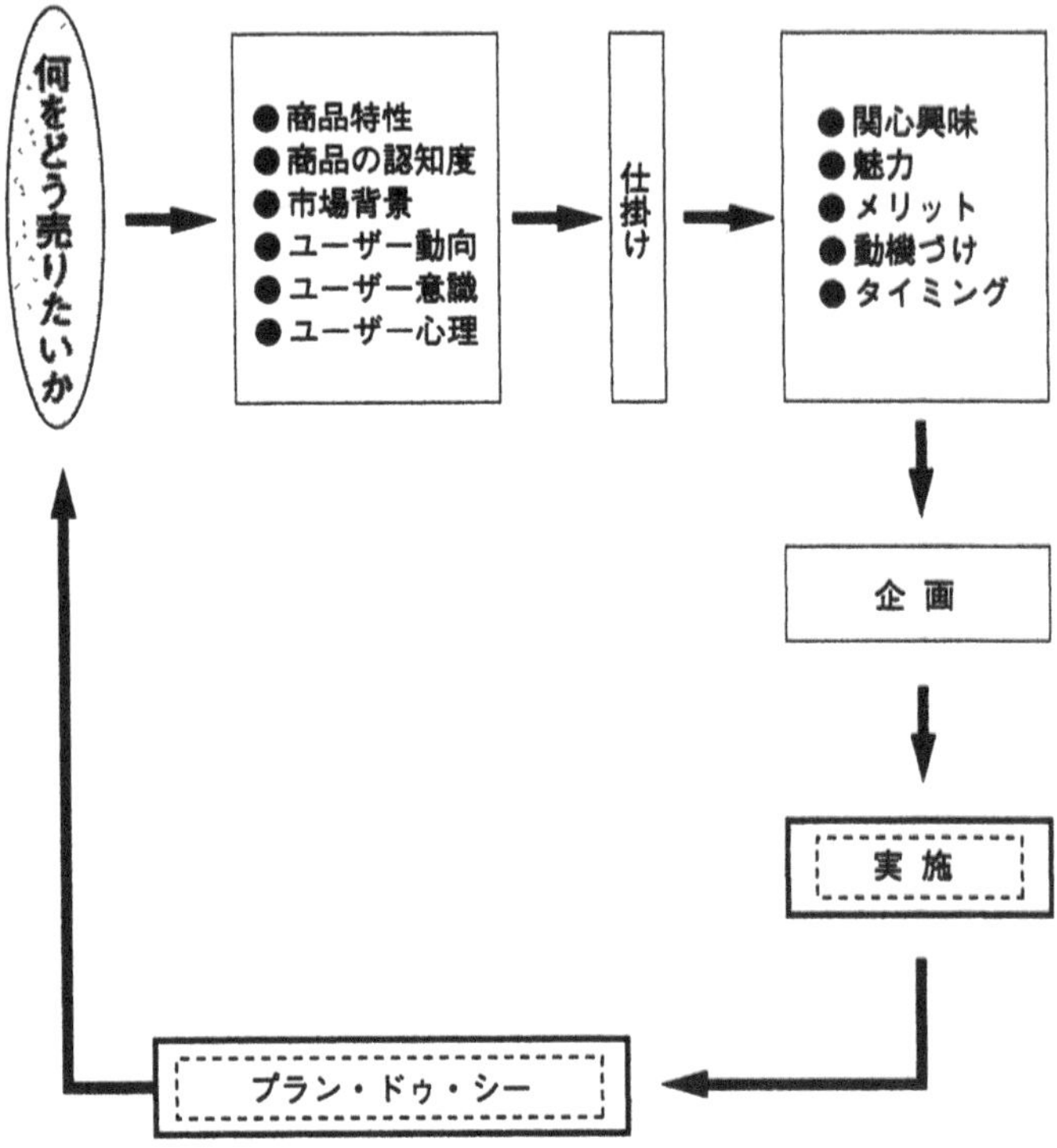

企画のステップ　その一

販促の企画を立てるステップとして、まずわかりやすい例を二つ上げてみよう。世の中には、面白いものを考える人がいる。写真を見ていただきたい。売り込み用のサンプルだが、ズバリその名前にあるように『押し花名刺』である。実物をご覧に入れられなくて残念だが、右の花のカットはもちろんカラーで、いろいろな押し花が印刷技法により箔押し（凸面）になったユニークな名刺である。さて、〝たかが名刺、されど名刺〟ではないが、この名刺がどういう業種に売れるものか、まず考えてみよう。

単価は1枚100円なので、販売対象としては当然限定される。その企画のステップを示したのが次頁のフローである。

〈押し花名刺を例にしたフロー〉

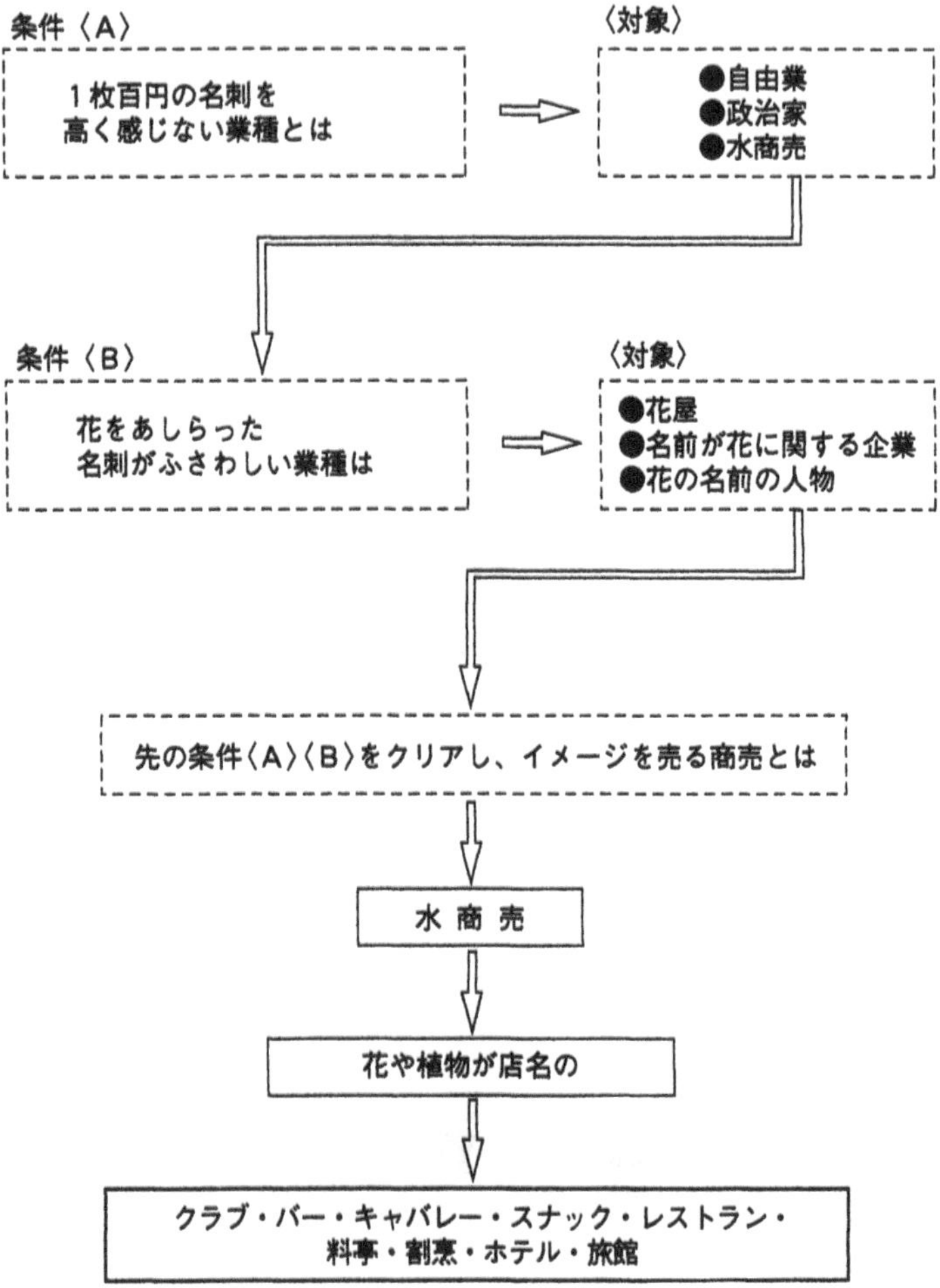

企画のステップ　その二

昭和40年代のはじめ、『視聴覚教育』が大きな課題となっていた頃の話である。私はある電気メーカーの販売会社に勤めていて、幼稚園にビデオを設置しようと考え、幼稚園関係者を招待して東京・銀座のヤマハホールで『視聴覚教育講演会』を開いた。講演の後、当時としては画期的だった新製品、カラーＶＴＲのデモンストレーションをおこない、招待客へのお土産として渡す手提げ袋に、カタログ、資料の他にある記念品を入れておいた。

私はこの記念品を考えるに当たって、ＮＭ法（※）を使った。カラーＶＴＲにちなんで、さまざまな色を組み合わせた『チューリップの球根』を入れておいたのだ。これは大変好評だった。メーカーのビデオ事業部長からアイデア賞まで戴き、一晩ご馳走になった。

※ＮＭ法＝商品や相手の特性から、思い出せるすべての事象（キー）を抜き出し、それを無作為に結びつけながらイメージを創り出すという発想。このステップを説明すると、次頁のようになる。

〈NM法の具体的方法例〉

物		発想のイメージ　　発想のステップ
カラー	⇨	★きれい　★あざやか　★花　★彩色　★クレヨン　★虹
ＶＴＲ	⇨	・機械　・録画、再生　★教育　★視聴覚
幼稚園	⇨	・音楽　・遊戯　★お絵描き　・遊戯設備　★庭　★花壇
園　児	⇨	★可愛い　・にぎやか　・躍動　・未来　★育てる　★夢

⇩

上記の4項目のイメージ(★)を結んでいくと

⇩

花を育てる　花を咲かせる　花を楽しむ

⇩

カラーＶＴＲのイメージ

⇩

色を組み合わせた美しいチューリップの球根

第2章

街にあふれる販促のヒント

商店・流通業界の販促事例

『商談中』と表示したら、中古車がすぐに売れた

商品の販促は、ちょっとしたアイデアを使うことで成功する。これはお客の心理を巧みにつかんだ好例である。スーパーダイエーの中内会長がかねてから提唱している〝売り場ではなく「買い場」としての展示、演出が必要だ〟ということを、地でいったような例である。

絵画の展示即売会や、画廊などで見かけた方も多いと思うが、絵画に赤札の付いたものは『売約済』で、青札の付いたものは『商談中』を表わしている。客は赤札のついた絵の前で一応立ち止まりはするが、どうせ売れたものだからという意識から、目は次の絵に移る。しかし、その絵にもし青札が付いていたら、お客の関心は高まり、立ち去り難くなるものだ。店員を呼んで、画家の経歴や、その絵の値段を聞きたくなる。

この心理をある中古車センターが応用し、成功させた。その中古車センターは、今もっとも売りたい車数台に『商談中』と掲示した。すると、お客の心理は面白いもので、人が買おうとしている商品は自分も欲しくなる。『商談中』と表示したその車に客たちの関心が集まり、あっという間に売れてしまった。お客の心理を分析して『買い場』としての巧みな演出を成功させたのである。

冷や麦を3倍売ったスーパー

店内の表示法も、販促には重要なポイントだ。つまりお客に向けての動機づけが重要であるのだ。

あるスーパーでは土曜日に限って「明日の日曜の朝食は冷や麦を」とビラを貼ったところ、平常の3倍売れた。もちろん季節は夏だったが、プロモーションとしては大成功である。家庭の食事は、会社の社員食堂、病院の食事のように1週間分を決めているわけではない。常に衝動的だとはいわないが、買物をしながらその日や翌日のメニューを決める主婦の心理を、巧みについていたのである。

このスーパーのさらにうまいところは、おすすめの冷や麦は当然特価セールとし、さらに平素は離れた売り場にあった『麺つゆ』を同じ売り場に並べた。その『麺つゆ』も特売にし、客はつい両方に手が出て、売れたという。私だったら、そのコーナーにさらに薬味用の葱や生姜、茗荷を加えただろう。ちょっとした気配りかもしれない。

父の日にネクタイを通常期の5倍売ったデパート

商品の販促には、時期の『タイムリーな対応』も重要なことだ。それに誰が気づき誰が実行するかで、勝負は決まる。

『父の日』を前にして、あるデパートのネクタイ売り場では、女店員に交じって中年の男性店員が配置された。これがその時期のタイムリーな対応となった。売り場に貼られたビラも洒落ている。曰く『父の日にネクタイを。お父様と同じくらいの年齢の店員が、素敵なお父様にピッタリの柄をお選びいたします』と表示した。

「お父様はいつもどんな色のスーツをお召しですか」

「ご予算の範囲内では、このあたりではないでしょうか」

「この柄ですとお父様がぐーんと若返られますね」

「少し派手かもしれませんが、思いきってこの柄なんかいかがでしょう」

「このネクタイなら、私がもらってもうれしいですね」

売り場での対応は、すべて中年の男性店員がした。女子店員は商品を包装したり、リボンかけをしたり、お客に手渡すだけである。実にお客の心理を巧みに掴み、成功した手法である。そのデパートでは、父の日のプレゼント用として売り出したネクタイが、通常期の5倍も売れた。これは私の提案（仕掛け）だった。

『焼鳥宅配』で大きな成果

宅配ピザ店のフランチャイズチェーンを展開するピザ・カリフォルニアでは、2週間分のテレビ番組表を宅配メニューの裏側に印刷して好評だ。以前、東京・京橋にある焼鳥屋が焼鳥の宅配をするというので、私はその販促の仕事を引き受けた。大手メーカーや販社の仕事とは違い、店は街の一商店。何かやれば反応、効果がすぐつかめるので私はその仕事に大変興味を覚えた。私はその店の常連客の1人でもあったし、以前からテストマーケティングをやってみたかったからである。

まず、焼鳥宅配のチラシを制作して来店客に配り、また近くの企業や住宅にも配布する。朝晩は、店員全員で駅の近くの通勤者にチラシを手渡した。それから私は以下の戦術を提案した。

●宅配用の容器は回収の必要のないものにする。(回収作業、手間の省略)

●宅配用のバイクには大きく『焼鳥宅配』と電話番号を大きく書いておく。(動く広告塔)

●そのバイクに入れるガソリンは、スタンドを決めず、いつも違うスタンドでガソリンを入れ、その度にチラシを渡す。(ギブ・アンド・テイク戦術)

●注文がない時、暇な時はいつもそのバイクに乗って町中を走る。そしてできるだけゆっくりと走行する。また時には町中のあちこちに、そのバイクを何気なく置いたま

まにする。（宅配中と思わせる）
●バイクを運転する者の服装は清潔さに注意する。（衛生的なイメージの訴求）
●最初に宅配したお客からは『味』『注文から配達までの時間』についてのアンケートをとる。（店の姿勢を示すPRも兼ねる）
●宅配1回につき1枚のサービス券をつける。（次の注文の促進と客の固定化）
●来店客には『お持ち帰り（土産）焼鳥』をPRする
以上の戦術を展開して、その店では現在でも焼鳥宅配に大きな売り上げを占めているのだ。

記憶力で勝負する、いつも満員の飲み屋

私の行きつけの飲み屋の話である。

下町の商店街にあるその店は、創業明治2年。古い暖簾を誇っている店だ。現在の主人が4代目、すでに齢の頃70には近い感じ。その4代目は赤ら顔でいつも忙しく立ち働いているが、商売が実にうまい。酒飲みの心理を100％理解していて、サービスは至れり尽くせり。その手法を紹介してみよう。

●店には焼酎のボトルがおよそ100本くらい置いてあり、そのすべてのボトルに書いてある名前とお客の顔をしっかり覚えている。ボトルの名前といっても、酒飲みのやること、本名を書かず『ゴロベー』『なべさん』『一丁目一番地』というようなふざけたものもあるのだが、それを全部完璧に記憶している。さらに凄いのは、仮に当のゴロベーさんが店に入って来ると、彼の本名で

「○○さん、いらっしゃい！」

とやるのだからかなわない。そして暖簾をくぐり席に着くか着かないかのうちに、自分のボトルが目の前にドンと置かれる。お客が焼酎にお湯か水、氷、梅、炭酸のうちの何を使うかもすべて覚えていて、間違いがない。私は一度Aという友人をその店に連れて行き、後日彼とそこで待ち合わせた。先に私1人が飲んでいるところにAが現れると主人はすかさず私のいる席を友人に知らせ、私の横に、グラスをドンと置くのだ。こんな店だからお馴染みさんはとても大事にする。

●予約は一切受け付けない。席をとっておくと、別のお馴染みさんがひょいと来て座れないと悪い。それが主人の流儀である。

●主人は営業中は、特定のお客と決して長話をしない。

●勘定が正確無比で間違いがない。
●1人で行ってボトルがあり、つまみ1~2品の勘定（1000円以下）でも、新しくボトルを入れても、数人で行ってけっこう散財しても、勘定の時の主人の態度はまったく同じ。こうしてその店はいつでも5時半を過ぎるとまず混んでいて座れない。

『ヨロシクメニュー』で固定客を掴む

店長のアイデアでオフィス街の人気をさらっているのが、庄やの東京・赤坂店だ。店長は自ら、昼間は赤坂、虎ノ門、新橋まで足を伸ばしセールスに余念がない。オフィス街の赤提灯戦争も激化している。味はもちろん、値段、サービス、雰囲気が勝負の商売。夕方になって提灯に灯を入れさえすればよい時代は過ぎた。だから店長自らが昼間は営業で東奔西走しているのだ。

さて本題。この庄や赤坂店では、予算に限られたビジネス接待やグループでの飲み会で、『ヨロシクメニュー』なるものを用意している。内容を紹介すると、例えば、突き出しの卯の花に始まって、生ものは旬の鰹の土佐造り、焼き魚は鰊。これに野菜の煮物なんかがつく。酒はビールに始まり冷酒をさんざん飲んで、仕上げは焼きおにぎりに漬物、豆腐の赤だし汁とついてこれでヨロシク、つまり4649円也というわけだ。予算に縛られ、しかも急な接待や飲み会などの時には、店長に「ヨロシク」と事前に電話を入れれば、いい席を確保してくれる。予算内で充分飲み食いができ満足感が味わえる、それが庄や赤坂店である。

ちなみに、ここの店長はまったく偶然にも私と同姓同名の『三浦進』という人。一度会ってみたいものだ。

板長おすすめ品の裏話

次も飲み屋の話。料理屋や飲み屋などでよく品切れを『山』といっているのを、聞いたことがあるだろうか。これは店員間の伝達用語で、その料理は山を過ぎた、つまり鮮度が落ちたので客には出せないという意味の符丁である。

さて、店内では『本日の板長、おすすめの品』という文句もよく見かける。黒板にチョークで書かれたものが多いが、実はこれにも巧みな仕掛けがある。店内にはズラッとメニューが貼ってあり、本日のおすすめ品も当然そこにあるのだが、どうしてあらためて『本日のおすすめ品』と表示しているのか。それは今日出してしまわないと明日はもう売れない、つまり、山（鮮度）を過ぎてしまう品を表しているのだ。といって、従来のメニューの価格より値引きしていると、わかってしまうのでそれはできない。そう思ってみると、例えば『本日の板長のおすすめ』には、さつま揚げ、奴豆腐、枝豆などはなく、いかそうめんなど、刺身類が実に多い。販売の仕掛けにこんな裏があることを知っていても損はない。

臨時休業の時、表に伝言板を取り付ける

仕事の打ち合わせでよく使う渋谷の喫茶店で、ある日『社員研修のため○日より2日間休業いたします』という貼紙があった。通常社員旅行を研修というのは、客の手前、業界の定石だが、たまたま私はそこの店長と顔馴染みだったので、聞いてみた。「休日は、表に貼紙でも」「そうです。休みを知らないでみえるお客さんには悪いですから」「この店は、待ち合わせのお客さんが結構多いね」「そのお客様にはご迷惑を掛けます」私はその店が好きだし、店長の人柄も気にいっていたので、1銭にもならないが、次のことを提案してみた。

●臨時休業の間は、表に伝言板を取り付ける。そして、『大変ご迷惑をお掛けします。

お待ち合わせのお客様はこの伝言板をご利用ください』と書いておく。
●さらに店の電話は留守番に切り替えて『臨時休業のお知らせと、店先に伝言板がある』ことを知らせるメッセージを入れておく。

店長は私の話に最初はちょっと怪訝な顔をしていたが、意味を説明するとすぐ納得して実行に移した。臨時休業の日に伝言板を設置したからといって、それがすぐ販促に結びつくものではない。が、お客サイドにたった気配り精神は、サービス業には特に欠かせないもの。固定客に対してはぜひとも必要だと思う。その喫茶店はあいかわらずいつも混んでいるのはいうまでもない。

買いやすい工夫。薬局のコンドームの自動販売機

飲み屋や喫茶店の例から変わって、自動販売機のお話。今、大変普及しているが、ニーズに的確に対応し心憎いのが、薬局の店先にあるコンドームの販売機。商品の性格上、店では買いにくいのがお客の心理。また必要が生じるのはほとんど夜間だから ニーズに巧みに対応していると思う。夜、さりげなく小さな明りが販売機の存在を告知している。そして販売機には『明るい家族計画に』というキャッチフレーズがある

のもいい。販売機が子供には手が届かない高い位置にあるのもいい配慮。この事例と同じコンセプトとして思い出すのが、現在ではほとんど見かけなくなった質屋。かつて質屋は、入りやすいようにほとんどが路地裏に店を構えていた。店が表通りに面した場合は、出入口は必ず店の横に設け、お客の出入りが目立たないよう配慮されていたものだ。

現代の質屋版である消費者金融もアイデアを発揮して、『むじんくん』などの『無人契約コーナー』を備えている。お客の立場に立った心理手法である。

ペットショップで好評だった名前字典

今やまさに空前のペットブーム。独身女性をはじめ、一般家庭でもペットを飼うことが盛んになってきた。先日ある友人がペットショップをオープンしたので、その販促の仕事を私は手伝うことにした。当然、各ペットの飼育マニュアルは準備したが、もっとも喜ばれたのが、意外にも『ペットの名前字典』であった。これは私の思いつきでつくったものだ。

字典といっても、Ａ４サイズのチラシ両面に、ペットのかわいい名前（愛称）の候補を集め、100案ほど紹介したものである。犬、猫、小鳥に分けて制作したが、これが意外にもお客に大好評だった。ペットを買って帰るお客に、ペット別の『名前字典』をサービスとして渡す。お客は買ったペットよりも、『名前字典』に目がいってしまう。なかにはさっそく活用して「さあ、コロチャン帰りましょう」とか、「さあ、チッチ、おててに乗って」というお客までいた。そのショップには『提携犬猫病院リスト』『健康手帳』『べからず集』の小冊子をはじめ、『紹介セール』などを提案し、うれしいことに大きな成果を上げている。

ガソリンスタンドの素晴らしいセンス

あるガソリンスタンドで見かけた風景。給油のためスタンドに入って来る車を誘導したり、給油を終わり道路に出る車を誘導する時などに、店員がチェッカー・フラッグを使っていた。特に車が道路に出る時などは、このフラッグが大いに活躍する。

カーレースのゴールで振られるチェッカー・フラッグそっくりで、デザインに抵抗感がない。見ていても非常に気分がいい。車に乗っている人で、このフラッグを知らない人はまずいないだろう。ガソリンスタンドから車が出ようとすると、スタンドマンがフラッグを振り、車を道路に誘導。威勢よく、「ありがとうございました！」と大声で叫ぶ。車が近づいている場合は、その車に頭を下げ、フラッグを振り進路を譲って欲しいと合図を送る。スピードを落とし、進路を譲った運転手も、これにはニヤリである。そしてその進路を譲ってくれた運転手に向けても、お辞儀をしながら進行方向に向け、「ありがとう、ダッシュ！」といわんばかりにフラッグを思い切り振る。

チェッカー・フラッグには、当然、○○石油・○○商事という文字が入っている。何でもないことだが、このガソリンスタンドのセンスには並々ならぬものがあると私は思わず敬服してしまった。その気になって見てみると、町中のそこかしこに、実は度胆を抜かれるようないいアイデアの見本があるものだ。

アイデア溢れるお米屋の店頭

これは私の自宅近くにあるお米屋の事例。この店は外観は何の変哲もない普通の店構えだが、何ともいえぬ情緒があって実に私のハートをいつも射る。情緒とは、店の巧みな『季節感の演出』である。お米屋さんに季節感なんて関係があるのかと思われがちだが、それが大ありなのだ。

米は日本人の主食。初夏から秋の収穫まで、日本の国土がもっとも活気に満ちたシーズンに成育し、季節の影響をもっとも受けやすい。その季節感溢れる巧みな演出法をいくつか紹介してみよう。演出に使われるステージはいつも間口三間足らずの店先である。

●春になると、大きな篭にたくさんの菜の花を生ける。

●田植えのシーズンになると、大きな水盤に芝のような苗床を入れて飾る。（そのそばには田の畦をつくる時に使う鍬が、さりげなく置いてある）

●真夏になると篭の中に2～3本の昆虫採集用の網と麦わら帽子がある。そしてまだ青い稲穂を数本水盤に生けている。

●いよいよシーズン到来（秋）となると忙しい。まず、いが栗がそのままついた栗の木を生ける。その枝振りがまたよい。次いですすきを生けたり、干し柿を吊し、とどめは何といっても手作りの『案山子』を置く。大きな案山子が店先に出現すると、私はいつも秋の到来をしみじみと感じてしまう。もちろんその案山子の傍には『新米入荷』のビラが貼ってある。

●トリをつとめるのは、年末になると必ず登場するお正月用の鏡餅。店先の大きな鏡餅を見て、お供え用、お雑煮の餅をついつい注文したくなるお客も多いだろう。その鏡餅はいわばＰＯＰ効果を発揮しているわけだ。

個人商店で店頭のステージをここまで巧みに使い、日本の季節感の郷愁をとらえた演出は、日本広しといえどもそうないだろう。このお米屋には私の出番がないほどアイデアがあり、店内には『お客様が選ばれた先月のお米のブランドベスト5』をいつも掲示している。

アイデアのある商店街の茶舗

これも近くの商店街にある茶舗の事例だが、なかなかのアイデアの持主である。まず、焙じ茶を店の中でつくらない。いつも店先に回転する機械を置いて、焙じ茶をつくっている。するといい香りが辺り一面に立ち込め、しっかりと茶舗の存在をPRしてくれる。ついでにお茶を買っていくお客が後を絶たないというのも、うなずけるのだ。焙じ茶のいい香りは購買の促進効果満点である。

さて、お茶屋の戦術はそれだけではない。新茶のシーズンになるとまず『今年の新茶○日入荷いたします』というビラが、事前に店先に貼られる。そして『今年の新茶入荷しました。店内で香りのいい新茶をサービスしております。どうぞご遠慮なく』とある。ふるっているのは、『夏も近づく八十八夜……』の歌が、エンドレステープで流れている。

工夫を凝らした呉服屋の店内

商店の事例で、ある呉服店の例も紹介しておこう。

創業120年になる老舗の大手呉服店。顧客管理、新規顧客の獲得、セール、イベント……と、これは私が担当した仕事だった。ある日、『店内の雰囲気づくり』について企画の提案を私は求められた。私は和服は着ないので、商品そのものにはほとんど興味がない。しかし、日本人である以上、和服には少なからずの想い入れや郷愁は当然あった。

さて、呉服店の店内の雰囲気づくりについて考え、前項のお米屋さんや茶舗の事例が大いにヒントとなった。呉服店こそ、もっとも季節感の演出に神経を使うべき業種ではないか、そう思ったからである。といって、店先に案山子を飾るわけにもいかないが、応用はできると思った。

●まず、広い店内の隅に専用の台をつくり、季節の生け花展示コーナーとする。

●店員は、今までのユニフォームを変え、季節に合った和服を着ることにする。夏はもちろん浴衣、小道具として団扇を持つ。

●費用はかかるが、店内照明の蛍光灯をすべて白熱灯とする。その器具のデザインはすべて和風とする。取り替え簡単な構造のものを選び、できれば夏と冬にその器具を変える。さらに夏には店頭に岐阜提灯を掲げる。冬には和紙をデザインした暖かい雰囲気の器具を店頭に掲げる。

●ＢＧＭに、箏曲、三味線、尺八の曲を音量を控えめにして絶えず流す。

さっそくお店は以上のアイデアを実行してくれたので、店内の雰囲気がガラリと変わった。集客効果は確かに上がったのだ。時期を見て、季節をにらみ、計画的におこなったことが功を奏したようだ。ＢＧＭのアイデアは、簡単なようでまったく気がつかなかったことだったらしく、主人に大変喜ばれた。

メガネ量販店のキメ細かなサービス

私の経験からいうと、メガネについては、老舗や有名デパートよりも量販店のほうがサービス、顧客管理、どちらも徹底しているように思う。信じられないことだが、老舗やデパートでは保証書をほとんど出さないし、保険もない。使っていて不都合が生じれば、それ相応に対応はしてくれるが、保証書がないのは何といっても不安。一方、量販店ではどうか。保証書はまずくれる（普通、１年間）。その上、保険証書もくれる（普通、半年）。これは客に大いなる安心感を与える。しかも保証書の期限が近づくと必ずお知らせのメールが届くのだ。『不具合があれば、ぜひ保証期限内にご来店を。あなたのメガネを点検いたします』とある。このキメ細かいサービスには、私も頭が下がった。また量販店はチェーン組織になっているから、首都圏のいたるところにチェーン店がある。買った店ではなくとも、同じチェーン店の前をたまたま通りかかり、フレームのゆるみの修理などを頼むと気軽に応じてくれて嬉しい。白衣を着た店員は、時間をかけ念入りに調整し、最後はレンズまで磨いてくれ、もちろん無料である。保証書なんて持っていないのに、タダである。去り際に「簡単なものでしたら、またいつでも最寄りの当チェーンにお越しください」といわれると、もう何も文句はない。

フォア・ザ・カスタマー（顧客のために）に徹したこの店は、大型メガネチェーンのメガネ・ドラッグである。

〝修学旅行に店舗を使って！〟マクドナルドの新商法

マクドナルドの創業者、ロナルド・マクダーナルズは大変なアイデアマンだったが、日本のマクドナルドも負けてはいない。

例えば、修学旅行中の生徒たちが、自由行動時の『チェックポイント場所』として利用できるよう、店舗を提供するサービスを開始していて好評である。修学旅行はスケジュール上に自由行動が認められていながら、教師と生徒が連絡を取り合う『チェックポイント』の場所を、事前に確保することは大変難しい問題だった。それを聞きつけたマクドナルドが、『商機』と考えたのである。さすがである。目印としてわかりやすいように、緊急時の連絡場所として、マクドナルド店を『自由行動の拠点』として活用してもらう。事前に春の修学旅行シーズン時、東京の原宿店でテストがおこなわれたが、計25校、延べ4500人に及ぶ利用があった。これに自信をつけたマクドナルドは、東京への修学旅行を予定している地方の中学・高校へ、大々的にPRを開始した。

サービスを実施するのは、都内の原宿、渋谷、浅草、上野など約10店舗。引率教師には店内に待機スペースを提供。携帯電話の無料貸し出しもする。病気、事故などの緊急時には病院の紹介や薬の提供も万全。また緊急の電話取り次ぎなどの便宜も図るという徹底ぶりで、あらかじめ電話で予約しておけば、たっぷりこのサービスが受けられるという仕組みだ。

『修学旅行協力店舗』という看板ならいやでも目につくし、教師も生徒も連絡場所となれば、ハンバーガーの１つや２つは必ず食べる。飲物だって頼むだろう。帰郷すれば楽しかった修学旅行とともに、マクドナルドの名を忘れることはないだろうし、地元のマクドナルドのファンにもなってくれるに違いない。マクドナルドについては、他の項でも取り上げてみたい。

リプトンの巧妙な宣伝アイデア

紅茶のリプトンはすでに定番商品。ところでリプトンの創業者トーマス・リプトンもなかなかのアイデアマンだった。リプトンは21歳で独立、販促のため店頭対策に知恵を絞った。漫画家にポスターを制作させて、店頭に貼り、毎週替える。絵柄は豚をあしらったもので、『この豚の親はリプトンの店に行ってしまい、彼はかわいそうな孤児になってしまった』とわけのわからないコピーを添えた。ところが、これが人々の同情を買ったのか、大衆にバカ受けし、今度は実際に本物の豚を使って販促を練った。豚の横腹に、『ボクはこれから親に会うためにリプトンの店に行くところです』とコピーを書いて、なんと町中を歩かせたという。日本人の感覚からすると紅茶という食品のＰＲと、豚はイメージ的にマッチしないのだが国民性の違いだろうか。とにかく英国では爆発的に受けてしまったのである。

当時の英国は、どちらからといえば『太め』の人が健康的だとされた。そこでリプトンはまたしても店頭対策で知恵を絞る。今度は店の出入り口に、凹面と凸面の鏡を設置した。凸面（姿が映ると、細長く痩せて見える）の鏡には、『私はこれからリプトンの店にいくところ』、凹面（太って見える）の鏡には『私は今リプトンの店から出てきたところ』と、またまた名コピーを添えて演出した。

豚といい、鏡といい、トーマス・リプトンのアイデア、演出素材は並ではない。商品の特徴を直接訴えるのではなく、人の心の共鳴感に訴えるところにその素晴らしさがある。

外食産業の巧みな戦術

喫茶店やレストランでは、ウエイトレスが注文をとった後、「ご注文を繰り返します。○○と○○に、○○ですね」というトーク。あなたはどういうふうに受けとめているだろうか。まるで、これで注文は最後ですねといわんばかりの感じだが、人間はあらためて念を押されると、あれ？まだ何かあったかなと心理的に思うものだ。そして時には「あ、食事が終わったらアイスクリームに、紅茶とクリームソーダを」などと注文してしまう始末……。『念を押す』ということは確認作業なのだが、ごく自然に販促に結びつく立派な手法でもあるのだ。トークがマニュアル化された店舗なら、当然といえば当然だが、この『確認作業』は非常に大きな意味をもっている。

有能な営業マンは、絶妙なタイミングで、「社長、それではご注文は○○と○○ですね。今日は有難うございました。失礼いたします」と言って帰りかけると、「君、ちょっと待ってくれ。ついでに○○も頼むよ」と追加注文を受ける。『確認作業』が絶妙なタイミングでおこなわれると、相手はつい何かをさらに追加したくなる。そんな心理を巧みに利用したテクニックである。

成功したコンビニの開店チラシ戦術

あるコンビニのオープン時、販促を手伝った私の体験である。

月並みな方法ではチラシ広告はなかなか目につかない。そこで、私は一見無駄なようだが、こんな手法を考えてみた。『目立つ』という点を最優先に考え、開店までに計3種類のチラシを時期を区切って、新聞折り込みしてみた。しかし、その3種類のチラシには一切店名は印刷しなかった。ただ、かわいい犬のキャラクターを中心にあしらって、犬にメッセージを語らせた。『開店まであと○日です。ボクをよろしく。このボクのチラシは捨てないでとっておいてくださいね』。そして、数日後、再び同じデザインで紙の色だけを変え、開店まであと○日とやる。合計3回に分けておこない、いよいよ開店前日には、同じデザインで、『ボクの店がいよいよ明日オープンします。お待たせしました。消費者の強い味方。コンビニの○○です。今までの3種類のチラシをご持参の方には、素敵な記念品をプレゼントいたします』と初めて明確に宣伝広告をしたのだ。

3種類のチラシの裏面はまっ白だったが、オープニングを告知するチラシの裏にはギラギラに商品を紹介し、ハデにPRしたのである。

このチラシの手法は大成功だった。チラシに使った犬のキャラクターは、そのコンビニではマスコットになっている。すぐ捨てられてしまうチラシ広告。しかしその媒体の特性を逆手にとり『予告』と『注意喚起』を巧みにおこなう。すると最後の『開店』が一層強くPRできることに成功した、数少ない事例である。私のもっとも自慢できる成功例の一つといってもよい。ちなみに、チラシ費用は一色刷りで、わずかなものだった。費用面でも十分儲かった珍しい成功例である。

お客の誘引に成功しているコンビニ

新聞で、ある書店がお客誘引のため『クリーニングの取次ぎ』を開始したという記事を読んだが、結果はどうだろうか。私はまず、扱い商品（本業）の特性（書籍）と、並行して行う商売（クリーニング取り次ぎ）との関連がまったくないのが気になる。

書店がもし本業以外に真剣にお客の誘引を考えるなら、●簡単な文具コーナー　●コピーサービス　●DPEの取り次ぎ　●写真アルバム・フイルムの販売　●暑中見舞い・年賀状・名刺などの印刷、等の取り次ぎを考えるべきではなかったか。

『取り次ぎ』で成功しているのが、コンビニの『公共料金支払い窓口サービス』。電気、ガス、水道、電話（KDDも含む）、さらに宅配便にDPEの取り次ぎもやっている。なかには『引越し便受付』までやる店もある。

これは本来の『生活用品＝コンビニ』をさらに発展させて『生活経費＝コンビニ』『生活便利＝コンビニ』という具合に、店の性格と取り次ぎサービスが完全にシンクロしている点が成功の要因である。コンビニが狙っているのは、いうまでもなく、料金だけ支払って帰るお客はいない、という点だ。料金の受け取り、領収書への押印。またその他宅急便の取り次ぎ作業も決して楽ではない。少々の手数料が入っても、それを見込んでやっているわけではなく、1人でも多くのお客を店内に誘引して、商品の販売に結びつけるためコンビニは努力をしているわけだ。コピーやFAXサービスをやっているのもこれが狙いである。

最近のコンビニはほとんどが24時間営業。その次々増えるサービスの多さには本当に驚いてしまう。ローソン、セブン・イレブンでは、切手や葉書まで売っている。切手は1円、10円、50円、80円、270円と書留用の封筒、さらに200円の収入印紙まで売る。冬場は人気商品のリフト1日券に、食事券やドリンク券、レンタルスキー割引などをパックにしたスキー共通券など、販売している。例えばファミリーマートのスキー&スノーボート共通リフト券の場合、全国110か所のスキー場で使え、通常価格の約千円引きと割安だ。もちろんこのようなチケットは、セブン・イレブンやローソンでも扱っている。

レンタルビデオの見事な商法

レンタルビデオの大手蔦屋は、独自の販促アイデアで成功している好例。以前は1泊2日で100円というレンタルショップも出現したが、結局は衰退してしまい、蔦屋は今も1泊2日380円の値段で堂々と商売をしている。その秘密は何か。お客のニーズを分析し、そのニーズに巧みに対応するのが実にうまい。

新作ビデオは通常1泊2日で380円、旧作ビデオは7泊8日で380円。旧作は一見ディスカウントされているようにみえても、実はそうではない。回転のいい新作は2日間でどんどん回転させ（売り上げ）て、回転の悪い旧作は8日間貸し出しても十分ペイすると踏んでいる。旧作を安くせず、期間は長くして380円を割らなかったところに、蔦屋の商売のうまさがある。店の売り上げはあくまでもその『料金』にあることを知っているのだ。さらに、旧作を貸し出した長い期間（8日間）、旧作のあったスペース（棚）には新作のテープを展示できるというメリットも計算に入れている。

蔦屋の販促策はこれだけでは終わらない。入会時に200円の『AV保険』加入が義務づけられるが、これがまたミソ。借りてからのテープの破損はお客の負担となるため、暗にこの200円でお客の不安を解消している。どれだけ保険対象の事故があるかはわからないが、恐らく微々たるものだろう。保険料のほとんどは実質の売り上げとなっているはずである。

レンタルビデオの利用で面倒なのは、借りたテープの返却である。24時間営業の店はまずない。そこにまた蔦屋は知恵を絞り、銀行の夜間金庫と同じ発想で、閉店後の無人の返却窓口を設けている。テープを入れる専用ケースはもともと分厚くできているし、返却口にテープを放り込むお客の頭には、加入した『AV保険』のことがあるので安心する。さらに驚くことにビデオテープのタイトルラベルをつくる『テプラ』まで、会員に貸し出しているという徹底したサービスぶり。お客のニーズを探り、そのニーズに巧みに対応しているこの蔦屋の商法は、スキがなく完璧としかいいようがない。

新規オープンのショッピングセンター

販促は、やはりチビッ子もターゲットになる、といういい事例があった。

東京近郊に、ある日ショッピングセンターがオープンした。普通、この手のオープンとなると、もの珍しさもあって初日から1～2週間はお客で大混雑するが、問題はそれから。ここが勝負と、かのショッピングセンターでは凄いアイデアを考えた。まずオープン初日から3日間、店内のチビッ子を徹底的にマークして、プロのカメラマンを使って隠し撮りをした。望遠レンズを使うので、ほとんど気づかれずに撮影に成功。その数およそ3000カットに及んだという。

さて、オープンから3週間後、客足が次第に鈍り始めた頃を見計らって、ショッピングセンターは『チビッ子お客様写真展』をおこなったのである。そして、『写っているお子さんには写真を差し上げます』とPR。この戦略は見事に当たった。「お宅の○○チャンが写っていますよ」と近所の人に教えられて、慌てて訪れる親子もあり、写真展示コーナーの前は大変な人だかりだったとか。ショッピングセンターはこの戦略で3週間以降も、オープン時と同じ集客率を上げたのである。もちろん、ただ写真だけを貰って帰るお客はほとんどいない。アイデア勝ちとはまさにこのことである。

青果店でＰ　Ｂ《プライベートブランド》コメを販売

コメはお米屋で買うという時代は去った。今ではスーパーでも販売され、青果店でも販売に乗り出すところが現われた。

梅原米穀（東京・中央区）を中心に米穀卸９社が提携、青果店向けに全国統一のプライベートブランド米を開発、提供するというものだ。このＰＢ米のネーミングがいい。『８０８（やおや）』である。スーパーに押されて青果店の売り上げが思わしくないのに目をつけた米穀卸連合軍のアイデアはなかなかではないか。その『８０８』なるブランド米は、産地指定の銘柄米２キロをパックにし、銘柄としては『新潟県産コシヒカリ』『岩手県産ひとめぼれ』『秋田県産あきたこまち』の計３種類を用意している。

青果店だけで売るＰＢ米であることを強く印象づけるために、３種の包装も統一したデザイン、コメの特徴から調理法まで明示され、キメの細かいサービスぶり。

青果店にはもともとコメの管理、販売のノウハウがないため、提携の米穀卸のプロたちがコーチして回っている。

この『808』は、全国の約2万店が加入する全国青果物商業協同組合連合会を通じて販売、当面は約1割にあたる2000店の取扱店契約を目標に展開中だ。魚屋と違って、野菜や果物と同じ土で成育するコメを青果店で販売するのは、イメージが合っているし、発想は見事といえる。

ますます増える娯楽施設の託児所

商店、流通業の販促事例とはちょっと違うケースで、お客へのサービスや顧客管理、販促策のとてもよい事例を一つ、あえて取り上げておきたい。

真夏に車中に子供を置き去りにし、母親がパチンコに熱中。灼熱の車中で子供が死ぬという悲惨な事故があったが、フィットネスクラブやエステティックサロンなどでは最近、託児所を設けるところが出てきた。

横浜市本牧にあるフィットネスクラブ、アクラ本牧では、クラブ内に託児所を併設。室内滑り台や、ぬいぐるみ人形、玩具が備え付けられている。また、フィットネスクラブ大手、ピープルでは、千葉県習志野市に託児所付きのクラブ1号店をオープン、好評のようだ。会員の声に応えて設け、生後6か月から乳幼児を有料で預かっている。

東京・新宿のエステティックサロンーソシエ・ワールドも託児所を併設し人気がある。

核家族化が進み、子供を預かってくれる人が少ないため、専業主婦のストレスを解消するニーズに対応し、託児所を提供するのは、大変効果がある。パチンコ店でも最近はこのニーズに巧みに対応している。

千葉県市川市のパチンコ店サンガイヤでは、『キッズルーム』と称する託児所を設け、1日に預かる子供は平均10人。時には20人を越え、親はもちろん子供が付設のゲームに熱中しすぎないよう、3時間というリミットを設けている。

地方で、託児所付き施設として話題を呼んでいるのが、三重県桑名市にある映画館ワーナー・マイカル・シネマ桑名。毎月第2土曜日に限り、託児所を館内に併設している。

カーテンを自室で試してから買う

カーテンを選ぶのは、簡単なようで意外と難しいのは皆さん経験ずみだろう。センスが問われるし、店であれこれ見て回っても、なかなかこれ！ とは決めかねるのである。

ところで、そこに着目したのがカーテン専門店のリビング・ポーズ（横浜市）。店頭には約5000種類のサンプルを用意して、会員登録した客に最大10本まで、1週間無料貸し出しするサービスをおこなっている。いわばカーテンの試着である。気に入ったらあらためて注文すればよく、購入後でも気に入らなければ30日間は返品に応じるという。このリビング・ポーズでは、情報サービス会社のベンチャー・リンクと提携し、新しいタイプのカーテン専門店のフランチャイズチェーン展開を開始した。消費者の反応は非常によく、第1号の横浜港北店はすでに年商2億2000万円を上げている。

店頭では客が商品とサイズを示せば、パソコンで瞬時に価格が算出できるのもいい。また、メーカーへの発注も客の注文をまとめてからするため、価格が一般市場価格より1～2割安くできる。室内の調度品や、部屋全体のインテリアコーディネートなどの点で、カーテン選びに悩む顧客は多い。その心理を巧みについた販促アイデアだといえよう。

買い物ついでに中古車選び

中古車販売の大手・ハナテンが、マイカルグループなどと組んでユニークなシステムを構築、ちょっと変わった販促策を展開中だ。

まず、スーパーやデパートに専用端末機を設置。消費者は端末で中古車情報を検索し、専用の無料電話で商談、買いたい車を自宅や端末設置店まで運んでもらい、実際に試乗できるというものである。

このシステムはハナテン・カーライフステーションといい、消費者は買いたい車種、希望価格などを機械に入力して、検索できる。

情報はハナテンの全在庫約3500台が対象で、車の外観は写真で見ることができ、情報は毎日更新される。このシステムは当面大型スーパー、レンタルビデオ店、自動車教習所、ガソリンスタンド、パチンコ店への設置が計画され、いずれは大手百貨店への設置も検討しているそうだ。ハナテンは端末機設置店（取次店）で月1台の成約を見込んでいるといい、ずいぶん低目の予想をしている。取次店には1台の成約につき3万円の手数料を支払う。

ガソリンスタンドの新商売のあれこれ

ガソリンスタンド（以下GSと略）が次々に新しい手法で顧客を取り込もうとしている。

GSも今では複合型多角型の経営をめざしている。これは、客自身が給油する『セルフ給油』が解禁になることをにらんだ戦略である。

まず宅配ピザのストロベリーコーンズは、ピザや惣菜を扱うGS併設型の店舗の出店を開始。狙いは外食店とGSのピーク時間のズレをうまく利用して、社員を両部門に使うというものである。当面は三菱石油系のGSがストロベリーコーンズのフランチャイジーとして展開する。宅配ピザとともにサラダやパスタ、またハイキングに出かける家族連れのドライバー用に、ピクニック惣菜メニューを用意し、GS内には飲食コーナーもある。

ゼネラル石油系列のGSではミニ小売り店舗（ｍｉｏ、ミオ）を併設し、飲料や食品を中心に販売している。ヤオハンの輸入ルートを通じて清涼飲料やスナックを仕入れ、通常のスーパーより割安値段を設定している。今後はこのミオ事業をさらに広げて、ヤオハンとPB商品の開発や全国のGSルート網を活かして、名産、特産品の販売も計画中とか。

エッソ石油ではフードピア、スナックピアの名称でコンビニ展開し、現在では新設・増設のGSはコンビニ併設を基本にしている。日本石油系の特約店大手の千葉日石では、焼き立てパンを提供する飲食店を併設。周辺地域に焼き立てパンの宅配もしている。コスモ石油では、系列のGSを拠点にして、ドライブスルー方式のクリーニング事業を展開している。経営環境が悪化するGSの多角化や転業を支援するのが狙いとのこと。クリーニング店ホワイトステーションはGSに併設、もしくはGS廃業後の跡地を利用している。

またこんなケースもある。出光興産は、コンビニのローソンと提携して一体型のGSを全国展開したが、集客率が上がらず商売的にペイしないと踏んで、提携を解消、山崎製パンと提携した。店員が給油する間にお客は買い物をし、ガソリン代と一緒にレジで精算できる。このように石油各社はGSを複合店舗化にすることにより、集客力を強化しガソリンの販売増を狙っている。

他業種のコメ参入の意外な苦戦

'96年6月からのコメ販売自由化で、一挙にコンビニ、GSなどが新規参入したものの、苦戦を強いられているようだ。

本書では販売促進の成功事例を取り上げるのが目的だが、苦戦の例を上げて検証するのも意義があるように思えるので、あえて取り上げた。

ローソン、サンショップヤマザキ、ミニストップ、ファミリーマートなどでコメ販売を開始、現状はどこも1日の販売目標に達成していない。また、GS業界も同じような状況である。約30店舗でコメを販売する伊丹産業などは、立地等の問題で目標をかなり下回っている模様。ホームセンター最大手のケーヨーでも、コメを販売する店舗をそれまでの14店舗から85店舗に増やし、年間の販売目標である5億円は死守したものの、1店舗の売り上げは以前より落ちているという。新規参入企業の苦戦の実情を分析してみると『決まったパイを奪い合っているだけで、市場の開発にはなっていない』と判断できる。つまり売れないのは過当競争が原因であることは明白である。

ちなみに、食糧庁によると、'96年6月から登録された小売店は17万5609店、登録前の1・8倍である。一方、総需要量を見てみると、ここ数年、年間985万トン前後の横ばいである。現状判断では、決まったパイの中で客を奪い合う戦法を展開しているので、勝算はあまり期待できないのは当然ではないか。

企業戦略・店舗戦略、またそのマーケティングには、市場のパイを厳しく捉える必要があるように思えてならない。

ターゲットを絞り新戦略を展開する不二家

通称『ペコチャン』の愛称キャラクターでお馴染みの不二家がイメージチェンジの戦略を展開している。

ターゲットは18歳から30歳代の女性。主力顧客層だ。東京・銀座で改装オープンしたのを契機に、全国の直営店で洋菓子の販売とともに飲食コーナーを併設、一挙に売り上げ増を図っている。この新形態の店舗名は不二屋洋菓子&カフェ。本場のハーブティーやダージリンティー8種類をそろえ、ケーキはタルト、チョコレートケーキ、焼き立てプリンなど、手づくりメニューが中心。

内装は従来の子供対象ではなく、大人のムードのインテリアに徹して、落ち着いた雰囲気を演出している。また調理場をガラス張りにして、客が内部を見られるように工夫した。客との親近感を演出する配慮である。

今までの都会地の不二家店は、ファーストフードや他の外食レストランに比較すると、店としての特色が全面に打ち出せず、低迷ぎみであった。ここで一挙にイメージチェンジを図り、めざすターゲット（18歳から30歳代の女性）に照準を絞り、店舗展開の戦略に賭けている。

地方都市での出店に賭けるすかいらーく

外食レストラン大手のすかいらーくが、低価格レストランガストを地方都市中心に出店しているのは周知の事実。今後は、北陸、甲信越、中部、中国、九州など、どちらかといえば今まで同社の店舗が少なかった地域にも、今まで通りの低価格でレストランガストの突破口を開こうとしている。

ガストは、オープン時は格安感が受け、人気を呼んだが、首都圏の一時期のブームは去った。これを察知しての戦略転換である。地方都市に重点的に出店する戦略の裏には、その地域のファミリーレストランとの競合が少ないこと、地代、家賃、テナント料など店舗の運営費コストがあまりかからないことなど、計算した結果である。客単価の安いガストは、本来は地方型であるかもしれない。だから従来のすかいらーくをはじめ、客単価の高いスカイラークガーデンズや中高年向けディナーレストラン―スカイラークグリルは、都市部を中心に展開する戦略のようだ。

現在のすかいらーくの店舗数はガストが約400店、すかいらーくが約200店、スカイラークガーデンズが約100店、スカイラークグリルが約50店である。同社の売り上げの過半数は現在のところ低価格のガストが占めるという実情から、今後の同社の展開として、新規店のオープンは当然地方都市でのガストに限定されるのではないだろうか。

空いてる時間に勝負を賭ける外食産業

外食産業の各社が、いわゆるアイドルタイム（空いている時間）の集客策に積極的だ。食事を決まった時間にとらなくなった現代の消費者ニーズに対応した、巧みな戦術をあれこれ思案している。

まず、ファミリーレストランジョナサンを展開するジョナスでは、土曜と休日の午前6時から10時まで、従来のトースト、サンドイッチにプラスしてナポリタン、ピザ、野菜の大盛りサラダなどボリューム感のあるメニューを提供。これによる午前6時～10時の時間帯の売り上げ構成比は、同社のデータによると平日が5、6％に対し、土曜は5・9％、日曜・祝日は7・1％と、非常に高い。週休2日制が浸透したファミリー層にうけているようだ。

牛丼でお馴染みの吉野家でも、朝食を従来より1時間早めて午前5時から提供している。納豆定食や焼き魚定食が、通勤客のニーズに対応した策として、当たっているようだ。

一方、ランチからディナーまで、空いた時間帯の集客を狙い、中華の東天紅では午後1時から3時まで、料理のミニコース6000円を5000円に下げた。昼食の時間が限定されない主婦や自由業の人達に、大変好評である。

日本マクドナルドもさすが。食事客の減る午後に、ホットアップルパイやデザートなどを値引き、主婦や帰宅途中の女子学生の『おやつ』として提供している。時間差攻撃といえばバレーボールだが、アイドルタイムでの外食産業の戦術は、これからもいろいろバラエティに富むはずだ。

スーパーの夜の商戦あれこれ

大手スーパーが営業時間の延長で、勝負に出ている。これは大規模小売店舗法（大店法）の運用基準緩和によるもので、ダイエーをはじめイトーヨーカドーなどが営業時間の延長をスタートさせた。大店法の緩和措置によって、大型店の営業時間は年間60日に限って通常の閉店時間を1時間繰り下げてもよいことになったのだ。夏場では夕涼みがてらのお客を狙えるなど、営業時間の延長にはどこも積極的。

まずダイエーは駅前や住宅地にある店舗を中心に、午後10時まで営業する店を5倍に増やした。遅い時間に来店するお客に、品切れの失礼がないよう『夜市』と称して、惣菜品を豊富に揃えたのはさすがである。

イトーヨーカドーも午後10時まで営業する店舗を3倍に増やしている。特に食品の鮮度には気を配り、その日に仕入れた野菜や魚介類を店頭におき、夜遅くても残り物ではなく、『鮮度』をポイントにした売り場づくりに積極的だ。その他、西友、ニチイ、イズミヤ、ジャスコなども一様に閉店時間の延長策に踏み切った。

スーパーといえば食品や衣料品のイメージが強いが、この営業時間延長策の効果としては、家電品の売り上げが大きいそうだ。家族連れで散歩がてらの買い物が多いのだろうか。夏場のスーパーの夜の商戦は、営業時間延長で火花を散らしている。

人気を呼ぶ衣料店内の喫茶店

ブランド物を扱う衣料品店が店内に喫茶店を併設して、若者の人気を呼んでいる。好みのブランドの商品を選びながら、ちょと小休止してコーヒーを飲みながら、憩いのひとときを過ごすという仕組みだ。

東京・浅草のファッションビル『浅草ROX3』の1階にある喫茶店カフェ・コムサは、休日ともなると家族連れや若いカップルでいっぱい。この『カフェ・コムサ』

は、大手アパレルメーカー、ファイブフォックスが全国展開するブランド専門店イズム・コムサ・デ・モードの店内にあり、すでに名古屋、千葉、柏などの店舗で併設し、好評のようだ。

広い店内をそぞろ歩きながら品定め。そして店内のカフェでひと休み。買い物客にひと息入れてもらう空間の提供とサービスは評価していい。

また最近、東京・世田谷の玉川高島屋4階にオープンしたパパスカフェは、紳士服パパスと婦人服マドモアゼルノンノンの店舗内に喫茶店を併設した。このパパスカフェは高島屋新宿店にもある。

また、ムーンバットもこれから発売するブランド、コー・アンド・コー・ラックを売る店舗に、喫茶店の併設を考えているようだ。衣料店内に喫茶店を併設する発想は、サービス、雰囲気づくり両面で役立ち、またちょっとした寸法直しの時間待ちなどにも利用されている。これからの店舗戦略はますます複合多角化の傾向にあるようだ。

出店攻勢で急成長するドトールコーヒー

セルフサービス、テーブル、椅子があってゆっくりとコーヒーが飲める。待ち合わせや商談などに十分使える。ＢＧＭが流れ雰囲気がよい。しかも１杯のコーヒー代が１８０円というリーズナブル価格。そんなドトールコーヒーは今、追い風を受け好調だ。昨年度では売り上げが２７２億円と前年比17％増。しかも経常利益は27億円と48％も増えている。ここ３年間では62％の増収であり、１１３％の増益を出している。この秘密を探ってみると、要因はまず出店増にあるようだ。

今までは通年で20店どまりだった増加が、１昨年は64店舗、昨年度は１０２店舗と凄い急増ぶり。この飛躍の裏には既存のＦＣ店（フランチャイズチェーン）が店舗の拡大（増設）を図った結果もある。同社は今年度１２０店の出店をして、将来的には３０００店を目標にしているという。同社の増収増益の内容を分析するとズバリ仕入れ対策に学ぶべきものがある。ここ２〜３年の間、売り上げに対して増益が高いのは、それが要因であろう。コーヒー豆の仕入れコストが、先物予約によって３割も安くなったからだ。さらに、従来から同店はコーヒーの渋みや酸味が残らないと評判だったが、それをコンスタントに継続するため、コーヒー豆の種類と仕入れにさらなる努力を注いでいる（企業秘密で取材はできなかった）。

しかし、好調な同社にとっても難題がないわけではない。それは次項で取り上げる米国資本スターバックコーヒーの日本上陸である。1杯が250円のスターバックに対して、180円の同社は今のところさほど危機感はないだろうが、スターバックについては次項で取り上げる。

ところで、もう一方の局面で、同社の業績を支えているのがパスタ専門店のオリーブの木であることも見逃せない事実である。昼はパスタ中心のレストラン、夜は酒と小料理を楽しめるイタリアン・レストランに変身する。すでに30店をオープンし、今年度よりFC展開をして、将来的には1000店をめざすというから、その意気込みは凄い。また本丸であるドトールコーヒーショップの海外進出戦略も注目できる。現在は韓国や台湾に出店、さらにロシアまで拡大する構想があるそうだ。

東京・銀座のコーヒー戦争

コーヒーを低価格で提供するドトールは、廉価コーヒーショップの代名詞になっているが、この市場に外国資本が参入、価格戦争が火花を散らしている。

米大手喫茶チェーンのスターバックコーヒー（シアトル市）が東京・銀座に1号店をオープン。スターバックは北米で約800店を展開するセルフサービススタイプの大手のコーヒーチェーンで、日本では１杯２５０円～３５０円で15種類のコーヒーを提供している。ドトールコーヒーより価格は少々高めでも、インテリアを工夫、コーヒーメニューの多さで、客を取り込む戦術は侮れない。銀座店のオープンに始まって、今後は首都圏で年間20店ペースの出店を計画しているという。

これを迎え撃つドトールコーヒーも負けてはいない。スターバックの開店前から、銀座にある店のすべてで販促キャンペーンを展開、通常１８０円のコーヒーを１００円に割り引くサービス券を発行した。このタイミングのよい戦法は大きな集客効果を上げ話題になった。

同じく、プロントコーポレーション（東京・中央）が展開するプロントも、銀座店では、通常価格１６０円のコーヒーが１２０円で飲める回数券を販売して対応した。米国スターバックの日本上陸で、低価格が売り物のコーヒー店業界は、激しい商戦を強いられている。米国資本か、それとも迎え撃つ日本資本か、銀座を戦場にしたこのコーヒー戦争の決着は、当面つきそうにない。

1杯50円のコーヒーを出前する銀座ルノアール

さて、まだコーヒーの話題は続く。大手喫茶店チェーンの銀座ルノアールが、ドトールコーヒーなどの進出で苦戦しているのは確か。広いフロアー、大きなおしぼり、ゆったりした椅子が特徴の同店も、格安コーヒー店の攻勢で、その対抗策には頭を痛めている。

そこで打って出た秘策が、オフィスへのコーヒーポットサービス。つまり低価格のコーヒーの出前だ。その価格を聞いてみて、驚いた。1杯分がなんと50円という安さである。

当面、丸の内、大手町、日本橋、八重洲などのオフィス街に的を絞って、サービスを展開。コーヒー15杯分が入ったポットを午前7時、8時、9時、10時、正午と、日に5回配達する。ポット1本が750円だから1杯が50円となる計算。

きっかけとなったのは、自前の焙煎工場を確保できるようになったため。自前の安いコーヒー豆を使えば、もっと価格は下げられるのではないか、というのが発想の原点だったようだ。コーヒーポットはライトバンで運び、時間を限定して配達の効率を考えている。当面は1日50ポットを目標にし、東京の拠点で成功すれば、やがては地方都市での展開も考えているそうだ。

実は私自身も都内のルノアールはよく利用する。全店で長居のお客に日本茶のサービスがあり、これがなかなか味な手法だと感心している。回転率を上げるには逆効果のはずだが、実はこれがお客の好感を呼び、次の来店の促進策にもなっているのである。

アイスコーヒーにもひと工夫する喫茶店

喫茶店での夏場の定番商品といえば、アイスコーヒー。この夏場の集客力をアップするために、各コーヒー専門店が新商品を相次いで投入している。

スターバック（東京・銀座）では、氷にエスプレッソとクリームを混ぜたフラッパチーノを夏場のメイン商品として売り出し、なかなか人気がある。

プロント（東京・中央）ではゼリーアイスカフェオレやゼリーアイスコーヒーを全店に投入して、夏場商戦に賭けている。またシャノアール（東京・板橋）では、低価格店のベローチェで、泡立てたミルクを使用したアイスカフェラテ（１９０円）を新しく投入、値段が安く味もよく、女性に人気がある。

季節に合わせ新商品を投入する手法は、今までの喫茶店業界ではあまり見かけられなかったこと。集客力を上げ、売り上げ増を狙う策としては、これからは基本戦略となるだろう。

青果物商社ドールが外食に参入

米国の食品大手のドール・フード・カンパニー（ロサンゼルス）がいよいよ日本に上陸して、フルーツカフェの展開に乗り出した。日本法人のドールによる始めての商売であり、ドールブランドの食材を使った新しいタイプのフルーツカフェは、ヘルシー志向が強い日本の消費者に人気を呼びそうだ。ドールはもともとがバナナ、パイナップルなどの果物や、レタス、セロリなどの野菜を輸出している商社で、いよいよ外食産業に本格参入してターゲットを日本に定めた。日本での第1号店は東京の渋谷にオープン。ドール・フルーツカフェのメニューは、フルーツジュース、フルーツサラダ、シナモンサンドイッチ、マンゴとトマトのフルーツピザなど、季節のフルーツを中心にしたものがほとんど。ランチやディナーのメニューもある。客単価は平均1500円〜2000円を見込んでいる。

店舗は南欧のリゾート風に統一。今後はヤング層に絞った喫茶・デザート店やファミリー層を狙った郊外店を計画中とか。青果物商社ドールの外食産業参入は、ランチェスター理論のお国柄だけに、その展開には不気味さがある。

全館でPHSが使える高島屋新宿店

話題を変えて、デパートのいろいろな事例を取り上げてみよう。携帯電話の中で通話料の安い簡易型携帯電話PHSは若者に大人気。通話距離や場所によって通話ができない不便さはあるものの、ヤング層からビジネスマンまで幅広く利用されている。

私などが街で見ていると、どちらかといえば、トランシーバー的な使い方を若者たちはしているように思う。

トランシーバーといえば、さすがと感心したのが東京・高島屋新宿店。ここでは店内どこでもPHSが使える。地下から店内はもちろん、屋上までどこからでもPHSが使えるようアンテナが設置されている。例えば、書籍売り場にいる夫のPHSに、店内の公衆電話から、「ねえ、あなたに似合いそうないいジャケットがあるのよ。ちょっと来てみない？　売り場は○階の○コーナーよ」と連絡したり、玩具売り場から離れようとしない子供にPHSを持たせ、親は別の売り場で買い物することもできるのだ。「○ちゃん、まだ玩具売り場にいるのね。ママたちお買い物すんだから、そっちに行くわよ。動かないでね」と便利に活用できる。

同店は店内の社員同士の連絡用としても、PHSをフルに活用しているという。

デパートのギフト商戦のアイデア

これは実際の店舗戦略というより、顧客管理の例。

お中元やお歳暮をデパートから送る場合、昔は1枚1枚の伝票に宛て先から自分の住所氏名を書かなければならなかったが、今は件数が多い場合には宛て先や自分の住所氏名が印刷された伝票が、シーズンになるとギフト商品カタログとともにドサッと送られてくる。お客は商品名を記入する（この作業さえもギフトコーナーの店員がやってくれるが）だけですむので、とても楽である。このシステムには、実はシステム自体もさることながら、内容に数々のキメ細かな知恵が盛り込まれていて、大変販促の勉強になる題材である。高島屋の例をとって説明してみよう。

まず伝票を見ると、相手に昨シーズン、幾らの値段のどんな商品を送ったかが、ひと目でわかる。つまり、お歳暮の時にはお中元で送ったものがわかるわけだ。これは品物を決める選考に大いに役立つ。また、リストには各宛て先別にそれぞれ『今回のみ中止』『住所訂正』『名簿より削除』という欄が親切にも設けられている。

しかも毎シーズン、こちらの住所氏名だけが印刷され、宛て先が空欄になっている用紙が、必ず1枚（7件分）入っている。これはまさに販促の王道といえる手法だ。

伝票に記入し、送っておけば（封筒はもちろん料金受取人払）、総金額を知らせてくれる。お客は都合のいい日に出かけていき、ギフトコーナーで支払をすませればよい。来店を促進させるため、ギフトコーナーに1等が10万円の旅行クーポン券、4等まではタカシマヤバラカードの当たる抽選会を期間中おこなっているのは、やはりさすがだと脱帽する。

売り上げを1000億円伸ばしたデパートの共通商品券

販売促進の仕事を長くやっていると、世の中に対して疑問に思うことが実に多くあるものだ。本書の冒頭にも書いたが、企画とはその疑問『?』から実は始まるものだというのが、私の持論である。

さて以前から疑問に思っていたことの一つが、デパートの商品券。発行したデパートでしか使えないというのは不便なものだ。店側にいわせれば自店で発行しながら他店で買い物をされてはかなわないというのはわかる。が、しかし消費者、マーケット全体を考えたら、それはまったく〝島国根性的経営心〟ではないだろうか。案の定、2年前に日本百貨店協会が共通商品券をスタートさせ、今は予想を上回る大きな効果を上げている。

共通商品券のこれまでの販売額は、累計で2210億円。自社発行の券を含めたデパート商品券のこの1年間の総販売額は、5000億円に達した。共通商品券をスタートさせたことで1000億円の販売増であり、デパート商品券市場をこの共通商品券が23％も拡大させたことになる。全国のどこのデパートでも買い物ができる共通商品券は、その利便性が受けて、中元、歳暮、引き出物、香典返しに利用されている。商品券を贈呈する時、相手先の住んでいるところに、券が使えるデパートがあったかどうか、悩む心配が不要になったのだ。商品券は来店の促進になる、ということをデパート側がやっとわかってくれたと、私は大いに満足している。

デパートの自社カード作戦のあれこれ

デパートのハウスカード商戦が今、岐路に立たされている。

三越は3％だったカードの値引率を5％に引き上げたところ、新規入会が65万人に達した。売上高に対するカードの買上比率は前期比の2倍強という数字。高島屋ではカード購入額の7％を還元するサービスを実施し、半年で約50万人の加入者を得た。各クレジットカード会社と提携しているため、年会費が無料というのも魅力になっている。現在、加入者数はセゾンカードの220万人がトップである。

ところがカード会員の増加ペースに比較して、全体の売り上げが伸びてこない。分母に対して分子が伸びないのである。各デパートが、会員への特典である還元（値引き）を売り上げ増でカバーしようとしたもくろみは、はずれた格好である。これは、たとえ自社の会員が増えても、従来のクレジットカードの便宜的な乗り換え組が、従来のカードにプラスして加入しただけであり、会員だからといって必ずしもそのデパートで買い物をするわけではないという、消費者動向が見えてくる。

また、1人で各デパートのカードを何枚もつくる人がいる。三越ではカードの申し込み時点で『仮カード』を発行し割引に応じているが、仮カードで1回買い物をしてもその後の『本カード』に移行しない客が、10％もいるそうだ。伊勢丹ではカードでの買い物に対し、一律5％の割引を実施、カード使用を促進する狙いで20万円以上は7％。100万円以上は10％と割引率を大幅に上げた。が、実際にはそこまで同じデパートで買い物をする人は少ない。割引率は低くても、立ち寄ったデパートで、食品などを購入し、カードですますというのが現状である。「カード戦争はいたずらに利益を減らし、自分の首を絞めかねない」（東武百貨店）とか「浮気な消費者を値引きで引き止めるのではなく、カードで得た情報をいかにマーケティング戦略に結びつけるかが、大事だろう」（伊勢丹）というコメントが、これからのカード商戦のキーを物語っているようだ。

企画力が勝利『セレクト型ギフト』

お中元やお歳暮のギフトは、贈る側ともらう側で多少の意識のズレがあるという。アンケート調査では、贈る側の人気商品のトップが『産地の生鮮食品』であるのに対して、もらう側の人気ナンバーワンは商品券。しかしこのズレをうまく解消したのが『セレクト型ギフト』である。もらう側が商品を選べるこのセレクト型ギフトは、各デパートで大きな成果を上げている。

三越では8年前からすでに実施。最近は前年同期比70％増という。伊勢丹でも消費者のグルメ指向に対応して『パーティーライン』をスタートさせ、なかなか好評のようだ。産地からバイヤーが直接買いつけをおこなう『おいしさいろいろ便』も、始めた早々好評である。

これらのセレクト型ギフトが喜ばれる理由は、商品アイテムの豊富さもさることながら、もらう側が素材や調理法を注文できることである。その一部を紹介しよう。

高島屋の1万円コースは、イクラ（300g）、ボタンエビ（6尾）を始めとする海鮮類から、きねつき餅にいたるまで、22品目もある。そごうの7000円コースでは、札幌グランドホテルデザート詰め合わせ、青森リンゴ、和歌山ミカンセットなど17品目が用意されている。

このセレクト型ギフトは、スーパーにもある。アイテムの多いデパートに対抗して、いわゆる味のプロのバイヤーが、現地で直接品定めをし、買いつけする。さらにデパートよりも価格を下げている。長崎屋の『新・選・便』やマイカルの『楽しさ選ぶ便』なども好評。従来はただ儀礼的、事務的だったギフトに対して、グルメ指向をヒントに、双方のニーズを巧みに捉えて成功したセレクト型ギフトは、まさに企画力の勝利といえよう。

コスメティックプラザで成功した西武百貨店

西武百貨店がめざす『新しい売り場づくり』への挑戦には注目したい。

商品の品揃え、陳列方法、また接客対応（サービス面）をここでじっくり見直そうというものである。キーワードは『商品が簡単に選べる』『短時間で買える』、この2つである。

東京池袋店の化粧品売場に、午後になると女性客の列ができるスポットがある。130ブランド、2200種の商品を集め、お客が自由に選べるコスメティックプラザがその人気のスポットである。従来は、どこのデパートも化粧品コーナーはメーカー（ブランド）別に仕切られていた。商品のコンサルティング、化粧のアドバイスはお客にとってそれはそれでありがたいことだったが、1つの商品を購入するのに時間がかかり、また他のブランドとの比較検討はなかなかできないのが実情だった。これを完全に打破して、ブランドにはこだわらず、自由にお客が自分に合った商品を購入できるシステムが実現したのが、西武百貨店コスメティックプラザ。

化粧品売場の成功をベースにして、この『自由に簡単に選べて、早く買える』売り場づくりを、今後は紳士服、ハンドバック、婦人靴、婦人服等の売り場にも、拡大していくという方針だ。

『売り上げ高のみを追うのではなく、自店で買い物をする客数をいかに増やすか』が、西武の方針である。曲がり角にきたといわれるデパート業界にあって、西武の思い切った戦略は注目に値するだろう。

成功した西武百貨店のＶＩＰシステム

西武百貨店の店舗戦略の新手を、もう一つ紹介しておこう。

昔からデパート業界では、代々続くお得意様、高額商品を継続的に買ってくれるお客はことさらに特別扱いしてきた。クレジットカードのまだなかった時代では、その種の顧客はサイン一つで買い物ができた。外商担当者が対応し、売り上げの大きな柱になっていた。

それに似たシステムをスタートさせたのが、渋谷の西武百貨店。年間１００万円以上の買い物をすれば、翌年からは誰でもが『ＶＩＰ』になれるシステムで、ＶＩＰ客にはセールスアソシエイトが応対する。これはお得意様向け専属の販売プロである。

例えば衣服試着の場合、一般の試着室は使わず、広い特別のフィッティングルームが用意され、ゆったりとした気分で品選びができる。その際はアソシエイトが常時そばにつき、いろいろと親身なアドバイスをしてくれる。

またＶＩＰ用にシティホテルのスイートルームを思わせるような専用サロンが用意され、コーヒーなどのサービスが得られるという丁寧ぶりだ。渋谷の西武百貨店ではこの1年に約2000人のVIPが誕生し、早速他店舗でもこのシステムを展開していく方針だという。

勤め帰りのOLを狙うデパート

デパートの販促策で最近目立つのは、勤め帰りのOLをあの手この手で取り込もうとする手法だ。

三越・銀座店では、開店と閉店を30分繰り下げ、営業時間を午前10時半から午後7時半とした。そして6時から7時半の時間帯に、宝石サロンでは『宝石類の無料クリーニングサービス』を実施している。また、火曜と土曜にはスポーツ用品売場で予約制の『レディース・ゴルフ・ワンポイントレッスン』を開いている。

阪急・梅田店では、平日の閉店時間を7時半に延長し、OL対象にいろいろな講座を開いている。営業時間の延長によって、勤め帰りのOLを最大の顧客とする狙いである。連日午後6時~7時の時間帯に、婦人服売場で『歩きながらシェイプアップ』『通勤着のワンポイント』などの講座を開き、客足呼び込みの作戦に出ている。

大丸・梅田店では、営業時間の繰り下げとともに、展覧会の入場券と食事券をセットにした『アート&グルメチケット』1900円相当を1000円で販売。また働く女性へのサービスとして、電話注文した惣菜を希望の時間に持ち帰りできる『できたてご用意HOTライン』を開始した。松屋・銀座本店でも、新たにフレグランス（香り）コーナーを設けたり、働く女性向けの衣料品6ブランドを導入。東京・渋谷の東急東横店では、化粧品売場で、お客が自由に商品を選べる『セルフ専用ブランド』を導入した。

『働く女性を狙え！』『勤め帰りのOLを取り込め！』。この戦術はますますエスカレートしていくことだろう。

各デパートのポイント合戦花盛り

各デパートが発行するカードは、今までは店頭での値引きが主だった。が最近では来店を促進し、さらに継続的購買に結びつけようと、ポイント制の付加価値を付け始めた。値引きとともに、買い物額に応じポイントを付け、買い物券などと交換ができるシステムである。

東京・新宿の高島屋では7％の還元と入会金・年会費が一切無料というのがうけ、

新規カード会員は予想を大きく上回って60万人に達した。今年中には100万人にしようとデパート側の鼻息は荒い。横浜の京急百貨店では衣料品にも3％分のポイントを付け、さらに利幅の少ない食料品にも1％分付け、好評だ。西武百貨店では、ポイント制の実施によって顧客の属性分析ができたと胸を張っている。例えば、年間利用額が100万円以上のお客は、意外にも20代後半から30代前半の働く女性が多いことがわかったという。固定客への今後の展開（DMなど）に大いに参考になるデータがポイント制導入でキャッチできたのだから、一石二鳥だ。

ポイント制のカウントシステムで、ユニークなのは京王百貨店。買い物をしなくても来店して機械にカードを通すだけで、5ポイント（5円相当）がもらえる。これをズバリ『来店ポイント』と呼ぶそうだが、アイデアは素晴らしい。もちろんポイントの付与は1日1回だけ。わざわざ5円のポイントのために、交通費を使って来るお客はいないだろうが、客商売の基本に立ったこの姿勢には恐れ入る次第だ。

古き時代のデパートの販促戦術あれこれ

三越百貨店の前身は『越後屋呉服店』。創設者の三井高利は、なかなかのアイデアマンだったようだ。店内に『越後屋』と大きく書いた傘を常時用意しておいて、にわか雨の時は「どうぞこの傘をお使いください。あとでお返しくだされば結構です」とした。一見ただのサービス行為と思われることが、実は大きな宣伝効果をもたらした。雨が降る町中を『越後屋』と書いた傘をさした通行人が何人も通ることで、店名が大いにPRされ、それを見た人々は「越後屋は店の傘を客に貸している。サービスのよい店だ」と好印象をもったのである。さらに、傘を返しにきたお客がそのまま帰ることはまずないと、三井高利は考えた。傘を借りた恩義もあって、つい何か買い物して帰る心理を予測したのだ。

さて、その越後屋が近代的なデパート三越百貨店としてスタートしたのは、明治37年。その時代にも越後屋時代と変わらぬ仕掛けのアイデアマンがいたようである。当時、開館した帝国劇場が上流階級の一つの社交場となり、ハイカラなイメージで人気を集めているのに目をつけ、『今日はお芝居（帝劇）、明日はぜひとも三越へ御出下され度く奉願上候』というコピーを新聞などで宣伝した。これが大いに当たって、ついにコピー表現がひっくり返って『今日は三越・明日は帝劇』というキャッチフレーズが、ハイカラ族に浸透していったのだ。

一方、西の浪速の百貨店も負けてはいなかった。大丸の創始者下村彦右衛門は、京都と江戸の間を運ぶ荷物の梱包に、大風呂敷を使い、その風呂敷のすべてに大きくロゴマークを入れた。大丸商標を染めぬいた風呂敷の荷物を、人足が東海道を行き来して運ぶのだから、宣伝効果は絶大だった。ちなみに読者はご存知だろうか、大丸のマークの『大』の字は、筆文字で上から順に筆のかすれ（ヒゲ）があり、それがおめでたい『七・五・三』となっている。

...
HOT
ライン

第3章

企業の数だけ販促事例はある

あらゆる業種の販促事例

飲料自販機の設置に8000人の社員を動員したJT

日本たばこ産業（JT）が煙草ではなく、飲料の自動販売機の置き場所探しに、社員総動員のキャンペーンを展開した。社員に自販機の置き場所を探させるのが狙いだが、すでに相当の効果を上げている。

この戦法の裏には、自販機を設置するスペースの確保に各メーカー同士の熾烈な戦争があった。飲料自販機の市場は今では飽和状態。1社で70～80万台の自販機を設置する大手から、数台で営業している会社まで、乱戦模様である。JT食品事業部では『断わられた時から商談は始まる』の論法から、キャンペーンには8000人の社員を動員、自販機の設置場所獲得の戦略を展開した。100軒飛び込んで話を聞いてもらえるのは10軒程度。残り90軒は門前払いで、設置の成約までこぎつけられるのは2～3軒、成功率はわずか1～2％だという。しかしそれでもJTが飲料の自販機の設置にやっきになっている裏には、ＪＴの昨年度3月期飲料売上高が１２３億円で、このうち80％が全国1万９０００台の自販機によるものだからだ。

そこでＪＴでは飛び込み営業とともに、社員の紹介（コネ）に期待した。つまり知り合い、いつも買い物に行く近所の商店、親戚、友人のツテを頼ってのアプローチである。飛び込み営業の１～２％成約率に対して、こちらは50％と高い成約率だったそうだ。情報を提供してくれた社員にはテレホンカードを贈り、成約するごとに紹介者が所属する事業所にポイントをつけ、合計得点に応じプレゼントを贈るという方法をとり、大きな成果を得た。人脈に頼った戦法は、当たったようだ。

ちなみに、ＪＴの飲料部門は昭和63年に業界へ参入したが、赤字続き。ようやくこの戦略によって、単年度黒字達成を目標にできた。

商品開発力で好調を続けるユニ・チャーム

子供と女性用品大手のユニ・チャームが追い風を受け好調だ。

5年前の3月期に比較して、本年度3月期は、実に売上高78％増の１６００億円、経常利益は１４０％増で、１２９億円という数字だ。この秘密はどこにあるのか探っ

てみたい。

まず、注目したいのが同社の商品開発力。ライバルの花王やＰ＆Ｇに比べ徹底的に商品カテゴリーを絞り込んでいる。同社の売上高の50％を占めるベビー用品のうち、約９割の比率を占める紙オムツ『ムーニーマン』の商品戦略を見てみると、それがよくわかる。

ムーニーマンは従来のオープン型ではなく、パンツ型。赤ん坊がまだ歩けない頃はオープン型でもよいが、立てるようになると当然活動的になり、寝かせたままでオムツをはかせると嫌がる。そこに着目し商品化したのがパンツ型である。立ったままオムツを取り替えられるので、便利さが大いにうけた。さらに毎年この分野で新製品を投入している点も、見逃せない。最近発売の『ムーニーマン・パワーズ』は吸収体の厚みを従来の2分の1にして、吸収量を高めた超薄型製品。これもヒットして市場シェア80％を占める原動力となった。紙オムツのオープンタイプだけをつくっているメーカーは、実用新案登録済のパンツ型をつくることができない。ますます独走を続けると思われるユニ・チャームだ。

また大人用オムツ『ライフリーリハビリ用パンツ』を発売、２０２０年には4人に1人が65歳以上になるという予測を踏まえて、少子化によるムーニーの落ち込みを、ライフリーでカバーしようとしている。先取り商品戦略である。女性の生理用品でもヒットを連発。ナプキンの『ソフィサラ・サイドギャザー』は経血量に応じてサイズやデザインのバリエーションを5種類ラインナップ。これにも同社の商品開発力がうかがえる。というのは、同社の市場調査で女性は時間帯によってナプキンを使い分けることが判明。ニーズに対応して5種類にし、これが見事にあたって5年前はシェア20％、業界3位だったのが、ソフィサラでシェア40％、業界トップに躍り出たのである。商品開発力が勝負を決めたいい事例である。

顧客サービスに徹する三貴グループ

エステートジュエリー（資産宝石）をキャッチフレーズにしている三貴（東京・豊島）が、グループ全体で新しいサービスを開始した。それは同社で買った宝石が現金化できるというものだ。'96年4月1日以降に買った価格30万円以上の宝石を認定書といっしょに持参すると、預かり書を発行、後日、鑑定後参考価格の連絡があり、そこで売却希望価格を決める。商品（現品）に希望売却価格を表示して店頭で販売するのだ。

全国で1200店舗を超える三貴グループのネットワークを通じて、売りたい客と買いたい客との間を仲介。すでに延べ1000万人の会員をかかえているので、新しい形の仲介市場になるであろう。

さて、三貴グループの顧客サービスにはこの他にも多くの特徴があるので、いくつか上げておこう。

●提携金融機関で宝石担保ローンが利用できる。（購入価格の最高3割、実質年利7%）●海外旅行でパスポートを紛失した時のサポートから緊急時には10万円までのキャッシングサービスが受けられる。また24時間対応の医療関連サービスや、クレジットカードやトラベラーズチェックなどの紛失、盗難手続きの案内サービスもやってくれる。●購入した宝石については、損保会社との提携で10年間、盗難、火災による消失が補償される。●価格が200万円以上のものについては、最大120回の分割ローン（実質年利11・1％）があるが、これは業界初だ。

写真マーケットを大きく変えた写真屋さん45

消費者自身の意志でカメラやフィルムを選択できるマーケットの創造をめざして、『写真は愛のメッセージ』をキャッチフレーズに、急激に伸びているのが写真屋さん45（埼玉・志木市）だ。

同社チェーン店の店頭で同社ブランドのカメラを買うと、永久的にフィルムが無料になる。ＰＢ（プライベートブランド）カメラの価格は2800円～2万8000円があり、フィルムはドイツ・アグファ社と提携したＰＢの『ビューティフルカラーフィルム』という。

写真屋さん45はカメラの小売店ではあるが、カメラの販売では利益が出ない。自社のカメラを買ったお客に永久的にフィルムをサービスするからだ。しかしここには巧みな戦術があって、カメラを販売し、DPEのサービスをおこなうことで、メンバー（固定客）の獲得を目的にしている。DPEの仕上がり時間も、20分と早い。『写真は愛のメッセージ』という同社の商売には、他社にはない独自のアイデアが多く、例えば『Wプリントサービス』がそれ。写真を撮る人、撮られる人が同じ思い出を共有できるように、DPEの時に同時に複数枚プリントをしてくれる。その料金例をあげてみよう。12枚撮りの場合で、各2枚で1120円、各3枚で1360円。36枚撮りの場合、2660円、3380円。後から焼き増しに出すより、はるかに割安だ。同社は「グループ旅行などに最適」といい、さらに、「家族写真で、子供が大きくなって親元を離れる時などに、アルバムから写真をはがしたりするのではなく、撮った時からアルバムを別々につくる習慣が生まれる。つまり、思い出写真、旅などの体験をその時から共有できる」といっている。

現在の愛用者カード発行数は36万枚に及び、これにメンバーの家族を入れると、数倍にふくれ上がる。店舗は関東一円と大阪府、福島県に直営店があり、メンバーズカード加盟店は合わせて約500店。年商100億円を越えている。

ちなみに社名の『45』の由来は、始終(4)ご縁(5)がありますように、ということで、今ではこれが企業ポリシーになっている。

APSフィルムの即日仕上げがやっとスタート

今、写真業界の大きな話題はAPS（アドバンス・フォト・システム）だ。

米コダック社の技術（銀塩写真）をもとに、フィルム、カメラメーカーが共同で開発した新しいカメラシステムである。従来のフィルムと違い、コンパクトなうえにカメラへの装填が簡単で人気を集めつつある。が、ここに一つの問題点があった。写真市場というものは、メーカー、小売り、ラボの三位一体で構成され、消費者にハードとソフトを同時に提供しなければならないが、なぜかハードだけが先行してしまったのだ。つまり、取扱方法を詳しく説明せずに、店頭販売を開始したわけだ。APSはDPEの時、インデックスとカートリッジの両方が必要だということを知らず、カートリッジは捨ててしまったという笑えない話を私は何回も聞いた。また、ソフトの部分にあたるラボ、DPEがまったく無視された。町のミニラボでは、このAPSの場合はどうしてもメーカー系の総合ラボに頼らざるを得えない。そうなると1～2日間かかり、今の消費者はついてこないのである。

そこでカメラ専門店が従来の現像機を改造したりして『即日仕上げ』を打ち出してきた。確かにいいことではあるのだが、ハードだけを先行させたメーカーの責任はどうなるのか。否、ソフト面の情報を自分で得ようとせず、ただ新しい物（ＡＰＳ）が出るとすぐ飛びついた日本の消費者の認識不足も問題かもしれない。

ところで、カメラ店の対応はどうだったのか。カメラのきむら（東京・中央）では、ＤＰＥサービスをおこなう店舗で需要が多い店は専用の現像機を導入し、それ以外の店では機械を改造して全54店でＡＰＳに対応した。コイデカメラ（東京・杉並）、キタムラ（横浜市）、ヨドバシカメラ（東京・新宿）などもこれに追随、中でもヨドバシでは1時間のクイックサービスを導入しようとしている。ソフトの遅れはこれでどうにか落ち着きそうだが、なんにしてもメーカー側（ハード）の戦略が先行し、消費者へのソフトが後手に回るのは極めて悪例といえるだろう。

ゴルフクラブ市場で独走する『プロギア』

ここのところ、冷えぎみのゴルフクラブ市場で、売り上げ倍増を記録しているのが横浜ゴムの『ＰＲＧＲ』（プロギア）だ。ゴルフクラブの市場規模は約８００億円といわれていたが、一時ほどの伸びがない。そのなかでプロギアだけがなぜヒットを続けるのか、その秘密を探ってみるとやはり徹底したマーケティング戦略である。

まずプロギアの色彩戦術。チタンを素材にしたウッドが、今人気を集めている。プロギアは『黒』（上級者向き）、『赤』（シニア）、『銀』（中級者）とひと目見ただけで、色を目安にクラブの性能が分類できるようになっている。つまりわかりやすい商品ラインナップなのだ。わかりやすいといえば、プロギアの主力であるＤＡＴＡ（データ）シリーズのアイアンは、クラブヘッドにロフト角や重心の高さ、重心までの奥行きが数字できちんと表記されている。シャフトにも重量やトルク表示がしてあり、親切な配慮だ。

横浜ゴムはクラブメーカーとしては後発だが、ターゲットと商品を絞ることで独自の特性を出し、ファンを得ている。ある程度のキャリアを積み、ゴルフが大好きだという層に向け、しっかりとしたわかりやすい商品を提供する、それが同社の思想である。

さらに注目したいのが価格対策とモデルチェンジのサイクル。価格対策というとすぐ安価をイメージしてしまうが、プロギアの場合は逆。ＤＡＴＡのアイアンセットは20万円を越え、他社に比べ2割高い。しかし売れているのはなぜか。それは赤チタンではカーボンにケブラーという特殊な繊維を加え、軽量シャフトを使っている。だから当然コストはかかり値段は高くなる。しかし品質がよければ少しぐらい高くても、キャリアを積んだゴルファーには必ず売れると踏んでいる。そこが凄い。

またゴルフクラブは毎年のように新しいモデルが市場に登場するが、プロギアはモデルチェンジのサイクルが3〜4年。「去年買ったクラブが今年は旧モデルになったのでは、お客様に失礼です」というコメントである。商品開発にじっくり時間をかけた製品は、少なくとも3〜4年は使ってください、ということか。実際に店頭ではモデルチェンジの少ないことが、お客の信頼を集めている。市場が冷え込んでいるなかを、ただ1社独走する巧みなプロギア戦術。学ぶべきものがある。

カーワックスで快進撃を続けるタイホー工業

カーワックスのノータッチボディワックスを年間２００万本販売しているタイホー工業（東京・港）が、快進撃を続けている。

同社は工業用のファインケミカルの開発がメインだったが、約30年くらい前からカー用品の開発にも乗り出して、ガラスのくもり止め・油膜除去商品クリンビューを発売し大ヒットさせた。さらにタイヤの汚れ落とし用のノータッチがまたまたヒット。そして今度はカーワックスのノータッチボディワックスが大量に売れている。この商品開発の秘密は、同社の技術力もさることながら、市場のニーズを徹底的に分析した要因が大きい。車のワックスがけは面倒なものだ。ワックスをかけその後で磨き上げるのは、特に女性の場合は重労働。最近人気の天井の高いRV車などはワックスがけも思うようにできない。

そこで同社首脳陣は、先に発売していたタイヤの汚れ落とし専用のノータッチの方式で、カーワックスができないものかと、研究陣に問題を投げかけた。タイヤは垂直になっているので、洗剤の泡が重力で下にさがり汚れは落ちるが、車のボディーは水平部分があったりして、この手法は応用できない。そこで長年のファインケミカル技術が活きてきた。つまりプラスに荷電（電気を帯びる）した車体の上に、マイナスに荷電した薬品を吹きつけ、車体と薬品が水をはじいて付着するようにした。そこに水を流すと、余分な薬品が流され、車体が〝単分子皮膜〟で覆われ、ワックスがけができるという理論である。話がだいぶ難しくなったが、要は洗面器に油を入れると、水面に同じ厚さの油が広がる原理と同じである。

洗車した後、水滴を拭き取る必要がなく、スプレーしてから水を流すだけでワックスがけが完了する。市場のニーズを分析し、自社の技術力で商品化したタイホー工業の戦略は、見事としかいいようがない。

『物流と情報』で問屋のトップをめざす伊藤忠食品

今、流通業界ではある面で『問屋無用論』が叫ばれている。昭和30年代まで問屋は商品開発力と金融力でメーカーと小売店の橋渡し役として機能していた。しかしその後スーパーの台頭によって、金融力で小売店を支配する時代に幕が下りる。メーカーも、情報の少ない問屋との商売にうま味を感じなくなった。そこで問屋無用論が吹き出てきたわけだ。だがメーカーと小売りが直結しても、そこには必ず欠けた部分が生じてくる。物流と情報である。物流、情報といえばすぐ商社が頭に浮かんでくる。商社の機能を十分に活かして全国卸のリーディングカンパニーとして好調なスタートを切ったのが、伊藤忠食品だ。

デパート、スーパーより注文がくると、同社の物流システムが迅速に対応。伊藤忠グループ・コンピュータシステムによって、各倉庫の商品管理、簡易包装システムから、全国41か所の配送センターまで完備されている。膨大なアイテムの商品管理はコンピュータ化、注文に応じ即座に商品を取り出すことができる。商品管理とこれに連動した全国ネットの物流システムでは、今、業界トップを突っ走っている。

最近スーパーやデパートでもっとも売り場展開の活発なのは、惣菜だ。家に持ち帰りそのまますぐ食べられるところに人気が集中しているためだが、惣菜の原料である生鮮食品は、今までの問屋は扱いを避けてきた。ところが伊藤忠食品では、冷凍食品メーカーや全国の魚協、あらゆる食品業者とのつながりある伊藤忠グループのネットを利用して、この分野にも乗り出すという。

〝必要な品を、必要なだけ、必要な時に〟届けることができる24時間体制の配送システムを備えた伊藤忠食品は、物流と情報をキーに、『問屋無用論』はどこ吹く風といわんばかりである。

返品ＯＫ、流通業界の大きな変身

これは、米国から入ってきた流通業界の一つの潮流と見ていいかもしれない。無条件で返品ＯＫというサービスで、いよいよ日本でもこのサービスを取り入れる企業が増えてきたようだ。

カジュアル衣料を扱う米国系通販会社、日本ランズエンド（横浜市）、のカタログには「どんな理由でもいつでも交換・返品できます」とある。「着てみたがどうも気に入らない」「気が変わった」そんな場合でも無条件で返品に応じる。ちょっと意地悪い質問だが、ランズエンドに、「10年間着た物も返品できるか」と聞いてみたら、ＯＫだという。これには驚いてしまった。

同じく米国系衣料メーカーのエディー・バウアー・ジャパンでも通販、店舗販売を問わず同様のサービスをしている。また、カタログハウス（東京）でも電動歯ブラシなど使用後でも返品に応じている。「使ってみないと商品のよさがわからないものには、それに応じるのが商売」と同社では34品目の商品の使用後の返品に応じ、それをカタログに明記している。だからオイルヒーターや掃除機などの大型商品でも、汚れたり故障したものも返品ＯＫだ。

　さて、この返品サービスの実態はどうかというと、意外にも返品率より売上率のほうが伸び率がよく、客はやはり返品に応じる店とブランドへの信頼で固定客となっているようだ（日本ランズエンド談）。つまりリピーター増に確実につながっている。

　米国ではこの返品サービスは珍しくなく、目先の小さな損失（返品）より長い目で見た利益（顧客づくり）と考えている。スーパーで食品を買い、翌日、「おいしくなかった」といえば返品・返金してくれるところもあるという。

　消費者パワーではなく、消費者を取り込む戦術として、日本でもこの返品サービスがいよいよ根づくのだろうか。

価格保証に挑戦する各社の戦術

　流通業界で『ロープライス保証』に取り組んでいる店が増えてきた。価格破壊のご時世を反映し、安さをセールスポイントにしている。

　例えば大手家電量販店のさくらや。携帯電話やＰＨＳの購入者に対して、買った時から60日後までに、値下がりした差額分を返却するサービスをはじめた。すでにＰＨ

Sが1台が100円、10円という店も現れた。これは電話機各社の販売が激化するなか、シェア獲得のため販売奨励金を大幅に増額して、端末機（電話機）の通話料で赤字分を穴埋めしようとするためだ。

以前からこのロープライス保証を実行しているのが、玩具専門店チェーンの日本トイザラス（川崎市）だ。同社では、自社の表示価格より安い他社のチラシを持っていくと、特価商品を除いて差額を保証してくれる。

ホームセンターのカインズ（高崎市）では、最初に他店のほうが安いという情報を持ち込んだお客には、その品物の差額の1・5倍の金額を値引いて販売に応じている。つまり他社と1000円の差があれば1500円の値引きをしてくれるわけだ。家電量販店大手のコジマ（宇都宮市）では、5万円以上の商品を買った場合は、その金利を年1円にするサービスをして安さをアピールしている。

ロープライス保証とはちょっと離れるが、一つの販促策としてあえて取り上げておきたいのが、ガソリン代分を値引きします、という店。パソコン専門店のグッドウィル（名古屋市）が最近オープンしたパワーシティー四日市店では、『マイレージディスカウント』と称し、来店に要したガソリン代分を値引きしますという。客の自宅と店舗までの距離を3段階に分けて、商品群を5000円以上、1万円以上、3万円以上の価格帯に設定、遠隔地ほどガソリン代がかかっているので、その分、割り引きしますというものだ。地域性を捉えた郊外型店舗の戦術として、これは特筆できるアイデアだと思う。

保証期間を伸ばす各社の戦術

家電製品のメーカー保証期間は通常1年である。しかし、この期間をはるかに上回る独自サービスを展開、また格安なサービス料金で提供する販売店が出てきている。激しい顧客獲得競争に、何としても勝ち抜こうとする売り手側の戦略である。

東京・新宿の大手家電量販店のさくらやではPHS（簡易型携帯電話）を3年間無料保証している。価格破壊を起こしているPHSだが、同社ではいくら安く売った商品（PHS）でも、1万円を限度に1年目に9割の修理実費を保証するといっている。

前項でも触れたが、PHSは価格競争が激化して、今では値段があってないようなもの。だから購入価格より高い修理代金がかかることもある。同店は紛失の場合を保証する制度も設けて、話題を呼んだ。

家電量販店大手のコジマでは、パソコンを買うとメーカーではなく自社の『5年間総合保険証』が自動的に付いてくる。これはユーザーにとって大きな安心感を植えつけることは間違いない。5年間保証は、故障はいうまでもなく、火災、盗難まで幅広くカバーしている。

ところで、三洋電機では系列店で製品に応じた料金、例えば冷蔵庫は6000円の料金をお客から受け取り、通常の1年のメーカー保証期間を3年間に延長するサービスを、いわゆるパパママストアなどにすすめているらしい。あまりにメーカーエゴ丸出しで私には解せないというか、怒りすらも覚える。メーカーとして自社の製品の責任を回避し、ディーラーにそれを押し付けるとは言語道断、というのが私の単純な意見だ。ディーラーヘルプの意義をはき違えているとしか思えない。

価格と応対で勝負する大塚家具

家具の販売大手のIDC大塚家具が、東京・臨海副都心の有明に日本最大の店舗を構えた。このIDCとは大塚家具のコーポレート・ブランドネームだ。この情報を初めて聞いた時、私は交通不便な（新交通システムの〝ゆりかもめ〟しかない）陸の孤島のような場所にある家具のショールームの成果に正直いって疑問を抱いた。が、予想に反して好調な滑り出しのようだ。その成功の要因には並々ならぬ戦略を感じる。売場面積2万2000平方メートル。このスペースをどう商売に結びつけるのか。

まず大塚家具のとった戦法は、価格対策だった。問屋や販売卸などの中間業者を一切通さず、メーカーからダイレクトに一括大量仕入れをする。そのために商品は2～3割安、ものによっては半値もある。さらに販売体制に特徴があった。新聞折り込みチラシには『特別内覧券』があり、それに住所氏名を記入し持参した客にはその場で会員になれる。販売価格を『会員価格』といっているのはそのため。だからチラシには価格が入っていない。さらに土曜、日曜は混雑して入場制限をするようなこともあるため、事前にショールームに予約する方法をとっている。大塚家具ではお客に専門のアドバイザーがマンツーマンで応対するのをモットーにしていて、デパートの外商の対応をまねたものだが、会員を上得意客として扱うのはうまいやり方である。

さて商品のアイテムは、国内品はもとより輸入品も大量に展示している。アメリカのトーマスビル、イーセンアレン、ヘレンド、スイスのデセデ、イタリアのサポリィティ、スペインのバレンティなど有名ブランド品がズラリと揃っている。さらにデパートは輸入家具の価格は現地価格の2〜3倍が相場だが、大塚家具では『内外価格差の是正』をキャッチフレーズに、ほぼ現地価格に近い価格で販売している。これも海外メーカー工場と直結した大量取り引きのメリットを活かしているわけである。交通不便な、陸の孤島のようなところにある店舗が、盛況を呈しているのも、やはり販促に対する鋭い戦略があったからである。

ヤングに人気のドラッグストア

今、都会の女子中高生に人気なのがドラッグストア。

最近のドラッグストアは、薬品のほかにヘアケア、ボディケア商品、またお洒落な小物などを揃え、若者のトレンドになっている。特に雑誌などで紹介された新製品をすぐ店頭に並べる店に人気がある。朝シャンの流行の時から、若者の身体への関心がこの現象を生みだしているのかもしれない。

東京・池袋にあるドラッグストア『サンシャインコクミン店』には、約8000種類の商品がラインナップ。ヘアケア、ボディケア関連の商品が7割以上を占め、1日に2000人以上の来店客があり、そのほとんどが女子中高生だという。東京・吉祥寺にオープンした、ベルプラザ・プラム吉祥寺サンロード店は、化粧品のほかにバンダナやお洒落な小物を輸入品も含めて豊富に品揃え。ターゲットは10代の女性に絞っている。

これらの背景を考えてみると、若い女性は対面販売を嫌い、互いに情報を交換しあいながらグループで買い物をするのを楽しみにしているといってよい。そして新製品があり、身体に関する情報がいっぱいのドラッグストアには、今、彼女たちの『たまり場』となる条件が備わっている。そのためにも各店は品揃えはもちろん、展示や雰囲気づくりに細心の注意をし、最大の知恵を絞っている。

住宅近接型店舗で固定客を掴む

ベビー・子供服のアパレル各社が、ブランドのテコ入れとともに個性を演出した直営店づくりを展開している。

ミキハウス（大阪府八尾市）はベビー服の新ブランド『ミキハウスベビー』の導入を契機に、売場面積が従来より広い店舗を年間5、6店のペースで出店を計画している。

べべ（神戸市）も、メインブランド『べべ』にサブブランドをつくり、ＴＰＯ重視の商品戦略とともに店舗展開に力を入れている。ファミリア（神戸市）は兵庫県三田市に実験店『ポケット』をオープンさせた。これらベビー・子供服のアパレル各社の展開は、安売り店の乱立で自店の売り上げが落ちているので、ブランドイメージの浸透とともに新しい店づくりによる顧客の拡大にある。

また、特に注目したいのは従来はターミナルの駅ビルや地下商店街などへの出店が多かったが、今後は住宅近接型店舗の戦略をとっていることだ。つまり消費者の近くに店を出し、周囲の対象顧客を取り込もうとしている。

小売業トップに躍り出たセブン・イレブン

セブン・イレブン・ジャパンが昨年度の2月期決算で、遂に日本の小売業トップの経常利益を上げた。今までは親会社のイトーヨーカ堂が９７５億円で業界トップだったが、それを６億円も上回る９８１億２１００万円という最高益を出したのだ。全チェーン店（約６５００店）での、おにぎり、サンドイッチ、弁当などファーストフードの売り上げ増が大きく寄与した。ファーストフード業界のトップの日本マクドナルドの売上高が２５３４億円（一昨年12月決算）、セブン・イレブンのファーストフード部門の売り上げは何と４５２０億円（昨年）で、マクドナルドに大きく差をつけている。さてこのようなセブン・イレブン・ジャパンの快進撃の秘密はどこにあるかを探ってみよう。

まず、全役員が自社で販売する食品、特にファーストフードを試食してチェックし、絶えず改善に励んでいること。全国の各店舗では毎日コンピュータで気象情報をキャッチして、天気に合わせて発注をおこなっているから、ムダがない。さらに加盟店約６５００店の１店あたりの１日の平均来店客が約１０００人。だから毎日６５０万人のデータがとれる。買い物をする我々は気づかないが、レジでは買い物をした客の性別、おおよその年齢、買った商品と時間がすべて記録されて本部に集積される仕組みになっている。これにより商品開発、商品構成、発注の目安が立つ。セブン・イレブンの戦略でもうひとつ見逃せない点が、出店に際しての徹底的なマーケティングだ。出店をしようとする候補地では、道路幅から交通量と車の流れ、もちろん人の往来とその特性（時間ごとの性別、年齢別）を徹底的に調査する。出店に際しての調査項目は１２０にものぼる。１店舗当たりの平均日販（１日当たりの売り上げ）が66万２０

00円と業界トップなのも、うなづける。

トップをめざすファミリーマート

セブン・イレブンに追いつけ追い越せ、と戦術を練っているのがファミリーマートだ。創立以来連続して増収増益の連続でまさに追い風の同社だが、1店舗当たりの日販ではトップのセブン・イレブンの66万円にはいささか及ばず、今のところ50万円弱に甘んじている。しかし巻き返しを図る同社の心意気は並ではない。

店舗展開に積極的に取り組んで、すでに国内では5000店を越えた。海外では台湾、韓国、タイに700店以上の店を展開し、これはセブン・イレブン、ローソンに次ぐ店舗数である。同社の出店の実情を見てみると、いかにその展開に積極的に取り組んでいるかがよくわかる。昨年度業界全体では1・14倍、同社は1・76倍という。同年度に426店という同社創立以来の最高出店記録をマークしている。

さて、セブン・イレブンに追いつけ追い越せのファミリーマートの店舗展開には、独自のマーケティング戦略が数々ある。第一に、弁当や惣菜などのファーストフードに力を入れた。とくに弁当には同社の調査結果から、ボリュームがあってしかも60

0円以下、ということを条件に開発した新商品『満腹亭シリーズ』や『洋食デラックス弁当』などが、若者層に大いに支持された。さらに売れ筋上位200アイテムの商品を決め、全国の店舗に積極的に導入させているのも成功の要因になっている。

さらに注目したいのは、ファミリーマートではJRAの馬券や宝くじのナンバーズの取り扱いなど、他社がやらないサービスを手がけ、集客率を上げている点も見逃せない。いわゆる他社との差別化だ。商品の差別化といえば、同社の『無印良品』。グループ会社で生産する人気ブランドの商品を、店の目玉にしている。つまり無印良品はファミリーマートでしか手に入らない、というイメージを消費者に植えつけているのだ。

同社では今後も出店を続け、2000年には6500店、そして日販で70万円を目標にしている。店舗数ではセブン・イレブンと同じ、しかし日販ではセブン・イレブンより4万円多い数字を目標にしているところに、チャレンジ精神を感じて経営陣の気概を感じる。

各企業が導入するポイントサービス

規制緩和により、あらゆる業種でのポイントサービスが盛んだ。このルーツは米国だが、日本でもいよいよ本格的にこのサービスが展開されている。

都ホテルチェーンでは全国にある18の系列ホテルでの宿泊やレストランの利用客に向けてこのサービスを開始した。ポイントの獲得数により宿泊パック券やギフトカードと交換できる。さらに利用額が3万5000ポイント（35万円分）になると4万円分の還元をする。これは実質の割戻率としては11・4％という高い率だ。ビジネスホテルでは従来からこのポイントサービスはおこなっていたが、シティホテルでは都ホテルが最初。他のシティホテルもこれに追随するのではなかろうか。

NECはGCカードと提携して『NECPCカード』をスタートさせた。カード会員がGCやJCBの加盟店で買い物や食事をすると、1000円当たり15ポイントとなり、NECのパソコンを買う時には1ポイント1円に換算して還元するというものだ。これは競合の激しいパソコン市場で、自社の商品の指名買いの促進になるので、うまい手法だと思う。

日産自動車でも従来の『日産カーライフＩＣカード』にポイント制を導入しているし、トヨタ自動車でも『トヨタカード』をスタートさせたが、開始１年で１６６万人の会員を集めたというから、ポイントカードの人気がうかがえる。

これらのポイント商法の狙いは、いうまでもなく固定客の取り込みと売り上げ増にある。これからは消費者側もただやたらに各社のカードを持つのではなく、ライフスタイルや指向に合わせて、自分の利益につながるものを取捨選択するようになっていくことだろう。

札幌にオープンしたペット同伴バー

欧米と違い、日本ではペットがまだまだ市民権を得ていない。マンションやアパートではペットの飼育を禁じている所が多い。まして料飲店などではペットを連れた客の入店を断わる店がほとんどである。

ところがユニークな店がいよいよ登場した。その一つがペット同伴バーである。クラブやキャバレーの同伴出勤は一つの販売促進策だが、こちらは自分のペットを連れ

ていかれる、つまりペット同伴バーだから面白い。
札幌市中央区の住宅街にあるバー『MOON』では週に一度のペット同伴デーを設け大変な人気。メニューにも、ペット用に『オリゴドリンク』『ビーフジャーキー』などがあるというのも心憎いではないか。同伴デーにはそれぞれ自分のペットを連れていき、ホステスならぬペットを相手にチビチビやるわけだ。当日は当然ペット好きな客が集まり、互いにペットの話題に花が咲き大いに盛り上がるそうだ。『MOON』では、人もペットも分け隔てをしない、ペットを見せびらかさない、しつけが十分できているこ

と、を条件にしている。人と動物の共存を謳った、このペット同伴バー『ＭＯＯＮ』のアイデアは素晴らしいと思う。もう一つこの店には条件があった。同伴のペットは『店の入り口のドアを通れるもの』という。いやはやユーモラスではないか。まさか馬や牛を同伴するという人はいないと思うが。

マンションでペットも市民権を得る

ペットの話題を取り上げたついでに、もう一つ。アパートやマンションでのペットの飼育は通常禁止されているが、１人暮らしの女性や老人夫婦などを中心にペットを飼いたいという層が急激に増えているのは事実だ。

このニーズに対応して、ペットマンションが遅まきながら出現している。世のペット好きな人々にとってはまさに朗報である。マンション建築の『すまいるコーポレーション』（東京・練馬）。地主に賃貸方式のペットマンションの建築を提案して、東京・杉並にそのマンションを完成させた。同社の提案したマンションは『ハード重視型』ともいえるもので、室内には傷や汚れを防ぐ床材と壁クロス、ペット専用の扉付き室内ドアをはじめ、鳴き声を防ぐ二重床や防水加工したペット専用スペースを各戸に完備している。そしてさらにエントランスホールには特別に換気装置を設けて、ペット特有の臭気を除くことをしている。

ここまでハード面での徹底したペットマンションの出現とともに、ソフト面で人との共生を考えているマンションもある。長谷工コミュニティーが管理する『赤坂マンション』では『ペット飼育規定』を設けた。規定では成長時の体長は80センチ以下、体重は10キロ以下であること。そして共用部分ではペットを抱えて通行しなければならない。さらにペットの鳴き声があまりにうるさい場合は、貸主が去勢・声帯除去手術を飼い主に指示することもできるのだそうだ。

すまいるコーポレーションのような『ハード重視型』のペット共生マンションもいよいよ各社が商品化するようだが、一方では従来型のマンションでは各種の規定を設けて、ペットの飼育を条件つきで許す『ソフト重視型』のマンションも増えてくることだろう。

引き算の理論で下取りを前提にしたローンのアイデア

いすゞ自動車がユニークなローンをつくった。

それは、今大変売れているＲＶ車の販売で３年後の下取り価格をあらかじめ月々の支払い額から差し引いた『Ｚプラン』というローン・システムだ。ユーザーとしては購入価格の６割をローンで支払い、残りの４割は下取り代金で一括返済するというもの。同社のＲＶ車の『ビックボーン』と『ミュー』を対象にしたこの『Ｚプラン』は購入から３年後の下取り予想額（残存価格）を販売価格の４割に設定する。そしてユーザーの月々の支払いはこの部分を除いて計算され、最終回の支払い額をこの残存価格と同じ額にして下取り金額を支払いに回すものだ。車の使用状態によって残存価格（下取り価格）が４割以下になった場合には、それをユーザーが補う必要があるものの『購入価格の６割』を実質のローンで支払えばよいわけだから、この『Ｚプラン』のアイデアは画期的だと思う。また３年が経過して下取りをしないでその車を継続して乗りたいユーザーに対しては、残額の『継続クレジット』に応じるという誠に心憎いシステムである。

車には必ず下取りがあるということを前提にした、ローンの仕組みでの販促アイデアで、今までこんなものがなかったのが不思議なくらいである。

観光情報からテントまで提供するレンタカー

ＲＶ車がブームになってきた。そこでそのニーズに対応して、トヨタレンタリース東京が展開する『ＲＶステーション』が人気を集めている。都内４か所の拠点にあるその『ＲＶステーション』にはアウトドア指向の若者や家族連れが大勢訪れる。

「キャンプ場は決まったけど、さてテントはどうしよう」とか「キャンプ地周辺の観光、レジャー施設、史跡は？」こんな要望に応えているのがこのステーション。ただＲＶ車をレンタルするだけでなく、静岡・山梨・栃木・茨城など都心から１２０キロ圏内の観光情報をこのステーションで提供している。もちろんその地区のイベントガイドもあるという念の入れ方。また、ＦＡＸを使ってオートキャンプ場の空き情報サービスも利用できるようになっている。テントのレンタルもおこない、さらにバーベキューコンロも置いてあるというキメの細かさである。ドライブ・キャンプについては、ともすると無計画になりがちなのを、この『ＲＶステーション』では事前の準備と行動計画を検討できる拠点として人気を集めている。

車のレンタルという『ハード』の商売に、情報という『ソフト』を提供するこのトヨタレンタリース東京の『RVステーション』は、一歩進んだ販促策として注目したい。

RVの話のついでに、ニッポンレンタカー（東京・渋谷）では、今度RV専門の営業所を開設した。都内の既存営業所の5か所をそれにあてる。トヨタ、ホンダ、三菱のRV車9種を揃えている。冬には全車種にスタッドレスタイヤを装着する。さらにオープンを記念して抽選で300人にホテル宿泊券やレンタカーの割引券の当たるキャンペーンを実施する。

レンタカー業界の販促あの手この手

レンタカー業界では乗り捨て料金の無料化と、人気のRVやワゴン車の割引戦争が火花を散らしている。

最低3000円かかっていた乗り捨て料金の無料化の口火を切ったのは、マツダレンタリース（広島市）だった。北海道の特定地域でおこなったのだが、追従したのがトヨタレンタリースとニッポンレンタカーサービス（東京・渋谷）。まずトヨタは同一都道府県内は無料とし、その後段階的に関東地区でもこれを実施している。ニッポンレンタカーでは関東、関西でもこの無料サービスを実施している。日産カーリースも東京周辺の限定した地域内を対象に50キロ以内の乗り捨てを無料にした。オリックス・レンタカー（東京・品川）やジャパレン（東京・杉並）も東京近郊のエリアに限定してこれを実施している。

マツダを除き、これらのレンタカー各社が都市部の利用客の乗り捨てを対象にしているのに対して、JR系の駅レンタカーシステム（東京・新宿）や三菱オートクレジット・リース（東京・港）では北海道や東北、九州の特定区間の乗り捨て料金を無料ではなく3〜5割値下げする作戦に出た。

ところで乗り捨て料金対策とともに各社とも商品戦略も怠ってはいない。今人気のRVやワゴン車を導入して割引キャンペーンも盛んだ。ジャパレンでは期間を限定して3割値引きにしたり、三菱では同社の『リベロカーゴ』を9日間借りて通常の4割安にしている。ところでこの世界にもいよいよインターネットが登場してきた。日産カーリースではホームページを通じて申し込んだお客に対しては、料金を2割引きにして、さらに北海道などでは20日前までに予約したお客には基本料金を25％割り引くという。

さて、法の改正により景品の規制が緩和されたのを契機に、真っ先に打って出たのがオリックス・レンタカーで、何と164万円の輸入車が当たるオープン懸賞を実施している。レンタカー業界も販促にダッシュの時代を迎えたようだ。

車とゲーム機のジョイントキャンペーン

販促戦術の一環にジョイントキャンペーンがある。これは異業種の企業が統一テーマのもとで相乗効果を狙っておこなうキャンペーン。

最近のそのジョイントキャンペーンで目をひいたのが、トヨタ自動車と松下電器産業とのジョイントである。トヨタが、松下の32ビット家庭用ゲーム機3DO・REAL（リアル）の販売促進のために、マークⅡのマイナーチェンジに合わせて『援軍』としてジョイントを買って出た。このキャンペーンでは、まず全国約1100か所のトヨペット店系列の販売店に松下の『リアル』を設置する。ソフトとしてはマークⅡのオリジナル販促ソフトやゴルフ、射的ゲームソフトを用意した。

さらにこのキャンペーンには追い討ちをかける策がある。まず松下では月1本新作ソフトを提供していく。援軍のトヨタもこれに追従して近くトヨペット店で取扱を開始するＲＶ車の装備品を入力したＣＤ－ＲＯＭを制作し、トヨタはこれを『電子カタログ』として利用する。狙いとしては、家庭用ゲーム機『リアル』の設置によりトヨタ側は店内の雰囲気が盛り上がり、ファミリー層の需要喚起はもとより新規客の来店促進にもなる。一方、松下側はトヨタの店での展開でリアルの知名度アップと販売増を見込んだのである。このトヨタと松下はもともと相性がよくこのジョイントキャンペーンの結果が楽しみでならない。

さて、ここでジョイントが組めそうな企業（商品）の候補をざっと上げておこう。『牛乳とパン・遊園地・児童図書出版社』『自動車と化粧品・レジャー用品・石油会社』『写真フィルムと鉄道・ツーリスト・観光地』『ワインとＡＶ・チーズ・寝具』『映画と出版』『家電とファッション・レジャー』『住宅と家具・造園・住宅設備機器』『リゾートマンションとゴルフ場・スキー場・レジャー施設』『システムキッチンと食品・調味料・調理器具』『浴槽と入浴剤・石鹸』『温水洗浄便座と紙オムツ・トイレタリー』など参考になればと思う。

習慣を変えさせて商品を売る

これはアメリカの例であるが、いささか時代をさかのぼって1930年代のこと。ベーコンの販売会社であるビーチ・ナット・パッキング社はベーコンの売り上げが上がらず、業績が落ちる一方だった。パッキング社の依頼を受けたコンサルタントのエドワード・L・バーネイズは考えた。このバーネイズの凄いところは、商品そのものの販促を第一に考えなかったことだ。

まず、当時の米国の一般家庭における朝食のメニューに目をつけた。その頃の米国の一般家庭では『朝食は軽く』というのが常識的で、これが健康にいいという風潮があった。

そこでバーネイズはその根拠を知人の医師に聞いたところ、意外な回答がかえってきた。それは1日のスタートともいえる朝食を軽いものですませるということは健康によくない。1日の活力をつけるためには朝食はたっぷりとるべきだということだった。そこで彼は5000人の医師から『朝食はたっぷりとるべきだ』という証言をとりつけ、これを大々的に発表した。ニュースにも取り上げられ、以後米国人は朝食をたっぷりとるようになった。そして朝食のメニューは当然ベーコン・エッグが多くなり、パッキング社のベーコンの売り上げは急激に伸びていったのである。

平賀源内の巧妙な販促アイデア

ベーコンから今度は鰻の話だ。ずいぶん前のことだが『金曜日はワインを飲む日』というメッセージの仕掛けによって、ワインが爆発的に売れたことがある。これはユーザーに向けての『生活提案』ではあったわけだが、この提案は実は巧妙な仕掛けとなってワインの購買を促進する結果となった。

さて『土用の丑の日と鰻』は日本人にとってはもう年中行事のようになっている。実はこれにも仕掛けがあった。仕掛け人は江戸中期にいた平賀源内。彼は発明家であり文筆家でもあった。あのヘリコプターの原理である『竹とんぼ』は平賀源内の発明とされている。

今では土用の丑の日に鰻を食べると夏バテをしない、ということは定説となっている。当時は、夏になると油っこい鰻は敬遠されて売り上げが大幅に落ち込んでいた。ある知り合いの鰻屋からそんな嘆きを聞いた源内は、鰻屋に次のようなプレゼンテー

ションをした。「ウメボシ、ウリ、などウの字のつくものを食べると夏負けをしない。鰻も、もちろんその中に入る。これをポイントに大衆に宣伝する。特にその日を土用の丑の日と限定して、この日に鰻を食べると夏負けしない、ということを大々的に宣伝したらどうか」。

鰻屋は早速それを忠実に実行した。以降これがきっかけで鰻は夏もよく売れるようになり、この風潮は全国的に広まった。特に土用の丑の日には鰻屋にお客が殺到する結果となった。平成の時代になっても、全国の鰻屋さんは平賀源内に足を向けて寝られない。『金曜日にワイン』のような巧妙な仕掛け人が江戸時代にもいたわけである。

有機養殖魚がますます人気

食品の話題を続けよう。今、有機養殖魚が注目を集めている。なかでもノルウェー産の有機サーモンへの人気が高い。

既に東京・新宿小田急、立川高島屋などで販売しているが「養殖特有の臭みがなくて、刺身で食べるとマグロのトロのような味」と消費者に好評だ。このサーモンはノルウェーの有機農産物認定機関が定めた世界初の有機養殖基準で、魚の病気を防ぐための抗生物質や、食欲増進剤などの人口添加物を一切使わず、食べ残し飼料や排泄物をろ過する装置を義務づけているものだ。飼料はシシャモやニシン、イワシ、エビなどを混ぜて魚粉として使い、さらに有機栽培の大豆から摘出したタンパクやミネラルを使い、人工的な添加物は使っていない。コストがアップして価格は高くなるが味には変えられないと魚好きにには好評だ。

一方、有機養殖ハマチへの人気も見逃せない。養殖ハマチというと、やけに脂がのっていながら身がしまっていなくて味もいまひとつで、特有の臭みがあるものだ。しかし、会員5万5000所帯に宅配している『らでぃっしゅぼーや』(東京・新宿)では、提携する徳島県の養殖場で生産される養殖ハマチを会員に販売している。ほとんど自然海に近い環境で養殖しているので運動も十分。それに飼料は魚粉を固めたドライペットと大豆タンパク、それに乳酸菌も使っている。もちろん抗生物質や人口添加物は一切使っていない。臭みなどはなく味もさっぱりとしていて会員には好評だ。ただ値段は普通の養殖物より2倍近いが、それでも自然の味を求める会員のニーズは高く、年間生産量の3000匹は毎年完売だそうだ。同社では今後有機ウナギや有機エビ、さらに有機マダイの商品化にも乗り出すそうだ。値段はいささか高くても、自然の養殖物の魚を求める消費者のために、業者も頑張ってもらいたいものだ。

商品開発で、牛乳の宅配がよみがえる

牛乳の宅配が意外にも伸びているようだ。ここであえて意外といったのは、今では牛乳はスーパーかコンビニで買うのが普通だと私は思っていたからだ。昔懐かしい牛乳の個別の配達は衰退していると思っていた。街のあちこちにあった牛乳店もどんどん廃業しているのを見ている。しかしこの牛乳(加工乳を含む)の宅配が伸びている

という情報を聞いて調べてみると、なるほどうなずけるものがある。

特に若い女性の健康への関心が高まり、骨粗しょう症などへの心配から、カルシウム、植物繊維、鉄分を強化した『宅配専用商品』の開発がこの伸びの引き金になっている。

森永乳業の宅配商品の売上高は、主力商品の『カルダス』が前年度比20％増で出荷量は1日100万本である。明治乳業の『のびやかCa』は、同じく40％増で約60万本、雪印乳業の『カウパワー』も全年度比2桁の伸びを示している。

しかし牛乳全体の生産量は'95年度で約500万トン、これは前年度比2％減となっている。そこで大手各社では宅配での需要の伸びに期待をかけているわけだ。年配の主婦層や若い女性の間で、先にあげたように骨粗しょう症の予防の面からカルシウム強化の牛乳へのニーズが一挙に高まったのが、宅配の伸びにつながった。

森永乳業がおこなったアンケートの結果にもそれが大きなファクターになっているようだが、さらに単純な動機も見逃せない。つまり、買い物の荷物が重くなるというものだ。

それにしても下降気味の牛乳の宅配市場に、宅配専用商品を投入したことで市場が活性化されたこの事実には注目していい。

カラーテレビはアンテナの色で売れた

プロモーション事例としてはいささか異質なようだが、話題にはなると思い、取り上げてみる。

日本でテレビが普及し始めたのは確か昭和30年代後半ではなかったろうか。その頃はまだ白黒で画面も14インチ程度のものだった。その後、当時の皇太子殿下のご成婚、そして東京オリンピックでテレビもいよいよカラー全盛時代を迎えたわけである。テレビがカラーになった時の大きな変化にアンテナがある。それまでのアンテナは、素子（アンテナの棒）が3～4本でアルミ製の生地そのものだった。それがカラーテレビ用になるとアンテナ素子も7～8本から12本となり大きくなった。そしてさらにアルミの生地をオレンジ色や赤色に塗装した。実はこれが大きな意味をもつことになったのである。アンテナメーカーとしては、モノクロ用アンテナと区別する意味で色をつけたようだが、それがユーザーには『カラーだからアンテナに色がついている。あのオレンジ色や赤色はおそらく電波をうまく受けるためのものだろう』という印象を与えたわけだ。そのカルフルなアンテナはカラーテレビの普及に拍車をかけることとなった。隣の家の屋根にある日突然オレンジや赤色のアンテナが取り付けられれば、「ヨシ！　うちでも」ということになるものだ。『購買促進はまず屋根から』といっては洒落にもならないが、従来との差別化をアンテナのイメージ（色）で訴求して、これが近隣への大きな購買の引き金となったわけである。これはどうみても当時の家電メーカーの仕掛けのように思えてならないが、私の思い過ごしだろうか。

見学バスツアーで物件を見事完売した不動産会社

今度は不動産の話題を続けよう。

リゾートマンションや別荘地の売り出しには、新聞を使った大々的な広告は欠かせないが、販売の成否を決めるのはやはり『実地見学バスツアー』である。集合地を出発、往路では係員の物件説明も当然あるが、それよりも車中から眺める窓外の風景がお客に強い印象を与え大いに効果がある。もし今日のこの物件を自分が購入したら、今度は自分の車で、この道をこの素晴らしい風景を眺めながら、とつい思ってしまうものである。そして現地での『本番』。この『実地見学バスツアー』は効率のよい一括販売手法といえる。以前、ある大手デベロッパーから相談を受けたのでそのバスツアーでの成約率を上げるため、私は次のことを提案した。

●事前のリハーサルの実施。●案内コースの厳選（できるだけ眺めの良い道を選ぶ）●現地での演出（ロケーションの見せ方、生活の場としての演出～食品店・コンビニ・レストラン・名産店・病院・警察・ガソリンスタンドなどのイラストマップの配布●子供対策（飽きさせない、楽しい遊び）●説明パネルの多用●現地名産のおみやげを用意する。

というものだったが、幸い完売で成功したという報告を受けた。販促はやはりキメ細かくシステムとして展開すれば必ず成功すると思った。

建売住宅を夜間にオープンした不動産会社

建売住宅物件の売り出しは、通常土曜、日曜の昼間と決まっている。事前に新聞広告やチラシもまき、当日になれば現場にはのぼりがはためき派手な宣伝をしてムードを盛り上げる。だいぶ前のことだが、現場に足を運ばせるお客の誘引に何かいい策はないものかと、ある不動産会社に勤める友人の営業部長から相談を受けた。

そこで私は売り出しはもちろん土曜、日曜やらなければいけないが、いっそ平日の夜間に限定して物件をオープンしたらどうかと提案してみた。いわゆるナイター見学会である。平日なら主人は家族とどこかで待ち合わせて帰り掛けに気軽に立ち寄れる。それに住宅の全景を夜景で見ることへの実感、つまり男なら誰しも、自分が帰宅した時の状況を彷彿とさせ、瞬間これがわが家ならと思うものである。門灯や玄関灯は明々と点灯しているわけだからなおさらである。そしてさらに狭い庭でも水銀灯でも点いていれば完璧だ。

その不動産会社の営業担当は当然残業

となるので大変だろうが、やってみたら、と営業部長に話を向けたところ、さっそく実施して結果は上々だった。つまり物件の完売効率（販売までの所要日数）はグンと上がったのである。これは後日談だが、その営業部長もなかなかのアイデアマンで、私はそこまでは提案しなかったが、夏場には動員した女子社員全員に浴衣を着せ団扇を持たせて案内係をさせた。建売住宅にセットされたどんな生活小道具よりも、女子社員の浴衣姿が生活感をかもし出したことだろう。雰囲気づくりに加えて、浴衣の女子社員はチビッコと庭で線香花火をやったり、リビングで遊んだりして、チビッコ担当として活躍したそうである。発想を変え、そして『固定した時間の観念を変える』ことも販促のポイントである。

マンションの中古物件をリフォームしてショールームに

今、住宅のリフォーム需要が急増している。これはマンションのリフォームを専門にやっている会社のユニークな成功事例である。

その会社では築10年以上たったマンションの1戸が売りに出るとそれをまず買い取る。そして内装・床はもちろん、キッチンから浴室、トイレまで完全にリフォームしてしまう。そしてその物件を『リフォームショールーム』としてオープンし、同じマンションの居住者にＰＲしている。

今自分が住んでいるマンションの１軒のリフォーム事例を実地に見ることができるわけだから、居住者の関心、反応、ニーズは計り知れない。土曜、日曜日は一家で見学にくるお客が殺到するそうだ。

ところで、この手法でそのマンションのリフォーム注文を取り尽くしたら、商売が終わったあたりで業者はそのショールームの物件を売却して、また次の中古物件を物色するそうだ。マンションのリフォーム需要をとる手法としてこれは素晴らしい手法だと私は思う。

マンションのデータ管理でリフォーム需要をとる

マンションのリフォームについての事例を、もう少し紹介しておこう。

空間リフォームプロデュースのファースト（東京・板橋）は、マーケットを独自に調査して、その構築したデータを新聞折り込みチラシに掲載してインパクトある訴求をしている。Ｂ４で８ページの大型チラシを毎回新聞に折り込んでいるのだが、そのチラシの最後のページの一面を使って、東京地区の場合、区、市別にあらゆるマンション名をビッシリ記載して『あなたのマンションありますか、コンピュータのデータ100万戸の一部をご紹介します』。とやっているのだ。そこに掲載されているマンションの部屋の図面はデータとして保管しているので、電話でマンション名と部屋番号をいえばすぐリフォームの見積りができるというものだ。これを『TELショップ』といっているところがいい。これにはさすがの私も驚いた。

自宅のマンションのリフォームがすぐ差し迫っていなくても、ついそのチラシに掲載されているマンションの中に自分のマンションがあるかどうか見たくなるものだ。私は現在東京・足立区のマンションに住んでいるが、そのチラシを見て思わず自分のマンションを探したものだ。偶然というか幸いというか私のマンションもそのリストには確かにあった。この戦略には敬服した。

同社では、ユーザーの意識として自分の住んでいる住居を知り尽くしている業者、またここまでマーケットリサーチに徹している業者としての信頼感を得て、引き合いも多いのでないかと思ったものだ。キッチン、バスルーム、床、壁をはじめ、住まい全体の改造を専門に狙っているこのファーストの戦略は見事である。

逆転の発想、ゆうパックの巧みな商法

昔と違い役所も商売がうまくなったものだ。その役所とは郵政省である。以前まで郵便局といえば、貯金、為替、小包業務にそれに簡易保険くらいなものだった。

さて銀行の低金利に対抗して郵便貯金は、金利の優位性と温かい窓口の対応に懸命だ。そして小包便の戦略についても見逃せないものがある。従来のひもで縛り荷札をつけたあの小包のイメージをガラリと変えた。梱包というより包装というイメージに近い小包用の袋やダンボール箱（有料）を用意して気軽に出せるようになったことはいいことだ。

ところでその小包にさらに販促の仕掛けを開始した。これは今までの発想をまったく変えるものだ。というのが、今までは小包を出しに郵便局に行ったものだが、今度は郵便局で注文して小包で送ってもらうようになったのである。郵便局に行くとシーズンごとに産地直送の名産品のチラシが大量に置いてある。そのアイテムは２５００品目もある。個人的に購入するもの以外にギフト需要も狙っているようで申込用紙を見るとそれがよくわかる。その商品は北海の珍味から麺類・羊羹にはじまり、メロン・

リンゴ・サクランボ・スイカなど大変多い。シーズンは限定されるが、鈴虫8匹入り1500円というのもある。また敬老の日にちなんだものでは『福寿セット』『祝・長寿』『おじいちゃん・おばあちゃんセット』『百才升』まである。『花レタックス』と題して、フラワーギフトもありデパートと組んだお中元、お歳暮ギフトもある。郵便局のネットワークをフルに活かしたこの『ゆう♥パック』は結構、利用者はあるようだ。

商品の売買は注文主と業者だから郵便局は儲かるわけではない。しかし申込用紙にある『通常払込料金加入者負担』のその料金とそして小包便の料金が実質の収入になるのだが、この狙いはさすがである。

さらに『ゆうパック会員』というのがあり、これに入会（年会費1000円）すると全国の名産品・特産品のカタログ（850円）が無料で、さらに情報誌『ゆうing』が送られてくる。しかもそれに掲載された商品に限り5～10％の割引があるというものだ。

ここであえていいたいのだが、「皆さん荷物は小包便で出しましょう」とどんなに広告しても、急激に小包は増えるものではない。つまり郵便局で客が小包を出すのではなく、小包便の品を注文させるところが逆転の発想なのである。

ガス器具を売りガスを使わせる東京ガスの例 その一

電気・ガスを供給する会社をエネルギーメーカーと呼ぶ。このメーカーは当然需要家の電気やガスの消費量に、売り上げのすべてがかかっていることはいうまでもない。といっても、需要家に向けて電気やガスをどんどん使ってくださいとはいえない。そこで昭和40年代の後半、東京ガスはその戦略の意図は社外秘にしてこんな戦法を打ち出した。

家庭の主婦に向けて『家庭でプロの味を』『家庭で簡単にできるクッキー』『楽しいガスオーブン料理』『ホームパーティーを開きませんか』と、大々的に広告を打った。そして料理教室には料理がうまいタレントを呼んで、楽しい雰囲気の中でガス調理器具による料理の醍醐味を味あわせた。

さて結果はどうであったか。それは大成功だった。それも、一石二鳥の結果を生んだ。まず料理教室で使ったガス調理器具が欲しくなるのは当然で、ガスオーブンレンジが大量に売れた。さらにガスコンロを買い替えるお客が増大した。もちろんグリル付きである。そして当初の目的だったガスの消費量は、調理器具を買った家庭では急激に増えたのである。

『ソフトで攻めてハードを売る』と同じ事例だが、こちらの場合はガス器具と本来の自社製品（ガス）が大量に売れた（消費）、まさに一石二鳥の成功例といえるのではないか。次も東京ガスの事例である。

東京ガスの例　その二

家庭の主婦を集めて料理教室を開き、ガス調理器具を爆発的に売りまくり、しかもガスの消費量は確実に増えて自社の売上増に成功した東京ガスの戦略は、これだけでは終わらなかった。続いて打った戦略が風呂だった。当時は浴室にシャワーのない家庭も多かった。そこで、『快適バスタイムのご提案』『たっぷりシャワーの快適な毎日』『モーニングシャワーでスッキリご出勤』『見直しませんかお風呂』とやったのである。そして『浴室改造プラン集』『予算別改造プラン』という提案型のアプローチ用のツールもそろえ地域ごとにキャンペーンを実施した。さらにこれは今もあるがニューヨークタイムスをもじって『入浴タイムス』という新聞を発行して消費者に配布した。

さて、この成果はどうだったろうか。先の『ガスオーブンレンジでプロの味を』と同じように浴室の改造需要は多く工事が間に合わないくらいの状況だった。さらに浴室の改造費用はそうとうかかるので売り上げも大いに上がった。それに当然ガスの消費量は調理器具の比ではないので急激に増えた。今まで8号程度だった給湯機や風呂釜が16号や20号になったのだから当たり前である。『タップリシャワーの快適タイム』『ひとまわり大きな浴槽でゆったり入浴』と仕掛ければ、誰だってガス代のことは忘れて1ランク2ランク上の能力の機器を入れるものだ。

家庭でもっともガスを消費するのは風呂である、ということから東京ガスではさらに続いて『ニッポン人には風呂がある』キャンペーンを継続してやっている。

テレビ通販に新しい芽、大手商社が小売業に進出

朝の早いサラリーマン諸兄には無縁かもしれないが、深夜や早朝にテレビ放映している通販番組が人気だ。『インフォマーシャル』と呼ばれるもので1商品を30分間ドラマの中で説明しているものだ。衛星放送やＣＡＴＶなどの多チャンネル時代に対応し

た1つの通販手段として注目され、大手商社がこれに本格的に進出してきたのは見逃せない。住友商事がはじめた『住商HSNダイレクト』では「ワックスを塗った車にレーザー光線をあててみましょう」で『ドゥラ・シャイン』(4900円)を1か月で数万個売った。大手商社といえども小売業に徹してきたようだ。三菱商事もテレビ神奈川などで、このインフォーマーシャルを開始している。

この分野でのリード役はなんといっても三井物産で、米ナショナル・メディア社との提携で『テレ・コンワールド』と称してテレビ東京をキーに29局で放映し、すでに年商100億円に達しようとしている。「当初は35才までの深夜族が顧客と思っていたが実施してみると60才までの幅広い層に受け入れられている」という関係者のコメントは意外でもありながら納得せざるを得ないのが時代なんだろうか。これは裏話だが、このインフォーマーシャルでは商品の売上高に応じて媒体料の名目でテレビ局に支払われるものがあるそうだ。商品が売れればそれだけ局の実入りは増えるわけだから番組が増えた裏にはこんな事情もあるようだ。大手商社の住友・三井ではデジタル衛星放送『パーフェクTV』でさらにショッピング専門チャンネルを立ちあげた。これに呼応してテレビ朝日や日本テレビも通販事業にますます力を入れてきている。

情報メディアへの進出を狙う花王

花王といえば石鹸、洗剤メーカーのイメージが強いが、いよいよゲームや趣味の分野のＣＤ－ＲＯＭソフトを売り出す。当面はＮＥＣ、日本ＩＢＭ、富士通系のソフト制作会社との業務提携によって、趣味や実用ソフトの中から売筋商品に的を絞って販売する。

花王では現在月産１５０万枚のＣＤ－ＲＯＭ生産設備が栃木県にある。将来的には育児や生活関連などの自社ソフトの開発も計画しているようだ。花王にとって大きな強みは、何といっても全国10万店におよぶ小売店、コンビニ、スーパーなどの販路である。当面この販路でソフト１００タイトル、売り上げで20億円をめざしているという。

ソフト制作会社にとってはこの花王が誇る全国の販路は大きな魅力だ。自社のソフトがこの販路でさばければまさに渡りに船である。一方花王側は自社製品のＣＤ－ＲＯＭが即使えるのだからその相乗効果はかなり大きい。販路を広げたいソフト制作会社と、情報産業関連事業をさらに拡大しようとする花王の思惑が一致したようだ。

やがて『上手な洗濯の仕方』『髪セットのノウハウ』『タンス収納法』など生活関連ソフトの制作により、モノづくりから価値づくりへ、と移行したいのが、花王の戦略という。

人気を集めるバンダイのサラブレッドカード

今、若者の間でトレーディングカードが人気を集めている。ひいきの選手のカードをすべて集めるには人と交換したり、専門店で買い求めたりするマニアも急増しているようだ。既にプロ野球やJリーグがこの分野で先行しているが、今度バンダイ（東京・台東）が出したサラブレッドカードが異常な人気を集めている。その名の通り競争馬のカードで、カードの裏面にはその馬の血統などが記載してあって、資料性もあることから評判を呼んでいる。1パックに10枚（300円）カードが入って、封を切るまで何が入っているかわからない。

競馬場に実際足を運ぶ中年以降のファンが、自分のひいきの馬のカードをコレクションにしている反面、コンピュータゲームソフトのダービースタリオン（通称ダビスタ）などの影響で、若者の間にまで競馬が浸透しこのサラブレッドカードの人気に拍車をかけている。バンダイでは発売して4か月で既に120万パックを売り上げている。さて、このトレーディングカードだが、その発祥地はもちろん米国で、現在約1600万人のコレクターがいて、市場規模は2000億円といわれている。入手困難なカードには希少価値も加わり1枚に470万円というプレミアムがついたこともある。日本の市場規模はまだ60億円程度だが、やがて500億円規模になると業界では踏んでいる。バンダイではこのサラブレッドカードの商品化までに1年半かけたそうだが、競馬ファンとカードのコレクションマニアをどこまで引きつけられるか、これからが勝負だろう。

若者のハートを捉えた腕時計アルバ・スプーン

今ではブランドやデザインにこだわらなければ、街で1個1000円で買える腕時計。この市場の飽和状態の中で、商品の需要は頭打ちと思っていたが、その予測を商品戦略で見事打ち破り、まさに満塁ホーマーを放ったのが服部セイコー(東京・中央)だ。同社はセイコーグループの中の時計部門の会社だが、同社が新発売したアルバ・スプーンが爆発的に売れている。若者にターゲットを絞ったデジタル時計だが、デザインの奇抜性がうけたようだ。まず従来の時計のデザインの観念を破り文字盤がだ円形になっている。しかもネーミングのようにスプーン型に先が盛り上がっているのも奇抜だ。

この商品の市場導入には役員会が真っ二つに割れたそうだが、「やるならこれくらい思いきった物でないと」というある役員の一声で発売に踏み切ったわけだが、これが予想に反して売れに売れている。

しかし、この成功の陰には、商品開発グループのマーケットリサーチの努力があった。まずターゲットを高校生から大学生に絞り、何回もグループインタビューを実施して情報をキャッチした。現代の若者がどんなデザイン感性をもっているのか、またどんな行動様式をもっているのかを徹底的にリサーチしたのである。そこで結論に達したのが彼らの『ボート感覚、ボート文化』だった。つまり、冬はスノーボート、夏はサーフィン・ボディボートなど彼らのボート遊びの感覚にマッチする時計とは、というところから生まれたのがアルバ・スプーンのデザインだった。インダストリアルデザイナーが、ただ自分のデザインイメージだけを求めてデザインを完成させる従来の手法をとらなかったことが成功したわけだ。

発売1年で80万個の売り上げはこの業界では突出している。通常年間で10万個ならヒットといわれているからだ。今ではバージョンも増えて、サイズやカラーリングも変えて34品種にまでになっている。若者の間では時計が既にファッションとなっていることから、同じシリーズのすべての商品を集めるコレクターもいるそうだ。飽和状態の市場でも、デザイン戦略で商品が蘇るという例を服部セイコーが示してくれた。

五輪での富士とコダックのフィルム戦争

先きのアトランタ五輪で報道関係者が使うフィルムについて、日本の富士写真フィルムと米国のイーストマン・コダック社が熾烈な戦いを演じた。

仕掛けたのは公式スポンサー争いに勝ったコダックだ。その特権を活かしてスポーツ分野で水をあけられている日本の富士写真フィルムに大攻勢をかけてきた。世界から集まる報道関係者が使用するフィルムをコダック1本にする作戦である。メディアプレスセンター（MPS）内に、現像所を設けて無料の現像サービスをおこなった。そして現像するフィルムと同じ本数の自社のフィルムを、無料でカメラマンに提供した。現像所ではもちろん富士のフィルムは受け付けない。コダックが世界の公式カメラマン900人に無料で提供したフィルムは、なんと17万5000本にもなったそうだ。さらにパビリオンの設営・運営に膨大な販促費を投入したり、全世界から取引先関係者を4000人招待した。閉会式では9万5000個のフラッシュ付きカメラを提供して『光のウェーブ』の演出もおこなった。さて、これに対抗する我が富士写真陣営も負けてはいない。MPSの近くに自社の無料現像所を設けて対応した。しかもその現像所ではブランドを問わず現像サービスをやったのである。富士はワールドカップサッカーの公式スポンサーになっていて、サッカーの場合もブランドは問わずサービスしているからだ。

この富士VSコダックの五輪フィルム戦争には、両社の怨念みたいなものがあり、'84年のロス五輪は富士が制した。しかし競技場周辺に連日のようにコダックは飛行船を飛ばしてPRの空襲を仕掛けたのである。そして'92年のバルセロナではコダックが逆転したので、今度は富士が毎日のように飛行船を飛ばした。アトランタでの、富士写真フィルムの巻き返し作戦は並ではない。その前哨戦として'95年に米陸連のスポンサーでもある富士がカール・ルイスなどの有名選手を動員して『米陸上100周年』の記念キャンペーンを実施した。これにはさすがにコダックもカチンときたようで、今回の強烈な販促展開を見るとそれがよくわかる。

話題性を創ったショールーム戦略

ある時、東京の銀座を歩いていて、車のショールームの前にさしかかったら面白いイベントをやっていた。ショールーム内のいたるところに可愛い犬の縫いぐるみ人形がたくさん置いてあり「ショールーム内の犬の縫いぐるみは何匹いるか当ててください。貴方の名刺の裏にその数を記入してカウンターにある投票箱に入れてください」というものだった。さて、暇ではなかった私だが面白いのでそのクイズに挑戦してみた。ところが犬の縫いぐるみの置いた場所が並ではないのだ。車の運転席や屋根の上のほうにいるのはすぐ数えられるが、カタログ棚にいるとか、鉢植えの中に隠れている犬がいるかと思うと、堂々と受付カンターの上ですましているのや、中には仲良く2匹で抱き合っているのもいる、という具合だ。

その総数を懸命に数えて名刺に書いて箱に入れたのだが、その後日の正解発表の方法が洒落ていた。『○日にこのショールームで正解を発表いたします。当日縫いぐるみの犬が貴方の名刺を口にくわえておりましたら、名刺の方が正解です』とやったのだ。そして、『貴方の名刺をくわえた犬をカウンターまでお持ちくだされればその縫いぐるみを差し上げます』とこうである。ただ1つ条件があって、恐れ入りますが同じ名刺をお示しください、という。なるほどである。

その車のショールームとは銀座8丁目にあるヤナセ。このクイズでベンツが何台も売れたとは思えないが、ショールームの認知と、企業のイメージアップには大きな効果があったことは否めない。

人を引き付ける、話題性をつくる、存在をPRする、このショールーム戦略を『いいものだけを世界から』のヤナセは実践したのである。それにしてもユニークで、ユーモラスなイベントではないか。

王座大関を揺さぶるワンカップ200ミリ戦争

日本酒1合がグラスに入った商品は、『ワンカップ大関』がすっかりその代名詞になっているが、今この市場が熾烈な戦いを演じている。成長チャネルでもあるコンビニでの販売を強化しようと各清酒メーカーがやっきになっているからだ。

まず各社が今までの180ミリℓ（1合）が主流だった市場に一挙に200ミリℓ

入りの商品を投入してきた。この市場で3割強のシェアを誇るトップメーカーの大関では200ミリℓ入りの『ワンカップのものもエキストラ』を市場に導入した。

続いてシェア2位の月桂冠が今までの『ザ・カップ180ミリℓ』を20ミリℓ増量した『ザ・カップ200』を参入させた。これは2000年に酒類の自動販売機が撤廃されることを予測して、コンビニでの新しい消費者を捉えるための戦略商品だ。価格は『上撰』が220円、『佳撰』が200円に据え置いた。これがうけて月桂冠では前年比3倍の売り上げ増を果たした。

これに対抗してトップの大関も巻き返し戦術に出た。『のものもエキストラ』の180円の商品を市場に投入したのだ。そしてこの『のものも』は同社の売り上げの1割を占めて前年同期比13％も増加した。さて、この日本酒カップ戦争はさらに続く。

白鶴酒造が200ミリℓの『エルカップ』など6種を発売したかと思うと、沢の鶴と白鹿が従来の商品を200ミリℓに増量した。さらに黄桜酒造もこれに追従しているのが現状だ。しかしコンビニでのこれらの商品の販売には限界があるようで、商品名や瓶のデザインを工夫する必要がある。若者にとっては『おじさんが飲む酒』のイメージがあって、なかなか購買に結びつかないのが実情のようだ。

酒に音楽を聞かせて醸造する黄桜酒造

ハウス栽培のトマトにモーツアルトの音楽を聞かせると成熟が早く、また味もよくなるという話を聞いたことがあるが、同じようなことでこちらはお酒の話。

黄桜酒造（京都市）では、酒の仕込みの際にバイオリンやチェロの音楽を聞かせた商品を売り出した。

製法を『音響醸造』といい、商品名は『吟の響』。曲は子守歌のようなテンポの遅いもので、これを約45分間1日3回テープを聞かせる。しかも曲を演奏する楽器が凄い。世界最高の名器といわれるあのストラディバリウスを使っているのである。演奏は日本の有名なバイオリニストやチェリストに依頼した。既に醸造の蔵の中にスピーカーを設置して音楽を流しているところはあるが、黄桜酒造では醸造タンクの中に水中スピーカーを入れて、仕込み中の酒に直接音楽を聞かせている。

さて、名器ストラディバリウスを聞かせて醸造した酒は果たして銘酒となるか。同社によると、仕込の条件を同じにして音楽を聞かせたものと聞かせないものとを飲み比べてみると、聞かせたほうは確かに香りやコクがあるという。ストラディバリウス

は他の楽器に比較して共振効果が高いので、酵母の働きが活発になるのではなかろうか、と同社。

ところでその『吟の響』の値段は、希望小売価格は720ミリℓ入りで2500円といささか高い。当面限定1万本の出荷を予定している。〝日本酒離れ〟といわれる昨今の市場に向けて、黄桜酒造では商品戦略で勝負を賭けている。

環境問題で共感を呼び、23倍の売り上げを上げた宝酒造

これはエリアマーケティングに環境問題をうまくひっかけて成功した事例である。

宝酒造は、昭和54年に焼酎の『純』を新発売した。これを北海道地区でなんとか伸ばしたいと考えた。というのは、それまでは地元のメーカーと合同酒精にほとんどシェアを独占されていたため。宝酒造は北海道でシェアを上げる策はないかと真剣に考えた。その時、運よく『札幌の豊平川に鮭を呼び戻そう』という市民運動が展開されている情報を手に入れ、宝酒造は、この運動を全社的に支援協力することを決めた。『酒と鮭』の取り合わせもタイミングがよかった。運動に対しての資金援助をおこないながら、マス媒体を使って北海道全域で大々的な広告展開をおこなった。

さらに北海道向けの『純』の商品だけに『豊平川に鮭を！』のコピーと鮭のイラストを入れて出荷した。これが大成功だった。この戦略で上げた数字はまさに驚嘆に値するものだ。宝酒造のそれまでの北海道への出荷数はせいぜい年間で3万ケースどまりだったものがこの鮭運動のあと、何と70万ケースになったのである。

地域に限定した販促戦略に地元の住民意識を巧みに利用して、環境問題で迫ったこの宝酒造の戦略は見事としかいいようがない。

本項に関連する他の業界の事例を付記しておこう。

●キッコーマンによる千葉県野田市の清水公園で『夏休み母と子のつどい』

●サントリーによる『野鳥保護キャンペーン』
●日本馬主協会連合会による『京都オペラ声楽コンクール』
●コカコーラによる『キープ・ジャパン・ビューティフルキャンペーン』

新商品が業績を支える宝酒造

焼酎の『純』や『缶チューハイ』、清酒の『松竹梅』で有名な宝酒造は、平成不況の中にあって増収増益で乗り切っている。市場環境もあるが『缶チューハイ』をはじめとするヒット商品が業績を支えているようだ。'94年に焼酎の税率が上がったが、当時爆発的に売れていた『缶チューハイ』が'95年度の決算を支えた。'96年になるとその主力商品の『缶チューハイ』が5％減の前年割れとなった。それはレギュラーは売れたのだが、フルーティシリーズが落ち込んだからだ。しかしここでまたまた新商品が業績を支えたのである。健康指向に的を絞り開発した『すりおろしりんご』や、『カルシウムパーラー』がそれ。焼酎の税率も上るようだが、同社ではアルコール商品の新製品を今後も市場に導入していくだろう。また、これからの展開としてはバイオに賭けている。

遺伝子工学研究用の試薬をメインにしたバイオ事業である。現在の売り上げ構成は酒類が77%で23%がバイオ、やがて30%を酒類以外で稼ぎ、その大きな柱にバイオをおく予定。それは遺伝子工学研究用の試薬市場ではトップシェアを誇り、輸出も良好で伸び率が20%の自信だろうか。これは余談だが、そうなるとやがて宝酒造の社名も変えなくてはならないのではないか。

ドライがラガーを抜いた見事な戦術

長い間ビール市場のトップに君臨し、そのシェアを欲しいままにしていたキリンの牙城も、このところ落城の憂き目にさらされている。それはいうまでもなくアサヒビールの『スーパードライ』の攻勢である。最近では商品販売量では『キリンラガー』を『スーパードライ』が抜いている。この逆転劇の背景を分析して見てみると、まさに販売促進の基本の実演を見ているようで興味深い。

ここ数年アサヒスーパードライは2桁の成長を示しているのに反して、ライバルのキリンは1桁。これでは勝負にならない。要因を見てみるとまずマーケティング力、つまり市場のニーズを的確に分析した商品開発力に差があるようだ。かくいう私は何十年もキリン党だが、ホップ特有のあの苦みが、現代人にはマッチしなくなったのかもしれない。私はスーパードライはサイダーだと思っているが、現代の消費者の嗜好は変わったのである。苦みより爽やかな喉ごしを期待しているわけだ。これでアサヒがワンポイントリード。次は宣伝と商品構成と営業力である。

アサヒはタレントを使って大々的な宣伝をマス媒体でおこなった。一方キリンはそれほどの展開をおこなわなかった。アサヒの瓶、缶の商品力に対して、商品構成でキリンは瓶に固執して60％近くを酒販店や飲料店の宅配に頼った。スーパーなどの店頭販売が急増する中でこのキリンのルート戦略がマイナスに作用したことは否めない。

さらにアサヒの商品戦略で見逃せないのが新鮮なビールを店頭に届ける『フレッシュマネジメント運動』を全社的に展開したこと。従来は製造してから10日くらいたって店頭に並んだものだが、今ではこれを8日に短縮した。鮮度管理についても適量出荷を大前提にしており、そのため売れ行き情報から天候までも予測して需要をつかみ生産しているのだ。

さて最後の営業力、これもアサヒに軍配が上がる。大手酒販店の経営者がいうのには、アサヒは総務部長までが売り込みに来るそうだ。地域密着型の営業が同社の方針だが、さらに全営業マンに携帯パソコンを持たせている。これは市場・商品情報のキャッチからその分析に強い武器になることだろう。

1本150円ビールの開発・防戦戦略

ビール業界では第4位というサントリーが新商品『スーパーホップス』で巻き返しを図っている。パッケージのデザインや味はビールなのだが値段が大幅に安いのがうけている。350ミリℓのレギュラー缶が150円の発泡酒だ。

発泡酒とは基本的にはビールと同じものだが、使用する麦芽の比率で分類されている。これは酒税の関係からそうなっている。

さて、スーパーホップス。この商品化にはサントリーも相当、時間をかけた。まず他社のビールを多くの消費者を使ってブラインドテストを繰り返しおこなった。もちろんその中には自社のスーパーホップスも入れておいた。そのテスト結果にサントリーの技術陣は自信をもったのである。つまり、他社のビールに遜色のない味をスーパーホップスが示したからだ。サントリーの先攻に続いて、サッポロも『ドラフティー』を発売したが、現在のところスーパーホップスが出荷比率では6対4でサントリーが優位にある。それはスーパーホップスが前年比286％アップという出荷量から見てもよくわかる。

ところが発泡酒の人気に目をつけたのが大蔵省だ。麦芽比率が65％の発泡酒に大幅増税を決定したのだ。増税となれば当然今の価格は保持できない。しかしサントリーは技術力でこれに対応した。つまり麦芽の比率を下げてしかも味の落ちない商品づくりに挑戦したわけだ。20年にわたって研究してきた糖化スターチという澱粉質を糖化した原料を使うことで、麦芽比率を落としながら味が変わらない商品づくりに成功したのである。

商品で先行して発泡酒の人気をとり、続く増税には技術力で対応して価格を維持したサントリーの戦略は見事だ。100円玉を2枚入れて50円の釣りがくるという値ごろ感で、スーパーホップスの独走は当分続くことだろう。

タコ焼きに進出した吉本興業

お笑いの吉本興業がタコ焼きの舞台に登場した。吉本ブランドの知名度を活かして食品販売事業に乗り出してきたわけだ。

タコ焼きのフランチャイズチェーン（FC）展開を開始し、既に大阪市の天満橋に1号店をオープンさせ、今後はスーパーのマイカルグループの店舗に直営店を出店していく。店名は『たこばやし』といい、12個入りが500円でタレは醤油ベースのものだ。今後は中京地区から中国、九州、さらに関東地区まで加盟店を増やしていく計画のようだ。商売上手な吉本のことだからタレントが舞台で巧みにこの『たこばやし』をギャグに取り入れることだろう。

吉本興業の話題でもう一つユニークな情報を紹介しておこう。米穀卸の日新食糧（東大阪市）では、自社で販売するコメのパッケージに、吉本興業のタレントのイラストを入れた。お笑いの吉本興業の人気にあやかって消費者にコメをアピールしようという作戦だ。当面、近畿地方の家電量販店やホームセンターなどで販売する。銘柄は山形県の庄内産『どまんなか』で10キロで4880円と値段も手頃だ。

新食糧需給価格安定法の施行により、あらゆる店舗でコメの販売が可能になり、この業界での競争はますます激化している。さて、この吉本タレントをあしらったパッケージのコメの売れ行きは「どうでっか」な。

学生30万人にＤＭ展開するリクルート

リクルートには約１００万人の学生データベースがある。このデータをもとに当面約30万人の学生会員組織をつくり、ダイレクト・マーケティング・サービスを展開している。

その組織名は『クラブ・シーガル・キャンパス』といい、入会申込葉書には、生活、趣味、その他学生の関心事やパソコン保有の有無なども書いて送ってもらう。入会金や年会費はいらない。そして会員には多くの商品情報や商品サンプルなどを入れたパッケージを年2、3回送付するというものだ。

商品情報は1個のパッケージに約30社分が入り、各企業が単独でダイレクトメールを発送するのに比較して、大幅な経費の節減になることはいうまでもない。さらにパッケージには、レストラン、飲食店、娯楽施設、イベントの優待・割引券も入っている。アンケート葉書も同梱されているので、各企業は市場調査も割り安にできるというメリットがある。すでにインターネットで『クラブ・シーガル・キャンパス』としての情報提供をしている。リクルートでは、約2兆円といわれる学生市場に向けたこのダイレクト・マーケティングで当面年間10億円の売り上げを見込んでいる。

米社と合弁、会員制の新型通販のスタート

通信販売にもいろいろある。米国で急成長している新型通販の大手CUCインターナショナル（コネチカット州）と三菱商事、ユニーなどが提携して、今度日本でまったく新しいタイプの仲介型の通販事業を展開する。提供する商品情報は家電から衣料、旅行サービスまで幅の広いのが特徴。会員には既存の通販では見られなかった25万種類という大量の商品情報を提供し、会員は電話やインターネットを通じて注文するものだ。注文を受けるとメーカーや卸商社から商品が直送されるシステムになっている。自社は在庫を持たず、ただ情報の仲介をするだけなので、経費の大幅低減が図れるのが大きなメリットになっている。米国のCUCは現在6000万人の会員を持っているが、日本でもいよいよインターネット時代を迎えたのを契機に、米国CUCが三菱商事とユニーに話を持ちかけて提携が実現した。

さてその展開内容だが、約2000社の卸やメーカーの商品情報を集めてデータベースに構築し、消費者（会員）に情報として流す。そして会員は購入したい商品を電

話やインターネットで問い合わせると、最も安い商品が探し出せるようなシステムになっている。

米国のCUCとの合弁会社はシー・ユー・シー・ジャパン（東京・港）で、資本金はユニー、三菱商事、そしてビデオレンタルのカルチャー・コンビニエンス・クラブと人材派遣大手のパソナが受け持つ。会員が支払う年会費は3000円から5000円を予定しているそうだ。インターネット通販の新しい目玉としてこのシステムには注目したい。当面会員300万人、年商100億円を目標にしている。

クール宅急便の熾烈な戦争

クール宅急便といえばクロネコヤマトの独占市場だったたが、この市場に日本通運と郵政省が殴りこみをかけてきた。つまり後発の2グループの値下げ攻勢だ。

通常の宅急便にクールがつくと当然『クール料金』が加算されるが、このクール料金を大幅に値下げしたのが日通だ。クール便は大きなものはないわけだから、重量が5キロまでのものを、日通では今までの300円～400円を150円にした。ヤマトは210円で、郵政省の『チルドゆうパック』は190円だから、この価格設定は画期的といえる。

宅配便の市場は年8％近い伸びを示しており、総個数は約14億個といわれている。その中でもクール便はPL法の施行により急激に拡大している現状に、日通が目をつけたわけだ。保冷機器を備えた専用トラックや、保冷航空コンテナなどの独自の装備を持ちながら、需要を取れなかったことへの反撃攻勢である。

さて、お役所の郵政省も黙ってはいない。最近の郵政省の商売のうまさには私も度胆を抜いているのだが、このクール便市場にやっきになっている。『おいしいものはチルドで送る』と、料理の鉄人をキャラクターにして、テレビCMで大々的に宣伝し、東京・大阪など18都道府県に限って今後サービス区域を全国に拡大するという。今のところヤマトは日通の値下げに対してその対抗策を出していないが、いずれにしてもクール便の顧客獲得作戦はますます熾烈の様相を呈してきたようだ。

農業のパソコン時代に賭ける富士通

いくらハイテク時代とはいえ、農業とパソコンと聞いてピンとくる人は少ないのではなかろうか。かくいう私も最初はその情報を聞いて正直なところ奇異に感じた。しかし、その内容を詳しく知ってからはその意味もさることながら、企業の戦略を改めて認識したものだ。

富士通が農家へのパソコンの普及をめざして新しいセクションをつくった。その名を『あすなろ営業部』という。富士通では、２０００年には専業農家の60％、その他の農家でも40％以上にパソコンが普及すると予測している。農家数が減少したとしても農家のパソコン需要は約１３０万台、ソフトを含めると市場規模は１０００億円と富士通では踏んでいるようだ。まず、当面3年間で農業用にパソコン10万台を販売し、さらに農家にインターネットで農業情報を流す計画をもっている。

今まで、ごく一部の農家ではパソコンによる農業簿記や農作業日誌などの『結果分析型』のソフトを利用していたが、これからは肥料や水管理をコンピュータで自動化したり、気象のデータと野菜の市況変動（相場）を予測したり、また出荷のタイミングを測ったりする、など機動的な経営をめざす農家では、パソコン利用が多くなると富士通は着目したようだ。

一方、宮崎市にあるコンピュータソフト開発会社のＩＢＣでも、気象情報や卸売り市況、また病害虫の発生予測、土壌情報をインターネットのホームページで流している。農作業のハード面は既に機械化されたが、ソフト面もパソコンによりいよいよ機械化の時代を迎えたようである。

ホーロー技術で独走するタカラ

住宅の着工件数がそのまま自社の業績に反映するのが住宅設備機器メーカー。ところで市場の動向に関係なく元気がいいのが、タカラスタンダード（以下タカラ）。住宅の着工件数は平成不況の影響を受けてこのところ低迷している。同業のサンウエーブやクリナップがマイナス成長なのに対して、タカラだけは年々5％以上の成長率を維持している。その秘密は何かといえば、同社のホーロー技術である。この技術は世界一と同社自身が胸を張っていう。技術力に裏づけされた品質の優位性が、多くの消費者から幅広く支持されているのだろう。

さて、昔から我々の日常生活の中でホーローといえば洗面器や鍋などがあったが、タカラは明治45年にホーロー技術の研究に着手した。以来、「ホーローといえばタカラ」といわれるようになった。ホーローは、鋼板にガラス質をコーティングしたものだが、木質製品に比較して丈夫で肌ざわりがよく、豊かな色彩感覚とともに豪華な質感がある。

このホーロー一筋にタカラは執念の研究を重ねてきたわけだ。ホーローシステムキッチンやホーローシステムバスの人気は、この技術の裏打ちがあってこそで、85年間に及ぶ同社の歴史が成し得た成果ということがいえるのではなかろうか。同社の売上構成比を見てみると、システムキッチンなどの厨房機器が約56％。システムバスなどの浴槽機器が約30％となっているが、この6年間の実績の数字を見てみると、厨房機器で45％、システムバスなどの浴槽機器関連では、なんと88％増の売り上げを示している。

消費者に人気のホーロー製品を大量に低コストで生産できる強みを活かしているタカラは、商品を肌で感じてもらおうとショールーム展開も積極的に進めている。現在全国にあるショールームは170か所で、これは同業他社の倍以上である。

お寺までつくったゼネコンのフジタ

大手ゼネコンのフジタの経営多角化には私はかねてから目を見張っている。本業のほかに、カラオケルームや居酒屋、レストラン、ビアバー、花屋なども開店している。

実はこれらの新商売はバブルの崩壊がきっかけとなっている。あちこちの再開発事業がストップしたため、遊休地の活用がこれらの新商売を生んだわけだ。

そのフジタが今度はお寺をつくってしまった。建物をつくるのはお手のものだろうが、それにしても驚きだ。そのお寺は東京・港区元麻布にできた『麻布浄苑』。金沢市に本山がある宗教法人・伝燈院が東京に開山した。お寺は宗教法人でないとつくれないので、フジタが土地を伝燈院に売却して、フジタが建築し納骨壇の販売をおこなっている。都心の墓地不足は今では深刻な問題になっていて、そこに目をつけたのがフジタ。伝燈院は曹洞宗だが麻布浄苑では宗旨、宗派は問わないという。使用期間は納骨供養が50年間で、後は永代合祀供養になる。価格は1体用で永代供養料が75万円、2体用で120万円。それに年間管理費が2000円かかる。納骨堂は1200体安置できるスペースがある。都心だから墓参りも便利で、しかも麻布地区はお寺が70もある寺町だ。最近ではお墓を持とうとすると相当の出費は覚悟しなければならないご時世だが、このフジタが開発した新時代のお寺（お墓）づくりには感服した。ちなみに、昨今ではハイテクを駆使したお寺も多いが、この麻布浄苑では骨壷は納骨堂に安置してあって、墓参りに行くと、お坊さんが骨壷を抱きかかえて持ってくるそうだ。

心の通うこのシステムはなんともいえない。

社有地利用のフジタの戦略、さらにビデオ・CDレンタル、書籍販売、サウナまで計画しているというから、凄い。

市場のニーズに対応する斎場の建設ラッシュ

今度はいささかしめっぽい話をあえて取り上げておこう。

昔は葬儀を自宅ですることが多かった。隣近所の人達がかけつけてお通夜や告別式の料理やサービスをおこなったものだ。しかし最近では自宅ではなく斎場でする人が多くなったため、妙ないい方だが今この業界が活況を呈している。

今度、横浜にオープンした『新横浜総合斎場』は地上6階地下1階の、首都圏では最大規模のもの。東海道新幹線の新横浜駅から徒歩5分という立地の良さもうけている。ロビーはまるでホテル並みで、そこで参列者はコーヒーの無料サービスを受けられる。式場は四つあり関係者が安心して通夜ができるように宿泊設備もあるという完璧さだ。

葬儀大手の公益社（大阪）でも現在関西で9か所の斎場をもっている。最近オープンした『岸和田会館』（大阪府岸和田市）は地上4階地下1階で、式場が2つあり、しかもモニターテレビやプロジェクターの映像設備も備えたハイテク斎場だ。そこでは在りし日の故人の姿を大型のプロジェクターで見ることもできる。東京葬祭（東京・江戸川）も斎場の建設に積極的で、今度神奈川県大和市にオープンした斎場には3つの式場を備えている。中古車の情報誌を発行しているプロトコーポレーション（名古屋市）もこの業界に参入してきた。豊橋市をはじめ、岡崎、刈谷、安城、豊田などでも直営の葬儀場のオープンを計画している。

核家族化とともに、住まいもマンションが多くなった。さらに隣近所とのつき合いも少なくなった。こんな背景から葬儀を斎場でする人はこれからますます増え、この業界に参入してくる企業も多くなることだろう。

日本信販が低利葬祭クレジットをスタート

今では葬儀費用も年々高額化していき、通常の葬儀では最低でも2〜300万円はかかる。しかも費用は一括現金払いが普通だ。葬儀費用にと思って故人にかけていた生命保険も、保険会社から実際におりるのには2〜3か月先だ。

そこで新登場したのが日本信販の『葬儀クレジット』である。その商品は『メモリアル・トータル・パッケージ』といい中堅葬儀社の杉本（東京・文京）と提携した。利用できるクレジット金額は５００万円までで、クレジットを組む遺族の年齢は20才から65才まで。最高５年（60回払い）でこの場合は年率６・９％の手数料がかかる。式場の設営から会葬者へ出す料理まで、葬儀に必要な一切の費用が含まれる。

今度日本信販と提携した杉本は、創業90年あまりのこの業界では老舗の葬儀社で、関東一円に営業展開をしている。年商は約10億円だがこの葬儀クレジットにより売上増を狙っているようだ。

すでに信販業界では住友銀行系の東京総合信用が葬儀大手の公益社と、またアプラスが公営社と提携、ともに手数料は10％を越えているが、日本信販のものは６％に抑えているので利用者は多いのではなかろうか。

それにしても急に多額の出費を余儀なくされる葬儀について、このようなクレジットが今までなかったのが不思議に思える。

墓地と墓石のセット販売で伸びるニチリョク

人生の最後にお世話になることではあるが、この業界についての関心が薄いのは読者諸兄も私と同じではなかろうか。つまり墓石業界のことだ。

この業界では後発ながら、年々業績を伸ばしている会社がある。それがニチリョク（東京・杉並）。この業界では3代4代と続く老舗（石屋）が多いのだが、同社は社長をはじめ社員全員がこの業界ではまったくの素人集団だ。実はこれが幸いして旧態依然としたこの業界に新風を巻き起こす結果になったのである。

従来の墓石の販売はお客に頭を下げて買ってもらうという姿勢はなくて、どちらかといえば『売ってあげる』という意識が業者にあった。それを独自の営業力で積極的に市場を開発しているのがニチリョクだ。

'80年にスーパーの店頭で墓石の販売を開始したようなユニークな会社だが、霊園の販売にも大きな実績を上げげた。ある造成業者が開発して売り出した霊園が、2年たっても3年たっても完売しなかったのを、このニチリョクが引き受けたらアッという間に1年で完売してしまった。その秘密はまったく単純なことだが、墓地と墓石をセットにして販売したからだ。いわゆる建売住宅を売る手法とまったく同じだ。この発想が素晴らしいではないか。土地（墓地）だけを売るのではなくて上物（墓石）をセットにして販売したところがユニークだ。さらに墓石は工場で製造しているので特殊技術の必要な墓石職人がいらない。だから通常価格より2～3割安く墓石が完成する。注文に応じて墓石が完成すると墓地にトラックで運びクレーンで搬入し設置してこれで完了だ。つまり墓のプレハブ工法というわけだ。

さらに同社の、攻めの営業戦略にも注目したい。以前はチラシ広告だけの待つ営業だったが、今ではテレマーケティングに徹した戦術をとっている。つまり電話営業1本に絞っていることだ。これで墓のない人が即座にわかり、この手法で得た見込み客が現在では10万件以上あるという。同社では年間2000基を売っているから、このペースでいくと潜在リストを消化（売り上げ）するだけで50年間は食えると踏んでいるようだ。

古い体質の業界にまさに一『石』を投じたようなこのニチリョクの販売手法は他の業種にも応用できるのではなかろうか。

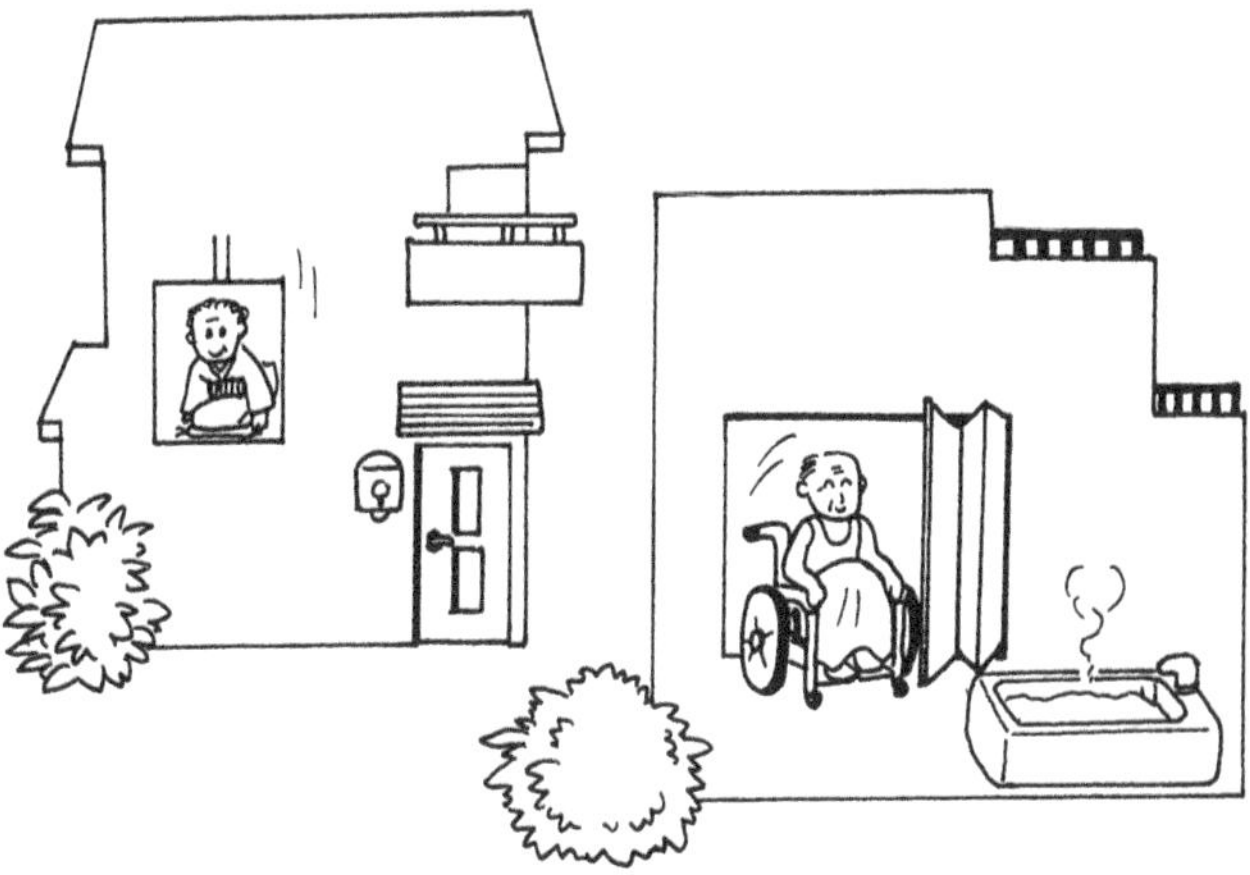

シルバー産業への各企業の進出〈ハード篇〉

やがて4人に1人が65才だという日本人の高齢化が進む中で、今、このシルバー産業に向けて各メーカーが一斉に乗り出している。

まず住宅設備機器メーカー大手の日立化成工業やTOTOでは、はっきりそれを謳ってはいないが、明らかに商品開発のコンセプトをそこにおいていると思われるものを発売している。日立化成工業を例に見てみると、ユニットバスでは浴槽の縁の高さを低くして浴槽への出入りが楽なように、さらに浴槽に『握りバー』を設けて入浴の際の安全対策に配慮している。また、浴槽の底や洗い場には滑りにくい材質を使っている。最近の新製品でさすがと思ったのだが、浴室の入口が3枚引き戸になっていて、戸を全部開けると車椅子のまま入ることができる。まさに〝親切設計〟の商品だと思う。藤沢薬品は在宅医療事業部が酸素吸入装置のレンタルビジネスを、さらに家電量販店トップのベスト電器は車イスの販売とレンタルを、フランスベッドは独自に開発した老人用ベッドや車イスを製造販売している。

一方、ハウスメーカーも市場のニーズに対応した商品づくりに積極的に取り組んでいる。積水ハウスの『生涯住宅』は高齢層を対象にしたユニークな住宅だ。玄関の段差を低くしたり、また、腰掛けたまま身仕度ができるベンチを備えたり、ドアの自動化、階段には手すり、そして座ったまま昇降できるホームエレベーターも標準仕様に入れている。三井ホームでも高齢社会対応実験住宅を建設して、今その実験データの収集をおこなっている。私もそのうちお世話にならなければならないので実験住宅を取材して見て驚いたのは、車椅子に座ったままで調理ができるキッチンがあることだ。さらに照明、空調などのスイッチ類を1か所にまとめているのはさすがと感心した。バリアフリー化が加速し、ノーマライゼーション思想がいよいよ我が国にも定着してきたのだろうか。

シルバー産業への各企業の進出〈ソフト編その一〉

お年寄りの介護に向けて、あらゆる企業が参入してきた。

警備保障大手のセコムでは、電話回線を使って健康管理をする『マイケアサービス』を実施している。これは自宅に専用の装置を設置して、血圧や心拍数を測定して送信し、そのデータにより居ながらにして診断を仰ぐことができるものだ。利用者のデータはＩＣカードに記録されているので、長期的に自分の健康チェックができる。

教育関連産業のベネッセコーポレーション（岡山市）も24時間介護サービスを首都圏中心に進めている。家事から入浴、食事、また医療処置まで幅広いサービスを提供している。

この分野での大型プロジェクトとなると、大阪ガスの子会社、アクティブライフの展開がある。老人ホーム『アクティブライフ箕輪』、痴呆性老人用の『アクティブライフ学園前』などを経営し、高齢者向け住宅の建設をめざす自治体相手のコンサルティングもやっている。明治生命も介護事業に進出した。同社の保険契約者を対象に、各拠点で看護婦の派遣から24時間体制で電話相談なども受け付ける。さらに福祉機器や介護用品の販売も始めた。

介護に関連する情報も付け加えておこう。ハウスクリーニング業界大手のフラオグルッペ（東京・港）では、特にお年寄りを対象に『ムティ・サービス』のフランチャイズチェーンの展開を開始した。これは日常の簡単な掃除を2人のスタッフでおこなうものだが、部屋の掃除については1平方メートル当たり70円と割安だが、掃除の面倒なトイレや台所は1回8000円だ。モーリメイドジャパン（神奈川・茅ケ崎）も寝たきり老人の家庭を対象に掃除代行業務をおこなっている。

また『介護食品』というビジネスも登場した。メディカル・フーズ・ジャパン（東京・千代田）では、医療機関向けに販売してきたが、今度調剤薬局を通じて一般消費者にも販売する。ムースやおかゆなどの流動食が多いが、糖尿病患者向けの低カロリーメニューもある。既に提携した140店の調剤薬局には商品陳列用の棚も提供している。

ニッセイ基礎研究所の発表によると、寝たきりで介護が必要な65才以上の高齢者が2010年には375万人に達するという。介護ビジネスの市場規模は現在約5兆円、

２０００年にはこれが6兆円までふくらむと業界では見ているようだ。

シルバー産業への各企業の進出〈ソフト編その二〉

損害保険会社がいよいよ介護ビジネスに進出してきた。先に明治生命の例を上げたが、損保もいよいよ介護に関する保険商品とともにサービス事業を開始する。

三井海上火災保険では、介護費用保険『ＷＥＬＬ』や積立介護費用保険『ＢＩＧＷＥＬＬ』の加入者を対象にフリーダイヤルで専門のスタッフが相談にのってくれる。これは加入者本人以外の家族の中で介護が必要な場合も対象になる。

東京海上火災保険では専門の子会社『東京海上ベターライフサービス』を設立し、在宅介護サービスから老人ホームの企画・運営までをおこなう。安田火災海上保険では『ＳＡＲＡ』を立ち上げた。これは介護に関するあらゆる情報を検索できるシステムで介護の相談から民間のシルバーサービス機関の案内から行政の福祉サービス、またボランティアなどの情報を提供するものだ。住友海上火災保険では『介護電話相談室』を開設している。

損保各社ではこれらのサービスをやがて24時間体制で対応し、さらに訪問看護についても検討しているようだ。また、契約者が現金を受け取るだけのものでなく、介護サービスに関する給付も受けられる商品の開発も考えているようだ。大手損保では'89年に介護に関する保険商品の販売を開始したが、既に契約者数は100万人を超え、この数字はさらに増加するのは間違いない。

お年寄りに人気のシルバースター旅館

シルバー産業の話題を続けよう。(財)全国ホテル旅館振興センターが〝高齢者に優しい宿〟として認定・登録をすすめている制度に『シルバースター』というものがある。これは厚生省の指導でおこなわれているものだが、このシルバースター登録旅館の一つを紹介してみよう。

群馬県の沢渡温泉にある宮田屋旅館は高齢者に人気の旅館だ。宿泊客の半分以上がリピーターだそうだから、既にここを『定宿』にしている人も多いようだ。

宮田屋旅館では、廊下はなるべく段差を少なくしてスロープ状にしている。トイレには手すりつきの便座が設置されていて、緊急用のブザーも取り付けている。風呂場の浴槽には手すりが付いている。足腰が弱くなった高齢者にとって、湯舟の出入りは体のバランスが取りにくいものだが手すりがあるため安心だ。さらに洗い場には滑りにくいタイルを使い、風呂場で気分が悪くなった人のために、フロントや部屋と連絡がとれるように脱衣室には電話がある。食事についても高齢者を意識して、料理の量も少なめにして、さらに塩分は控えめで脂っこいものはない。

現在、このシルバースターの登録をしている旅館やホテルは全国で'97年現在で約200軒あるが、これからますます進む高齢化の日本では増えてくることだろう。

障害者パワーがニュービジネスに挑戦

視覚や聴覚など体に障害を持ちながらベンチャービジネスを興す若い起業家たちが元気に立ち向かっている。『ガンバレニッポン!』ではなく『ガンバレ障害者!』といいたいような気持ちだ。

サンライズファーム(東京・中野)を経営する田畑富立さん(29)は先天性の全盲だが、顧客からの電話注文を点字でメモして盲人専用のコンピュータを使って点字入力する。そして、音声と同時に片仮名の受注伝票がプリントアウトされる。93年に会社を設立したが、パート従業員の2名は視覚障害者だ。田畑さんが扱う商品は自然食品や健康食品、生理用品、ギフト商品など500点をそろえていて、商品には点字の説明書も付いている。さらに月刊の点字商品カタログも発行して、年商は800万円だ。先天性の高度難聴の高村真理子さん（37）が経営するワールド・エクスチェンジ・オブ・サイレントカルチャー（東京・新宿）では、手話グッズの輸入販売をおこなっている。また聴覚障害、手話関係の書籍、ビデオなども扱っている。この通販カタログは高村さん自身で編集し発行している。近くインターネットでの展開も考えているそうだ。現在年商は700万円。

アクセスインターナショナル（東京・板橋）を経営する山崎泰広さん（36）は脊椎を患い、車椅子の生活だが事業欲が旺盛だ。現在車椅子の輸入販売をするとともに、障害者の情報誌『アクティブジャパン』（主婦の友社刊行）の編集長でもある。車椅子の販売以外にも、障害者用のコンピュータ製品開発のアップルディスアビリティセンターの運営をし、そのコンサルティング業務を積極的にこなしている。

これらの人々には障害者にありがちな暗さなどは微塵もない。旺盛な自立心とコンピュータの最新技術をマスターする意欲がある。そして障害を乗り越えてニュービジネスへの飽くなきチャレンジ精神には敬服してしまう。このパワーに心から声援を送

りたいものだ。

全国共通ゆうえんち券の人気

ギフトカードといえば、クレジットカード会社のそれが定番。ところが、今全国共通ゆうえんち券も人気商品として注目されている。

北海道から沖縄まで、遊園地から動物園、美術館、健康ランド、ゲームセンターなど、全国の300以上のレジャー施設で使える券で、汎用性と利便性がうけている。使用期限が無期限なのもいい。デパートの共通商品券と同じ発想だが、今までこのような券がなかったことが不思議なくらいである。

さて、この全国共通ゆうえんち券、個人のギフト需要もさることながら、企業のキャンペーンの景品や、インセンティブやスタンプの景品として、商店街でも大いに利用されている。

また宴会やパーティを盛り上げるために、官庁、公共団体、民間企業を問わず利用されている。

各業界はもちろん販売促進のため、いろいろなギフトカードを考案している。ここでその各種ギフトカードの代表をあげてみよう。

クレジットカード会社のギフトカードについては省略した。

ここに上げたものはすべて全国共通だ。

ギフト券名	1枚の価格	発　行　元
全国ゆうえんち券	500円	(株)文化放送開発センター
花とみどりのギフト券	1000円	(株)日本フラワー振興協会
シューズ券	500円	日本シューズ振興(株)
文具券	500円	日本文具振興(株)
図書券	500円	日本図書普及(株)
おもちゃ券	1000円	(株)トイカード
こども商品券	500円	(株)トイカード
スポーツ券	1000円	日本スポーツ券(株)
伊藤ハムギフト券	500円	伊藤ハム(株)
プリマハムギフト券	500円	プリマハム(株)
ジェフグルメカード	500円	(株)ジェフグルメカード
すし券		全国すし商環境衛生同業組合連合会
音楽ギフトカード	500円	日本レコード普及(株)
ガソリン券	5000円	出光興産(株)

大型懸賞でユーザーを引き込む

景品規制の緩和を受けて、今、市場ではオープン、クローズドとともに大型懸賞が花盛りだ。オープン懸賞の景品の上限金額が１００万円から１０００万円に引き上げられたため、各社が一斉にインパクトのあるキャンペーンを打って出た。

例えば日産自動車が実施した『お好きな日産車20台プレゼントキャンペーン』は、誰でも応募できるオープン懸賞だったため、応募総数はなんと２１５万通にもなった。現在乗っている車種、名称、年式などをアンケート形式で記入、約過半数の応募者が自社以外のメーカー車に乗っているユーザーで、日産としてはのどから手が出るように欲しい情報が集まった。景品には自社のグロリアやセドリックなど、４００万円もする車を提供。しかし費用対効果を考えると、決して無駄な戦略ではない。応募で得たデータはこれからの新車売り込みの、絶好のターゲットになる。日産では応募者にダイレクトメールを打ち、新車の売り込みをおこなうと同時に、データを系列の販売会社に教え、営業活動に活かす作戦だ。

ここで最近の大型懸賞の例をまとめた。景品は紙面の関係で1等のみを掲載した。

企業名	景　　品
永谷園	現金１000万円
日清食品	現金１000万円
味の素ゼネラルフーズ	英国車
ＵＣＣ上島コーヒー	世界一周旅行
日本ペプシコーラ	シボレーコルベット
青山商事	現金１000万円
講談社、週間現代	現金１000万円
徳間書店	国産車
主婦の友	三菱パジェロミニ
ＩＤＯ国際デジタル通信	国産車
日本国際通信	キャデラックセビル
ぴ　　あ	日産ミストラル

グリーンスタンプを大手スーパーが採用

前項と関連して、大手スーパーがグリーンスタンプの導入を開始した。

今までの景品規制法ではグリーンスタンプをはじめポイント制のカードは中小の店舗や小規模のスーパーに限られていた。大型店がやり出すと小規模店の経営を圧迫するからである。ところがこのたびの法改正により、大型店でもスタンプのポイント制が可能になった。

そこでマイカルは食品スーパーの『ポロロッカ』で全店での採用を開始、西友、長崎屋、ユニーなども採用に踏み切ったようだ。買い物の際に会員カードを出せば点数が累積され、グリーンスタンプのカタログの商品や、商品券と交換できるわけだ。

顧客の固定化、店舗の販売促進のためにポイントカードは威力を発揮するが、この展開でキーになるのはそれのPRである。ただ「当店扱ってます」という程度では生ぬるい。大型の景品を目玉にして、ポイントを貯めていく夢を訴求させる必要があるだろう。

ある小型スーパーで『当店のお客様○○町の○○様、当店のカードでカーナビを』

とやっていて、うまいと思ったものだ。もちろん公開には本人の了解をとってのことだろうが、商売はこれでなくてはならない。

スタンプの大手グリーンスタンプ（東京・千代田）では、スタンプを採用するスーパーが増えて前年同期比50％増という。

プレミアムキャンペーンに成功した日産とサントリー

プレミアムキャンペーンをパワープロモーションともいう。この成功事例を取り上げてみよう。

そのトップはなんといっても日産自動車だ。2年前より日産では人気のオリックスのイチロー選手を広告のキャラクターに使い始めた。まず「変わらなきゃ」をキャッチコピーにブランド・チェンジを狙い、さらにショールームや販社の展示会への来場抽選記念品をイチローグッズ一色にした。帽子、ブルソン、Tシャツ、フリースジャケット、キーホルダー等々。いわゆるイチロー効果を期待してのことだ。そして昨年の日本シリーズでオリックスが優勝した翌日のほとんどの新聞（スポーツ紙も含めて）には、丸々1ページを使い、イチローの写真を大きく扱いながら、『おめでとうオリックス！』と大々的な広告戦略を展開した。このタイミングのよい広告戦略は大成功だった。

一方、サントリーの『ボスじゃんキャンペーン』の成功も見逃せない。全国のベンダー確保をコカ・コーラのジョージアが約68％もっていた牙城に、切り込んだのがサントリーのボスじゃんキャンペーンだった。まずターゲットを25～35才の男性に絞ったのがよかった。そして「一息入れたい」「気分転換」さらに「ＢＯＳＳはうまい」をキーワードに、男っぽい矢沢永吉をキャラクターに使って強烈にイメージ訴求をした。先のキーワードのイメージを巧みに使って、プレミアムに『じゃん』つまり皮ジャンを提供した。『ボス』缶についているシールを5枚集めると1口になり、それを送ると2万名に皮ジャンが当たるというものだった。当選者が多いことでこのキャンペーンは大成功だった。さらにシールを貼る葉書は官製でもよいのだが、店頭にある葉書で応募する場合は郵便料金が要らないことも、この種のクローズドキャンペーンの応募数を上げる要因になった。

一方これに呼応してキリンビバレッジが実施した昨年度の『ヒーロージャケットプレゼント』は、あの野茂選手をキャラクターに使って、キリンジャイブに付いているシールを貼って応募する（一口6枚）形式。ただし応募葉書には切手を貼らなければならず、柳の木の下のドジョウではないが、あまりにも安易な手法に、いささか興ざめだった。私としてはまったく新味のないキャンペーンという他はない。

8・8・8のあやかりイベント

これは平成8年のことだから、いささか遡る話になるが、販売促進の事例としてユニークなものなので取り上げておこう。平成8年8月8日にあやかって、地区の行政や団体が展開したイベントの数々がそれだ。

埼玉県八潮市では、全国の八の字が付く市町村を集めて『八の字サミット』を開催した。サミットに集まったのは八森町（秋田）、八丈町（東京）、八田村（山梨）、八東村（岡山）八幡浜市（愛媛）など16市町村だった。全国に自分達の村や町をPRするチャンスにしよう、というのがこのサミットの主旨だったようだ。

サミットでは八の字記念日プレゼントを設けて、この日に生まれた888人の赤ちゃんに、サミット参加の八幡町（山形）名産の桐の下駄を、また参加自治体の特産品などをプレゼントした。さらに午前8時8分8秒に出発して全長8キロの8の字コースを歩く『8キロウォーク』を実施。この八潮市が実施した『八の字サミット』の8にこだわったイベントには、並々ならぬアイデアがあり、さすがの私も感服である。

島根県の、いわみ中央農業協同組合（浜田市）ではこの日、満期日に88万8000円が受け取れる『ミツバチ（8が3つ）記念積立貯金』を発売。契約者全員にハチミツをプレゼントし、さらに8月8日生まれの人が申し込むと金利を0・5％上乗せするという、誠に洒落た趣向の貯金だ。アイデアを出せば必ず成果はあるもので、農協の予想の2倍の申し込みがあった。

名古屋市のマーク（徽章）は丸に八の字だからこの日を『まるはちの日』と定め、名古屋市内では官民合わせて154件の関連イベントをおこなった。中区の栄公園で開いたイベントでは、『鉢植え』から『はちみつ』など八にこだわった商品の即売会をやった。しかも市内のホテルでは8880円の宿泊プランや、何と88円のカレーライスを売り出したレストランもある。また昨年は名古屋大学の前身、旧制第『八』高等学校が、創立から数えてちょうど88年目にあたるので、学生からOBまでを入れて創立88年記念祭を盛大におこなったという。

8・8・8の鉄道各社のあやかり商法

ＪＲ東日本では秋田新幹線や、試験車両など『8』種類の新旧の新幹線の写真が入った新幹線『8』兄弟記念乗車券を、その日の午前『8』時から福島、郡山など東北地方の『8』駅で売り出した。これにはキップコレクションマニアが殺到。さらに管内の八王子など八のつく23の駅の硬券キップセットを発行したが、鉄道ファンやキップマニアに人気を呼び、またたく間に完売した。

ＪＲ東海では8月8日に管内の主要駅で『8・8・8』記念特急券を発売。この特急券には、中央線の『しなの』(383系)、高山線の『ひだ』(キハ85系)など車両の型式番号に8がある4種類の特急車両の写真を入れたのがうけ、これも発売と同時に限定5000セットはあっという間に売れてしまった。

東京の営団地下鉄でも自社の『ＳＦメトロカード』に特別に8・8・8を刷り込んで「めでたい8が3つもならんでいます」とＰＲし、このカードも発売と同時に完売した。

数字の8は、いわゆる末広がりで縁起をかつぐ日本人のもっとも好む数字である。

そこに目を付けた、これまでに紹介した事例はそれぞれ企画力が抜群だ。

増収増益を続ける花王の戦略

コンパクト洗剤の花王『新活性ザブ』が、ライバルのライオンの低価格戦略の攻勢をモロに受けて、苦戦を強いられている。全社の業績としては円高とバブル崩壊のダブルパンチを浴びながらも、このところ増収増益を続けている。その秘密はどこにあるのかを探ってみよう。

まずいえるのが同社の商品開発力だ。花王は'82年まではどちらかといえば洗剤1本の戦略に終始していた。しかし'82年以降その戦略をガラリと変えて、化粧品のソフィーナをはじめ紙オムツなどのトイレタリー市場に打って出た。ところがその新商品がことごとく当たった。消費者ニーズを先取りする、というのが花王の戦略。続いて発売した『クイックルワイパー』は、手軽に床のホコリが取れる掃除用具。また、小鼻に張ってはがすだけの『毛穴パック』などは、まさにニーズ先取り商品で発売と同時に生産が間に合わないという、うれしい悲鳴が上がったものだ。

新商品開発とともに同社が絶えずやってきたのが、既存の商品のリニューアルだった。既に市場に浸透している自社の商品をリニューアルすることで、それが消費者にはさらにインパクトを与えて購買促進に拍車をかけたのだ。

さらにいえるのは同社の商品管理と物流システム。同社では自前の販社をもっているので、問屋任せと違って商品管理と物流がすべて自社でコントロールできる強みがある。しかも倉庫や受発注システムなどに最先端の設備を構築しているので、欠品、欠配、誤配がない。今年からはより効率化を進めるためにイトーヨーカ堂と共同配送システムを構築した。

花王は'96年に5000億円の転換社債を発行したが、この資金をアジア地区での事業拡大に当てるという。花王の攻めの経営戦略には凄味すらを感じる。

ハンドドライヤーに勝負を賭ける三菱電機

以前、独自の商品開発力で布団乾燥機を売り出し、一躍業界トップに躍り出たのが三菱電機だった。実はその布団乾燥機の商品化のヒントは、三菱電機の一社員の発想によるものだった。梅雨時に赤ん坊のオムツがなかなか乾かないので、社員の妻が自宅の掃除機の排気口にオムツを置いて乾かしていたのを見たのが、ヒントになったのだった。

さて、その三菱電機の持ち前の技術のモーターとファンを活かして、強風で手の水滴をはじき飛ばすハンドドライヤー『ジェットタオル』が今、滑り出し好調だ。

清潔志向の市場のニーズの背景を受けて、デパート、飲食店、パチンコ業界にこのジェットタオルが続々採用されている。高島屋新宿店を中核とする『タカシマヤタイムズスクエア』のトイレにはこのジェットタオルが78台設置されている。

このジェットタオルの特徴は、独自の乾燥方式にある。従来のハンドドライヤーはただ温風を吹き出して水分を蒸発させる方式のものだったが、これでは時間がかかり床に水滴が落ちるという欠陥がある。そこで三菱電機では考えた。台風を上回る風速60メートルの風を5~10秒手に当てて乾かすというものだ。はじいた水滴は下にあるタンクに貯める仕掛けになっている。

1号機はまずパチンコ業界に普及したがここでまず最初の壁にぶつかった。利用人数が少ない飲食店などでは、まだペーパータオルのほうが経済的だ、という結果である。そこでさらに製品に改良を加えて、1日に70人を越えれば自社のジェットタオルのほうが経済的だ、という商品の開発に成功した。それが今のJT－KC10Aだ。

三菱電機では目下系列家電販売店、電気設備店ルートでの販売に意欲を燃やしているが、既存のルート以外に販売代理店の開拓や専門部隊によるオフィスや飲食店への売り込みを計画している。

この業界ではレンタルの布タオル、ペーパータオルなどの競合がもちろんあるが、コスト的にみて、やがてハンドドライヤーの独占市場になると、同社では見ている。

古くから『風の中津川』といわれているように、同社の中津川工場はかつてあの布団乾燥機を生み出した歴史ある工場だ。三菱電機のハンドドライヤーに勝負を賭ける意気ごみは並ではないはずだ。

嗜好の変化に対応する飲料メーカー

『ウイスキー、水で割ったらアメリカン』ではないが、ヘルシー&ダイエットから酒もドリンクも薄め薄め指向だったが、最近ではここにきて意外にも〝濃いめ〟の傾向というか、風潮というか、そんな時代になってきたようだ。そこで各社ともそのニーズに対応した商品の開発にやっきになっている。今まではビアホールなどでちょっと気取って飲んだのが黒ビールだったが、その気取りを家庭で味わおうとする層が増えてきた。

そこで登場したのが『アサヒ黒生』。最近では倍々ゲームのように驚異的な伸び率だ。黒ビールは苦い、重い、というイメージがあり今までは通好みのビールとされていた。しかしスルッとイケル、飲み口スッキリ、毎日飲んでも飽きがこないというところから、普通のビールよりリピート率が高く15％という。そこでアサヒに追従してサッポロが『ドラフティーブラック黒生』を、キリンは従来の『キリン黒ビール』を〝生〟化してリニューアルを発売。サントリーも〝やや黒〟を強調した『ハーフ＆ハーフ』を発売して勝負に出ている。

一方ノンシュガー飲料が一時ブームになったが、今ではほんのりとした甘さの飲料に人気がある。そこで発売したのがアサヒの『カフェオ』。10か月で259万箱（1箱24本）を売り、これは前年比169％の伸びである。ついで発売した紅茶の『ティオ』も好調だ。今までの缶飲料は甘すぎるという声が強く、といって甘さがないとおいしさがない、この点に着目したアサヒでは、エリスリトールという糖類でほのかな甘さを加えて商品化した。このエリスリトールはブドウ糖を発酵させた天然の糖質で砂糖の75％前後の甘さがあるがカロリーはゼロである。

さてコーヒーの世界も変わってきた。アメリカンではなく濃厚なコーヒーのエスプレッソが今、人気だ。安売りコーヒー店の『プロント』や『ドトール』でも、また『すかいらーく』でも、専用の機械を導入してこのエスプレッソをメニューに加え、よく売れているそうだ。思えば人の嗜好というものは刻々と変わる。その変わるニーズにいかに対応するかが勝負なのである。

廉価版文庫本のテストマーケティングがスタート

本離れが進む若者層をターゲットにして、新潮社がテストマーケティングを展開している。それは価格を下げたコンビニ専用文庫本の発行だ。

『新潮ｐｉｃｏ文庫』は１冊が１５０円で、これは通常の文庫の3分の１の価格。まず森鷗外や太宰治、江戸川乱歩などの作品を出して、隔週に2点ずつを追加していく考えで、１点あたりの発行部数は各3万部。新潮社ではテスト期間中に首都圏・関西・九州のセブン・イレブンの２０００軒の店舗で販売、結果を見ながら発行部数を増やしたり、取扱店も拡大していく方針のようだ。コンビニでは今まで雑誌の販売が主で、文庫の販売は一部の店でやっていた。コンビニ専用の文庫を発行したのは新潮社が初めてである。

本のテストマーケティングに角川書店も乗り出した。1冊200円の『角川ミニ文庫』がそれ。文庫の平均単価500円の半分以下の価格を設定したこのミニ文庫はカバーをなくし、委託販売ではなく、買い取り仕入れとした。当面全国主要書店100店に置いているが、売れ行きに応じて発行部数を決めたり、追加の文庫発行も考えているという。

本離れが進む若者層が、コンビニ文庫やミニ文庫にどれだけの反応を示すか、その結果には興味を覚える。

老いも若きもパソコン教室で猛勉強

今、全国でパソコン教室が盛況をきわめている。人にいわれて買ってはみたがなかなか使いこなせない中高年層、就職にはインターネットでの情報収集が必須だということで学生層や、また好奇心派も加わって、メーカーや販売店が主催する教室はどこも満員だ。

TBSブリタニカ（東京・目黒）が開いた講座には、定員100人のところへ30

0人の応募があった。東京・秋葉原のラオックス・コンピュータ館の教室で人気なのが中高年層を対象にしている『超ビギナー向け、初めてさわるWindows』だ。土曜・日曜の2日間で1日6時間のレッスンを受ける。また、『Windows95入門』も中年ビジネスマンに好評だ。NECPCカレッジでは、受講者のペースに合わせられるように単元制をとっている。1時間半の授業を1コマとして、チケットを買えば何回でも受講できるようにしている。これを全国430か所でおこなっている。

じっくり型には人材派遣大手のパソナの子会社ホーム・コンピューティング・ネットワークが開設した『パソナコン塾』がある。週に1回2時間の授業を半年続けてマスターするものだ。

さらにリッチな宿泊コースも登場した。ロイヤルパークホテル（東京・日本橋）では、宿泊費（シングル）、朝食込みで5万4000円の教室がある。また東京プリンスホテル（東京・港）では、パソコン購入費も含めて39万8000円というコースもある。

ハードな教室もあって『パソコン地獄の特訓』というのも現れた。中高年層を対象にし、マウスの使い方から表計算までマスターするまで帰宅させないという凄さ。

さて、大人ばかりではない、パソコンは子供の頃から慣れ親しむものだという観点から、子供向けパソコン教室『コンピュータラボ・ワープ』が大阪・天王寺でオープンし、現在、全国展開を計画している。小学校入学前の3～5才の幼児向けの教室である。

パソコン教室のあれこれを紹介したが、これらの教室すべてにいえることは、いわゆる『売らんかな』の姿勢で受講者をやたらに集めるのではなくて、少数グループに限定した教室なのはいいことだ。だからどこの教室も定員が少ない。

超低価格のパソコンを売るアキアの秘密

東京・秋葉原のパソコンショップで売り上げトップは、ノート型パソコン『トルネード（竜巻）』を製造販売しているアキア（東京・品川）だ。

大手メーカーの商品が多い中で、'95年設立の同社の商品がここまで急激に伸びている要因はやはり価格戦略にある。その秘密は製造コストを徹底的に低く抑えていることだ。そのために同社では、世界でもトップクラスの技術をもつ台湾のメーカーとOEM契約をして、製品の原材料費に占める比率の70％を台湾におき、後の30％を国内メーカーから調達している。これにより大手メーカー品に比較して10万円も安い製品をつくることができたわけだ。

その低価格化を実現させた商品の宣伝をマス媒体、特に新聞雑誌の広告を大々的に打ったが、その手法も異色だった。既に米国などではおなじみだが、いわゆる比較広告だった。その比較先は国内メーカーではシャープを、そして米国のデルコンピュータだった。この広告の効果は大きく、問い合わせが殺到して、売り上げ増に確実につながったのである。設立初年度の7か月間になんと42億円を売り上げた。さらに本年度には目標を250億円においているというから凄い。

大手メーカーが低価格戦略をもちながら、なかなかできないのを尻目に、いわゆるスキ間をついて原材料費の比率の70％を台湾で調達した同社の飯塚社長の手腕は敬服に値する。

トルネードに次いで発売した、液晶表示装置使用のデスク型パソコン『マイクロブック』は、その名の通り設置面積が従来品の7分の1という驚異的な省スペース商品だ。同社ではこのマイクロで年間100億円の売り上げを目標にしている。

日本マクドナルドのキャンペーンと経営戦略

日本マクドナルドの戦略を書くとなると、私としては本書の全スペースくらいが必要なくらい。ここでは残念ながらその一部しか紹介できない。

まず、同社が総額5億円をかけて展開した『宝探しゲーム』キャンペーンは圧巻だった。それは全国の約1900店舗で実施した集客キャンペーンで、大成功をおさめた。各店舗で『バリューセット』『朝のバリューセット』『ハッピーセット』を注文すれば1枚のカードを渡されて、そのカードの表面の3か所をこすると点数が現れ、出てきた点数により現金や商品券やハンバーガーセットなどの商品が当たるというもの。このキャンペーンで日本マクドナルドでは全年同期比15％増を達成した。

ところで、同社の経営戦略を見てみると、そこには狩猟民族的な攻めの戦略を感じる。まず2年かけて抜本的な経営構造改革をまとめ、それを既に3年前から実施している。そのプランは『3・1・Qプラン』といい、3年の中長期計画を立てたうえで、さらに1年以内に実施して年に4回それを見直すという。同社の'95年12月期売上高を見てみると前年比17・5％増だ。さらに店舗数も既に2000店をオーバーして目標をクリアしている。しかも今後年間ペースで4～500店舗の出店を計画しているというから凄い。

その出店には総額20億円かけて開発した、リサーチ専門会社の『マーケティングセンター』と、地図会社の『アルプス社』との提携による、出店地開発ソフトシステム『McGIS』が大いに威力を発揮している。このソフトを使うと、今まで調査員27人が年間にせいぜい100店だった出店計画数がなんと500店になるという。

店頭での大型懸賞キャンペーンによる集客率のアップと攻撃的経営戦略、そしてハイテクを駆使した徹底的なマーケティング分析の上での出店計画。日本マクドナルドの戦略はまさに驚異の一言だ。

ガソリンスタンドに目をつけた日本マクドナルド

日本マクドナルドがいよいよガソリンスタンド（以下GS）にまで進出する。それは日本石油との提携で「互いに業界トップ同士の提携で集客率をアップさせる相乗効果狙い」と、これは話を持ちかけた日石側のコメント。

まず実験店をスタートさせてGS内に通常の店舗を併設、なかには車に乗ったままハンバーガーが買えるドライブスルー店も置く計画とか。将来的には直営の併設店だけではなく、ＧＳのオーナーや社員が経営するフランチャイズチェーン（ＦＣ）の展開も考えているようだ。

一方、ＧＳの競合はますます激化してきたので廃業に追い込まれるところも出てきた。そこで廃業後のＧＳの跡地でマクドナルドの店舗を構える計画ももっているようだ。

さて日石と日本マクドナルドの提携では、双方が勝算ありとにらんだ裏にはこんなバックデータがある。マクドナルドでは既に'96年に出光興産と提携して埼玉県の越谷市にＧＳとの複合店をオープンさせ、このＧＳでは開業後1か月で標準店の2倍近い売り上げを上げた。

日石のＧＳに併設するマクドナルドの出店計画は、'97年度に数店の実験店をオープンさせ、結果を分析しながら増設する考えのようだ。'96年に２０００店を達成した同社では、今後の出店のポイントをＧＳにおき、10年後には５０００店が目標という。

日本マクドナルドの80円ハンバーガー

創業25周年記念と銘打って、日本マクドナルドが'96年に1個１３０円のハンバーガーをなんと80円で販売して業界にセンセーションを巻き起こした。お客はもちろん店頭に殺到。この80円という価格は実は創業時と同じなのだ。そこで社長の藤田田氏はいう。

「輸入原価が勝負、仕入が安ければ25年前の値段にだって戻せるわけだ。ウチのハンバーガーは今まで２１０円だったものを１３０円まで下げた。やがて自分は1個70円とか80円のハンバーガーを売ってみせる」

さてここで商品戦略から離れて日本マクドナルドの別な側面からの成功要因を見てみよう。同社ではまず社員の『やる気』にもっとも重点をおいている。一流大学卒とか資格とか、そんなものは一切関係ない。要は同社のハンバーガー大学で一生懸命勉強したやる気のある社員が、同社の業績を支えている。だから「学歴は要らない。ウチのハンバーガー大学でみっちり勉強して当社での学歴をつけて店で商売に精を出してもらえればよい、そうすれば月給も高いしボーナスも10か月分出す。月給もボーナスも十分出さないで、頑張れ頑張れといったって社員はついてきませんよ」

これが藤田社長の言だ。社員募集には10倍の応募があるが、学校の成績より面接を重視するそうだ。日本マクドナルドでは、直営とフランチャイズ（ＦＣ）の比率が現在では8－2、今後はＦＣ展開に力を入れていき、入社10年くらいで力のある者にどんどん出店の権利を与えていくという。

ちなみに、本国の米国マクドナルドを英語読みすると実はマクダーナルズとなる。これでは日本で受け入れられないと考えて、『マクドナルド』にしたのは社長の藤田氏である。その藤田氏曰く「温かいもので人が一番うまいと感じるのは62度、水がおいしいのは4度、牛肉を焼く鉄板の厚みは32ミリ、表面の温度は188度で2分半、それを32秒の間にお客さんに出すんです。これが決め手です」

最後にもう一つ藤田社長のエピソードを。「日本マクドナルドを経営する貴方がいつも食べているものは」という質問に対して「産婦人科の先生が子供を産みますか。ハンドバッグ屋の親父がハンドバッグを持ちますか。私の年齢で、やはりうまいと思っているのはハンバーガーではなくてキツネうどんですよ」。このコメントはてらいがなく爽やかではないか。藤田氏にとってハンバーガーは会社経営のためのモノにしか過ぎないのだ。しかしそのモノへの情熱と執念には人並み以上のものがある。

ゲームに進出するジャストシステム

ワープロソフトの『一太郎』で有名なジャストシステム（東京・中野）がいよいよゲーム分野に進出する。

米国の映画監督、スティーブン・スピルバーグが監修したシミュレーションゲーム『スティーブン・スピルバーグのディレクターズチェア』の日本語版を発売した。これはその名が示すように、操作側（自分）が監督になって、スタッフを使い映画を制作していくシミュレーションゲームだ。シナリオから撮影、編集、音入れまでを自分でおこなう。ジャストシステムハイブリット版CD－ROM3枚組を発売し、やがて『プレイステーション』『セガサターン』にも対応する商品を発売していくそうだ。自作映画ゲームの次にはエジプトのピラミッドに隠されている秘宝を探り当てる『ピラミッド／ファラオの夢』を発売、これも面白そうだ。

さて、ワープロソフトの一太郎で売ったジャストシステムでは、『一太郎バージョン7』を新発売したが、なぜゲーム分野に進出するのか。実はその裏には、ソフトの競合による売り上げ減があるという専門家の予測。それはマイクロソフトの『ワード』が同社の一太郎のシェアを脅かしはじめているからだ。いつまでも一太郎依存型の戦略では、やがて危機が訪れると同社では考えた。つまり経営戦略転換。さらに同社ではすでにインターネットのプロバイダー（接続業者）を立ち上げているので、今回のゲーム分野への参入もマルチメディア化をにらんだ一つの変身だといっていいのではないか。

個人にスペースを貸す中古車センター

中古車販売店といえば、自動車メーカー系列でそのメーカーの車のみを専門に扱っているものと、メーカー、車種に関係なく、あらゆる中古車を扱っているものとがある。

さて、通常自分の車を手放す場合といえば買い替えの時で、その際は今まで乗っていた車を下取りに出す。しかしこの時の下取り価格が問題で、実のところ満足のいく価格ということはまずない。購入する新車と同じメーカーの車なら満足のいくこともあるが、メーカーが違う場合は意外にも安い下取り価格を提示され当惑してしまうことが多い。

ところで、そんなニーズに巧みに対応し新商売をオープンさせた人がいる。その人とは、長野市でマツヤ自動車を経営する松沢社長。広いスペースに中古車がズラリと並び、一見、普通の中古車販売店となんら変わったところはない。実は同社では買い取りではなくて、個人が自分の車を持ち込んで希望価格を表示し、展示しているのだ。だから同社では、これを『出品』といっている。個人が自分の車を売るスペースを貸しているというわけ。すべて展示してある車には、『希望価格』がデカデカと表示され、売り手と買い手の商談が成立すれば、双方が仲介料として制約価格の3％と2万円の成約料を店に支払う。

ただスペースを貸すだけでなく、社名の通り自動車会社なので、注文に応じ同社の整備工場でメンテナンスを受けることもでき、便利だ。

希望価格で車が売れれば、通常の下取り価格より2～3割は、高く売れたことになる。毎日車に乗る必要がない、つまり売れるまで車がなくても困らない人にとっては絶好の場である。それにこの販売には消費税がかからないというメリットもある。

看板には『あなたの愛車を出品してみませんか。ユーザーオークション』とある。商売のアイデアも考えればいろいろあるものだ。

衛星オークションを展開する三井物産

前項に関連するが、こちらはいささかスケールのデカイというか、宇宙規模といっては大げさだけれども、衛星通信を使ったオークションの話。

三井物産が中古車オークション大手のオークネットと提携して、米国で衛星通信を使ったオークション事業を展開する。これはオークネットがすでに日本で実施している衛星通信の競売システムを利用し、ひとまず米国で中古車オークション事業を開始する。

中古車市場流通の中心地域といわれるフロリダ州やジョージア州のディーラーと提携し、メーカー名、車種、走行距離、程度、色などの情報を映像で会員に発信する。衛星通信だから当然日本からでもそのオークションに参加できる。オークネットが開発した端末機を使い、セリは毎週おこなわれ、オークション参加会員は車の状態を静止画像だけでなく、動画でも受信することができる。落札した場合の事務処理から車の輸送一切は、オークネットと三井物産がおこなう。

衛星通信を使った競売システムは、車以外にも、不動産物件や建設機械、またパソコン関連機器など扱う予定とか。システムは今のところ企業向けだが、やがて電子カタログシステムも構築して、個人ユーザー対象の商売も考えられるだろう。

チラシ戦法でお客を取り込むジーンズメイトの巧みな戦術

ジーンズとカジュアルウェアの専門店ジーンズメイト（東京・豊島）が、東京圏を中心に出店し急成長している。現在57店舗を展開し、どの店舗も毎日若者でたいそう賑っている。

同社はまずターゲットを15～22才の男性に絞り込んでいる。そして店舗は駅周辺の若者が集まる地域に限定して出店、なんといっても店内が広い。通常のジーンズショップは20～30坪程度、一方のジーンズメイトは店内が80～100坪。そのため品揃えが豊富で、若者にうけているのだ。ジーンズ以外にシャツやジャンパー、ベルト、ソックスなども扱っている。

さらに同社の集客戦術に注目したい。月1回以上のペースで新聞折り込みチラシの展開を実施し、チラシには特売商品の案内もさることながら、割引券も付けている。例えば5000円以上の商品を買えば、1000円割引される。また、バーゲン中に一定額の商品を買うと、次回に使える割引券が付く。こうしてお客は他には逃げず、ジーンズメイトの固定客になっていく。

同社は店員の採用にも心がけ、いわゆる茶髪やヒゲづらの者は使わない。ヤング対象の店ながら、中年女性のお客も何割かいる。

店内ではお客に気軽に商品を見てもらうため、店員のほうから一切声をかけないように指導している。人気ブランド商品を売りながら、殿様商売に終始せず、裾の上げ下げはその場で無料でやるというのも、顧客の増加に確実に結びついているようだ。

ジーンズ販売については本場米国資本の日本上陸が懸念されるが、同社のこの戦術なら牙城は当分破られそうにない。やがて東京圏で１００店、関西圏で50店、その他地域で50店の計２００店舗を展開し、年商６００億円をめざしている。

エリアマーケティング成功例（その一）

これはターゲットを絞り込み、そのターゲットの地域に重点的にセールスをかけたエリアマーケティングの成功事例である。次の2例の企画は共に私が担当した。

新聞の『地域広告版』というものを理解してもらおう。これは全面が広告なのだが、本紙と同じような組み方をしているので、読者にとってはまるで新聞記事だと思って読んでしまう。その配布も、その名の通り地域を限定して配布することができる。これが新聞の地域広告版である。

さて、下水道の完備していない地域でトイレを水洗にするには浄化槽を使わなくてはならない。市区町村の下水道に関する部署に行けば、今後の下水道計画を地図で公開しているが、そこで市販の白地図を持って行き、ここ当分は下水道計画のない地区をその白地図に書き込む。これで準備完了、制作開始である。

その地域広告版の表はというと全面が地図で構成され『この地図の薄く黒く塗った地域の皆様は当分下水道はつきませんからトイレの水洗はできません』『しかしトイレは下水道がなくても水洗化できます。詳しくは裏面をご覧ください』と、大きな見出しで訴求する。その地域広告版は、地図の薄く黒く塗られた地域のみに配布されるのはいうまでもない。あとは裏面で、バキュームカーの写真を入れて『まだこんな風景が……』とやり『ぜひ、安全、清潔、快適な水洗トイレに』『浄化槽の話』『工事は1日で完了』『水洗トイレにしたお客様の声』などの記事で埋める。

この地域広告版の展開を企画し、販売工事店とタイアップして浄化槽を前年同期比180%売り上げたのはハイバッキーという浄化槽で現在もシェアトップの日立化成工業である。なおその企画を採用した朝日新聞社では媒体特性を活かしたユニークな企画として、後日スポンサーの日立化成工業に感謝状をおくった。

エリアマーケティング成功例（その二）

家庭で使うお湯を太陽熱で沸かす『太陽熱温水器』は、今でも静かなブームが続いている。晴天なら燃費の節約にこれだけ貢献するものは他にない。冬場で50度、夏場ではヤケドをするくらいの70度のお湯が沸く。なんといっても燃費がタダの太陽熱を利用するのだからこんな経済的なものはない。これも先の日立化成工業の販促成功事例だ。

日立化成工業の『ハイヒーター』という太陽熱温水器は、それまでもシェアは高かったのだがさらに売上増を狙った。

その戦術としてまず都市ガスの供給地域を避けて、プロパンガスの地域を集中攻略をたてた。そして、まずめざす地域の3世帯にその太陽熱温水器『ハイヒーター』を無料で取り付けた。そして条件としてはただ一つ、太陽熱温水器の使用前と使用後のプロパンガスの料金表を公開して欲しい、ということだけにしたのである。その3軒の家庭では太陽熱温水器がタダで使えてしかもガス代が大幅に節約できるわけだからその条件はすべての家でOKした。

さて、やがて太陽熱温水器を取り付けたあとの2〜3か月分の3軒の家庭のガス料金表を預かり、その使用前と使用後の差を見て驚いたのは、まず当事者のメーカーの担当者だった。ある家庭では太陽熱温水器を取り付ける前には月平均1万5000円あまりだったガス代が、取り付け後は何と3000円以下になったのである。

実はこの真実のデータが大きな訴求材料になったのである。やらせでもなんでもない事実のデータ（燃費節減）こそ訴求力があるのだ。このデータを元に地域に向けて大々的な宣伝作戦を展開した。実名を出すことにOKした人は実名で、それが無理な人は町名までにしてAさん、Bさんにしたが、料金表は当然名前の部分を消して公表した。そして折込みチラシ、営業マンのアプローチ用のツールにその各家庭のプロパンガスの料金表をそのまま使った。使用前と使用後のガス代の比較こそ訴求力のあるものはない。そしてキャッチフレーズは先の家庭のデータを使い『お客様が実証。年間で○○万円の節約！』とやった。この戦略で、ある地域では日立化成の太陽熱温水器の『ハイヒーター』が軒並み売れたのである。

マンションに温水洗浄便座を73台売る

トイレの必需品になっている温水洗浄便座。最近の分譲マンションではほとんどそれが設置されているが、これは5～6年前の事例。

ある販売会社が分譲マンションに温水洗浄便座の大量販売を計画した。集会所での展示会にはじまり、チラシ広告も大々的におこなったが、成功の要因はその価格対策と、事前の戦略と地域性だった。ではその手法を紹介してみよう。まず全戸数から割り出して、販売価格を○軒まとまれば1軒あたり○万円、○○軒まとまれば○万円と設定した。さらに事前に1軒の家にモニターになってもらい謝礼もしてそのお宅をミニショールームとして公開した。そのマンションが下町で、近所づきあいのあるコミュニティがあったため、互いに購買心をそそり合い、１２０戸のうち73戸の家庭に温水洗浄便座の販売に成功した。これはお客に『まとめて買えば安くなる』を強く印象づけて、大量販売に成功した例である。

ワープロ合宿教室で1回に80台を売る

これは、ワープロが普及しはじめたころだから10数年くらい前の話だ。

あるOAメーカーがワープロを何とか一括販売することはできないか、と考えて実施し大きな成果を上げたのが『ワープロ合宿教室』だった。その成功事例を紹介しよう。

都心のホテルの土曜から日曜は比較的すいていて、団体ということで交渉すれば宿泊料金も割安な点に目をつけた。そこで1泊4食（当日の昼食・夜食、翌日の朝食・昼食）つきでリッチなホテル暮らしをして、会議室でプロのインストラクターがみっちりとワープロの操作をコーチし、2日間でワープロが完全にマスターできるというものだ。さらに帰りには自分が習ったワープロを持ち帰ることができるようにした。

これが成功だった。ワープロの代金も入っていたので、その合宿料金は決して安くはなかったが、予想以上に参加者が多くそのOAメーカーでは1会場あたり平均80台のワープロの販売に成功した。これは『人を集めてまとめて売る』『買いやすい仕掛け』の戦術として他の業種でも応用できるのではなかろうか。

自転車教室を開き大量販売に成功

前項のワープロ合宿教室に似た発想で自転車の大量販売に成功した事例である。

ある自転車メーカーと地域の数社の自転車店が提携して『チビッコ自転車安全教室』と『ママさん自転車教室』を実施したところ、多くの参加者があり大盛況だった。会場は近くの小学校のグラウンドを市の許可をとって使った。もちろん所轄警察の交通課の出動も仰いだ。

実はこれは私の企画だったので、当然最初から参画した。自分でいうのも何だが、この企画の成功要因としてはまず自転車を売ろうとしなかったことである。あくまでもチビッコには自転車の安全な乗り方を、ママ達には子供達への注意とともに、女性の上手な乗り方から、重い荷物を積んだ時の注意、さらに自転車のメカ教室、といっては大げさだが簡単な修理のコツなどを教えたことである。ドライバーやモンキー・スパナーを会場に用意して実地にプロがコーチした。もちろんママ達には真新しい軍手を用意した。自転車は便利な乗物ではあるが、危険がないとはいえない。私の提案でその教室ではこんなことも教えた。

●歩道での乗り方。●歩道のない道路（車と一緒の道路）での乗り方。●交差点での乗り方。●夜間走行の注意点。●坂道での乗り方。●駐輪場での上手な停め方。●もしブレーキが利かなくなったら。●もしチエーンがはずれたら。●日頃の点検のアレコレ。●自転車が長持ちする上手な乗り方。●こんな時にはすぐ自転車屋さんに。このようなきめ細かい企画で実施した自転車教室が失敗するはずがない。

多くの参加者を集め、結果としてはそのメーカーの自転車は子供用大人用とも大量販売に成功した。もちろん下取りセールも同時におこなった。人を集めてまとめて売ることには違いはないがここで重要な点は、ハード（自転車）を売ろうとしないでまずソフト（使い方）で引き込んだことだ。『ソフトで引き込めば、必ずハードは売れる』ということを実証した例といえよう。これは次項にも続く。

医師にビデオを53台売る

私の若かりし頃の体験談だ。

私はS社系の販社に勤めていて昭和40年代前半の話。当時ビデオなんてまだまだ一般には高嶺の花だった。でも会社ではビデオを売れ売れとプレッシャーをかけてくる。しかしビデオはまったく売れない。なにしろ家庭用のもので1台が30万円近くした時代だ。そこで私は考えて一つのヒントを得た。

それは医師に8ミリカメラの愛好家が多いということだった。そこでターゲットを医師1本に絞った。いろいろ手を使って医師会の名簿を手に入れて『先生の記録されている貴重な8ミリの映像を、無料でビデオテープにいたします』とDMを打ったのである。

そのDMの発送総数は約300通くらいだったろうか。もちろんそのセールの期間を限定した。（期間を限定すると問い合わせや注文の確率が上がる）

ところでフィルムからビデオにするにはテレシネという装置を使わなければならない。その装置を使うには相当の費用がかかる。一販社の一営業所が無料サービスでそんなことができるわけがない。そこで私は仕事が終わってから営業所の中の壁に白いシーツを貼って、医師から預かった8ミリを映写機でシーツに投影しそれをビデオカメラで撮影した。当時だからもちろん白黒である。

さてビデオテープが完成すると早速そのテープを届けたわけだが、「先生、テープを再生してご覧に入れましょうか。今、車にビデオレコーダーを積んでいますので先生のお宅のテレビですぐご覧になれますが」。これを拒否する医師は皆無だった。これは当時だが8ミリのフィルムの20本あまりが1本のビデオテープに入ったのである。

この戦術は大いに当たり4か月に53台のビデオを販売しメーカーのS社から賞状を貰った。これは先の自転車教室の場合と同じで、最初から「ハード（機械）を売ろうとせず、まずソフト（テープ）で攻め、結局はハード（ビデオ）の販売に成功した」事例である。

作戦の失敗でビデオを売りそこなう

ビデオの話の続き。ソフトで攻めながら作戦の失敗で売りそこなった私の後悔物語だ。

昭和40年代前半、当時は視聴覚教育が叫ばれ始めてはいたが、学校にはまだビデオがほとんど普及していなかった。ところで、当時の全国高校サッカー選手権は関西でおこなわれ、昭和44年の大会の決勝に埼玉の浦和南高校が進出した。これを知った私は会社のカラーVTRを使って決勝戦を録画した。そのビデオはオープンリール式の大型のもので、テープ1巻で1時間しか録画できなかった。だから試合の前半・後半でテープを替えて録画した。さて、試合は後に古河電工に入り全日本代表にもなった永井選手の1点で、浦和南高校は初芝高校を破り見事優勝した。

そこで私は早速浦和南高校に手紙を出して、ぜひチームでそのビデオを見に来て欲しいと書いた。やがて連絡があって、松本監督以下サッカー部の選手と後援会の会長が会社にみえた。ビデオを見終ってから、興奮覚めやらぬ様子で後援会長が「ぜひこのテープを売ってもらいたい」と依頼があったが、その時私は「ぜひビデオを学校に入れてください。このテープは差し上げます」といった。

結果的には学校に予算がなく、後援会でもなかなかお金が集まらないということで成約はしなかった。何回も書くようにハードを売ろうとせず、ソフトで攻める仕掛けが重要であるが、今にして思うと私も若かったようだ。営業としての作戦、つまりあと一歩の押しが足りなかった。浦和南高校に出向いて行き、体育館か講堂に何台かの大型テレビをセットして全校生徒と教師、PTA、サッカー後援会の父兄の前で、決勝戦を流したらビデオは売れたのではないか、と悔やまれるのだ。

ソニー8ミリビデオは『旅』と『若者』をとらえた

ビデオの話が続く。

ソニーが、8ミリビデオを発売した時の販促戦術は、誠に広範囲におこなわれ、しかも緻密な仕掛けがあった。その仕掛けがすべてうまくいった。まず従来の『育児記録』では育児世代以外は関心を示さない、というマイナス面があるため、ソニーは8ミリビデオでは『撮って・見て・遊ぶ』それを『旅』にだぶらせて、『パスポートサイズ』をメインキャッチとした。『小型軽量』を『パスポート』と表現したところがよかった。新発売を記念して東京でおこなわれたユーザー参加のオリエンテーリング形式のイベントも話題を呼んだ。山の手線内にあらかじめ8つの（8ミリ）ポイント駅を定め、決められた時間内にテーマ別にチームがビデオで撮影するものだった。そのテーマとは公園・電車・噴水・記念碑で、好きなテーマをチームで選びナレーションも入れて15分の作品に仕上げるものだった。

参加者全員に記念品、入賞者には、ソニービデオデッキの無料モニター券の特典がついた。

一方『8ミリビデオジェニック』も若者を完全に巻き込んだ。キャッチ・ザ・ビデオジェニック・カンパニー（CVGC）（このネーミングもいかにもソニーらしい）と称する学生達が全国の大学祭・ディスコ・スキー場・繁華街でCFイメージガールを発掘するというものだった。全国のソニーショップの店頭では地区予選を通過したジェニック候補の映像を流し、好きなビデオジェニック候補を投票させた。それだけでも各ソニーショップの8ミリビデオの販促につながった。そのジェニックコンテストの経過は、逐一スポーツ紙、週刊誌やテレビ局が報道してコンテストをさらに盛り上げてくれた。新製品キャンペーン＝『ユニーク（話題性）な企画』『ターゲットの絞り込み』『ユーザーの参加』『マスコミとの連係』＝『すべての販促活動の連動』、これを見事にやってのけたのがソニーの8ミリビデオだった。

必ず売れる『限定仕様商品』

商品の販促策として、販売数を定めた限定仕様の商品戦略を見逃すわけにはいかない。あの日産自動車の『フィガロ』が大変な人気を呼んだのは、レトロ感覚のデザインもさることながら、この『限定』に徹したからである。最近ではトヨタセリカのラリー仕様がある。

人間というものは面白いもので希少価値、つまり誰もが持っていないものに特別な価値観をもつ。この心理を巧みについているのが『限定仕様商品』である。この『限定仕様商品』の発売についてはマス媒体を使った大々的な宣伝が必要で、費用をかけたわりには限定であるために、総体的な売り上げとしては多くを望めないことはメーカーも承知しているはずだ。が、しかし、『限定仕様商品』がよく出てくるのは一体どうしたことだろうか。まずその理由として商品は予約販売の形式をとっているようなものだから、在庫売れ残りという事態がまずないことから、生産計画が正確にたって製造効率がよい。

そして『限定』は高級感に通じ、ブランドイメージが上がり、他の自社商品のイメージアップにもつながる。また製造原価（コスト）対販売価格の問題では普及商品とは異なった値建て（価格設定）が可能。つまり利益率は決して低くないわけだ。

さて、『限定仕様商品』の企画の候補として、車以外のものでは、カメラ、万年筆、時計、ワイン、日本酒、化粧品、複製絵画、版画、豪華本、全集、事典、自転車、バイクなどが考えられるのではなかろうか。

マニアに人気の光岡自動車

前項に関連するが、男のロマンを感じさせる話なので販促とはいささか離れるが、あえて取り上げた。

自動車メーカーの光岡といって、ご存知の方はどれくらいいるだろうか。それはホンダ（本田技研工業）以来30年ぶりに誕生した国内10番目の乗用車メーカーである。正式には光岡自動車といい、会社は富山市。カーマニアの間では『ミツオカ』で通っている。社長の光岡進氏は28年前に脱サラして中古車販売・修理業からやがて改造車をつくり始め、これが当たった。しかしどうしても運輸省から正規の自動車メーカーとしての認定が欲しかった。そこで苦節6年、遂に対象車種『ゼロワン１８００c.c.のスポーツカー』が型式認定されたのである。この認定があると全国どこの陸運局でも検査が受けられ、製造台数の制限もない。従来の改造車（組立車）だと1台1台富山の陸運局に持ち込まなければならなかったのだが、これからはその必要もなくなった。

「自分が乗ってみたいワクワクするようなクルマ。路上や駐車場で同じものとはまず出会わないクルマ。それでいてそんなに高価でなくて若者にも手が届きリセールバリユー（下取価格）も高水準のクルマ。こんなクルマを夢見て愚直にやっているうちにここまで来てしまいました」

と社長の光岡氏は爽やかに語る。現在ミツオカの車は注文してから納車まで1年以上かかる。限定商品へのニーズはますます増大するだろうが、商売もさることながらクルマへのロマンを追い続けた光岡氏の情熱に大いなる賛辞を送りたい。

驚異的なライカのサービス体制

商品によって異なるが、通常その商品のアフターサービス期間（保証期間ではなく修理可能期間）は製造販売後5年とか8年とかに限定している。これがメーカーとして補修部品の確保の限界でもあるわけだ。私は長年カメラはライカを愛用している。M型といって1954年に発売されマイナーチェンジはしているが今でも製造されている名機である。私の持っているM型ライカの中でもっとも古いのはM3で、これは1955年の製造だがこのM3がなんと40年以上経った今でも修理可能、つまりアフターサービスをやってくれるのである。これはまさに驚異的。世界中には熱烈なライカファンは大勢いる。（私もその中の1人だが）それは何故か。その理由はカメラ自体の性能、使い勝手のよさもさることながら、このサービス体制にあるわけだ。ユーザーにとって『いつまでも安心して使える』ということは大変重要なことである。

なお、これはサービス体制ではないが、1955年製の私のライカM3型には、40年後の現在製造販売されているレンズのすべてが使えるのである。日本のカメラでこんなことが考えられるだろうか。ライカ社は『熱烈なファンの声(クチコミ)こそ最大の宣伝効果』と思っているらしい。ちなみに、万年筆のモンブラン、ライターのダンヒルもライカに準じたサービス体制であることを付け加えておきたい。

モデルルーム格安処分の仕掛け

新聞で1ページを使った広告に多いのは、ハウスメーカーが自社の住宅展示場で使ったモデルルームを格安で販売するというもの。価格はおよそ販売価格の3~4割方安くなっているので、申込者は殺到すると思うのだが、実はこれにも巧みな仕掛けがある。たかが一軒の建物(商品)を売るために新聞の1ページの広告を使っては、とても採算が合うはずがない。それも格安な価格である。それらのすべての広告商品の価格の統計をとったわけではないが、その価格は大体800万円程度のものではなかろうか。これでは新聞の半ページの広告もできやしない。

実はこのモデルルームの物件処分特価販売は、ひとつの『おとり』である。もちろん申込者の中から抽選で誰かは当たるのだろうが、この物件販売はハウスメーカーにとってはどうでもいいのである。そのショッキングな『モデルルームの物件処分特価販売』の広告でハウスメーカー名、その商品名が多くの人々の目にとまればそれで目的は達しているのだ。そしてさらに申込者のリストは、そのまま絶好の販売ターゲットのリストとなるわけだ。土地もなく、なんの計画もない者がそれに応募するはずがないからだ。

目をひく広告で一般には社名と商品名を強烈に印象づけて、さらに応募によって見込客（住宅建築予定者）のリストを簡単に入手できるこの仕掛けは誠にうまいと思う。

無料取り替えキャンペーンで成功したゼブラ

新商品の開発アイデアを取り上げるのが本書の目的ではないが、新商品のコンセプトをうまくユーザーに訴求し、販促に成功した事例だからあえて紹介しよう。

昭和42年に『ゼブラクリスタル』が発売された。商品名のとおりボールペンのボディがクリスタル、つまり透明になっているものだった。それまでのボールペンはボディは鉛筆のようになっていて中のインクの状態が見えなかった。この時のゼブラの戦略が優れていたのはボディが透明になったことで別に使いやすいわけではないのだが、CMで『見える見える。インクの見えるボールペン』とやりながらさらに『もしインクが見えるうちに書けなくなったらお取り替えします』という無料取替えキャンペーンを実施したことである。この取替えキャンペーンをユーザーからみれば、一見製品の信頼度（製品のムラ）を疑うようにとられがちだと誰しもが思う。しかし、効果としてはまったく逆に波及して『ゼブラを買えば得だ』というイメージを植えつけ、大きな販促効果をあげたのである。無料で取り替えるということは、商品の信頼度、品質ムラを懸念するのではなく、実はメーカーとして『商品への自信』をアピールするもので、さらにユーザーに『得だ』という意識を与える、このことに着目したゼブラの企画の勝利だった。

自社のオフィスをショールームにしたコクヨ

メーカーのショールームというと、繁華街やオフィスビルにそれぞれ専用のものをもっているのが、普通である。ショールーム戦略を積極的に展開している業種としては、ＯＡ、カメラ、自動車、住宅設備機器メーカーではなかろうか。

さて、このショールーム展開を、今までの発想をまったく変えて実施している企業がある。それは文具・オフィス用品の大手『コクヨ』である。コクヨの大阪本社と東京支社はそのオフィスをショールームとしてたえず一般公開している。オフィス家具をはじめ文具のすべて、当然自社製品を使っているのだから、これは誠に『使用感』『現実感』を実際にナマで演出したショールームといえよう。ただ、そこに働く人々にとっては、いささか落ち着かない仕事場ではあろうが、自社製品の売れ行きに左右することだから協力をしていることだろう。また、オフィスといえどもショールームなのだから家具や備品は定期的にリニューアルしているそうだ。このコクヨがとった『自社オフィスショールーム化』は今までのショールームの概念をまったく変えたものとして注目したい。

なお、コクヨほどではないが、事務用品の大手プラスも千葉の幕張メッセのオフィスを一部公開して、ショールーム化している。業種には限定されるだろうが、この傾向はこれから進むことだろう。この事例はユニフォームメーカーや警備保証会社などは応用できそうだ。

赤のイメージで日本市場を制覇したコカコーラ

消費者の購買心理を分析すると、そこには色彩への心理作用というものが大きなファクターであるという一例を紹介しよう。

色彩感覚は国民性によりマチマチであることはいうまでもないが、その色彩で勝負が決まったのが日本におけるコーラの商戦だ。ペプシコーラは米国では大きなシェアを誇っているが、日本に上陸しながら売り上げが伸びない。単純なことだが日本人の色彩感覚にマッチしていなかったといってよい。飲料と色彩はまったく無関係だと思う人がほとんどだろうが、実はそうではなかった。

コカコーラの缶のラベルは『赤』である。日本人にとって赤は日の丸の赤でもあるわけで、赤は日本ではもっとも効果的な色だ。一方ペプシコーラはラベルに赤、青、黄、白を使っているが、なかでも目立つのは黄色だった。ところが日本人にとって黄色はなじめない色という印象がある。この日本人の黄色嫌いは農耕民族の感性からきているのではなかろうか。野菜の葉が黄色になるともうダメだ。つまり干ばつ、凶作の野菜を象徴する色が黄色だということだ。日本人の心のどこかに黄色への拒否感、嫌悪感があることは否定できない。さらに、銀杏の紅葉の黄色は美しく感じる日本人ではあるけれども、これも季節の終わりを感じてイメージ的に暗い思いがあるわけだ。

なんだか色彩論みたいな話になってしまったが、ペプシコーラも日本上陸に際して日本向けのラベルデザイン（色彩）戦略を考えていたならば、少しはコカコーラの牙城をくずせたのではないか。商品戦略にも色彩が大きなファクターであることをコカコーラが実証してくれたわけだ。

ちなみに製品の質はいいのに、写真フィルムでコダックのパッケージは黄色、日本では富士フイルム（緑）に押されているのはうなずけるような気がする。同じく売り上げがいまいち伸びないコニカも、パッケージは黄色。

消費を促す電動鉛筆削り機の仕掛け

年配の方ならご存知だろう。昔、味の素は小さな赤い缶に入っていて耳かきのようなサジがついていた。使う時、そのサジで1杯、2杯とすくって使った。それを今のように『ふりかけ式』にしたことで、使用量が増え、大いに売り上げ増につながったのである。そのふりかけ式を考えた味の素の1社員は、このアイデアで社長賞をもらった。

これと共通するものに電動鉛筆削り機がある。私は仕事柄『ものの裏』について追求するのが癖なのだが、この電動鉛筆削り機はどうみても鉛筆メーカーと家電メーカーが仕組んだように思えてならない。実際に使ってみるとわかるのだが、電動削り機で鉛筆を削ると、その加減（削れたかどうか）がわからず、ついつい削り過ぎる。つまり、鉛筆を削ると同時に必要以上に削り込み、無駄な消費をしている。ナイフで鉛筆を削っていた頃に比較して、1本の鉛筆を使い切る期間は、ずいぶんと短くなり、消費は間違いなく増えたはずである。『使用量を増やさせる』『消費を促進させる』この仕掛けも販促の重要な点である、ということを味の素と電動鉛筆削り機が示してくれているように思う。

フィルターが大きな販促効果

前項に関連するが、煙草がすべてフィルター式になってからその消費量は急激に増えたのではないだろうか。それまでの煙草は皆両切りだった。中に『朝日』という吸い口のついた煙草もあるにはあったが、『光』『新生』『いこい』『ピース』など喫煙者は、両切り煙草をみんな吸っていた。

さて、その頃、喫煙者は平均1日どのくらいの煙草を吸っていたかというと、私の例ではせいぜい1日10本とか15本程度だった。なぜかというと、両切り煙草を吸うと口の中がいがらっぽくなり、続けてまた煙草を吸いたくならなかったように記憶している。煙草がフィルター式になってから、私の場合1日確実に40本から、多い時には50本くらい吸ってしまう。なぜかと考えてみたが結論は明白である。まずフィルターの効果で口の中がいがらっぽくならないため、立て続けに吸うことが多くなった。さらに両切り煙草ではほとんどしなかった『くわえ煙草』が多くなった。もう一つ、これも大きな要因だが昔は食後、仕事の一段落、休憩時間、3時のお茶などいわゆる『一服タイム』に煙草を吸ったものだが今では仕事中でも歩行中でも電話中でも煙草を吸う習慣になってしまった。

私も含めて喫煙者は完全にその仕掛けにかかったようなもの。フィルター式になってから、煙草が軽くなり、ニコチン、タールの含有量も少なくなったことで、喫煙を自分なりに正当化して消費はますます増えてきた。これは味の素の耳かきがふりかけ

式になったどころではない。JTの大きな策略の仕掛けにはまったのである。

魔法のように巧妙なリースの仕掛け

現在OA機器のほとんどが『リース契約』で使用されている。リースのメリットはいうまでもなくそのリース料金は経理上『損金』で処理できることだ。購入の場合は、それが『資産勘定』となり帳簿上で原価償却をしなければならない。これが誠にやっかいな作業で、だからまずOAの営業マンはこの点を唯一のセールスポイントにしてリースをすすめる。

リースの場合通常その契約期間は5年

だが、この5年という期間がミソでその期間内に必ず新製品が出る。そこでリース後2～3年経つと必ずその新製品での再リースをすすめる。今までのリース料の残額を下取りして新たにリースを組むわけだが、不思議にリース料金はそんなに高くならない。それでつい新しいもので再リースしてしまう。以上がリースの概要だがここには大きな落とし穴がある。

5年も経たず、まだ十分使えるものを処分して、次から次へ新しいものを期間内にスイッチさせる、これがリースの商売である。1軒の顧客を掴んだら、リース期間内に相手にはそれを感じさせず『新しい機器でさらに能率アップ』と謳って機器を再リースで売り込んでいく。

またリースはいとも簡単に組めるのですぐ契約をしてしまうが、実はこれがいけない。リースとはその商品を『一定期間借りる』と思われがちだが実はそうではないのだ。レンタルと違いリースとは契約者にリース会社が『融資』をしているのだ。といって一般のローンと違い、払えなくなったといってその商品を返すことはできない。ローンではなく『融資』だから、リースには必ず保証人を必要とするのはそのためで、万一の場合はその保証人が残額を払わなければならない。リースというものは、商品を巧みに隠れみのにした『借金』と思わなければならない。

村から村へ情報を伝えた富山の薬屋

ギスギスした話になったので、少しのんびりとした話題に変えよう。

昔の富山の薬屋は、大きな唐草模様の風呂敷包みをかついで村から村へと行商して歩いた。

『詰め替え』、つまり使った分の薬を詰め替えて、その分だけを支払うという商売のやり方は、システムとして大変進んだやり方だったと思う。使った分だけを支払うのにはなんの抵抗もない。使った分だけ品物を補充されても、それは決して押し売りとは思わずかえって安心感を覚えるものだ。思えば、昔にも販売促進の仕掛けのアイデアマンはいたものだ。

ただその富山の薬屋は本来の業務以外に、別な面でも人々から大いに歓迎されていた。テレビやラジオはもとより新聞、雑誌もない時代だ。村から村へ行商して行けばいろいろな土地土地のニュースがある。それを次の村からまた次の村へと情報提供の役目を担ったのがこの富山の薬屋だった。

詰め替え作業が終わり、勘定もすんで、縁先で出されたお茶を飲みながら「○○村の○○爺さんは今年で百歳になり孫が20人もいる」とか「○○峠の茶屋の娘が遂に隣り村の古老の息子の嫁になった」とか「○○寺の若い住職のところに今度三つ子が生まれた」とかの情報を提供して歩いたわけだ。現代でも有能なセールスマンは人一倍情報を持っているといわれるのに通じるものがあるようだ。

さて情報提供もいいのだが、商品をお客に提供しておいて後日その中の消費分のみの代金を貰い、商品を補充するシステムが応用できそうな業種を上げてみた。

業　種	提供商品（預けておくもの）
家電店	・ビデオテープ・カセットテープ・電池・電球 ・延長コード・テーブルタップ・ビニールテープ
日用品店	・トイレットペーパー・ボックスティッシュ ・洗剤・ラップ・ゴミ袋
ペットショップ	・ペットフード

生保で全国ベストテンに入ったBさん

生命保険も保険会社にとっては一つの商品でもあるわけだから、その販促（営業）事例も入れておこう。

A生保でかれこれ5年の経験がある知人のBさんの話だ。その彼女が今までの実績を買われてC銀行のある支店の専任担当となった。今までは個人1軒1軒のいわゆる1本釣りが多かったBさんにとって、1企業を自分1人で担当するのは初体験だった。

そこで私は次のことを『やってみたら』と提案した。

●支店の全職員の名前、部署、役職、経歴をできるだけ早く覚えなさい。支店長をはじめ幹部全員に挨拶しなさい。続いて全行員に挨拶しなさい。全員に公平に接しなさい。特定な人にベタベタすることは避けなさい。特に女子行員には同じ態度で接しなさい。

●あちこちにちらばっている自分、家族の預金をできるだけその銀行の支店に移しなさい。特に給料振り込みをはじめ、公共料金の自動引落しなど、定期的に出入金のあるものはその支店に移しなさい。新規に、その支店でわずかでもいいので積立定期預金に加入しなさい。手続きのすべてが完了したら、その旨を支店長及び幹部にさりげなく報告しなさい。

●窓口、内勤、外勤、そして警備員までに早く顔を覚えてもらいなさい。用がなくても必ず1日1回その支店に顔を出しなさい。いつも訪問時間をおおよそ決めておきなさい。

●全行員の『顧客管理シート』をつくりなさい（家族状況も含めて）特に新入社員、転入者、結婚予定者は徹底マークしなさい。しかしそれを気づかれないようにしなさい。行員の家族の出産、入学、卒業、就職情報を入手しなさい。

さて、そのBさんはすでに保険そのもののセールスはプロであるから、商品の売り込みについては釈迦に説法なので私はあえていわなかったが、今では、閉店後の専用口からの出入りはフリーパスとなり、月々確実に実績を上げられるようになった。そして誠実さが買われ、支店長から他の支店、本店までを紹介され、A生保の全社の全国ベストテンに毎年入るまでになった。さらにうれしいことに、最近、MDRT（100万$円卓）の国際会員（これはなかなかなれない）になった、という喜びの電話が私にかかってきたことである。これは『ステップを踏んだ着実な営業活動』の成功例といえよう。

『街起こし事例』都会編　その一

商品の販促ではないが、地域の街起こし、村起こしの話題も取り上げてみよう。まず、何といってもそのトップは大阪の御堂筋から三角公園周辺に展開する『アメリカ村』だ。これを浪速人はアメ村という。好きやねんアメ村といわんばかりに、ここは若者だけの治外法権地域みたいになっている。既成商業資本ではなく、突然出現する店あり、路上でのパフォーマンスあり、フリーマーケットありで、いつも若者で賑っているのがアメリカ村だ。

東京・渋谷公園通商店街振興組合は、公園通りと米国ニューヨーク市のパークアベニューを、姉妹ストリートとする提携を結んだ。今まで日本の都市と海外の都市間で友好協定を結んだケースは多いが、ストリート、つまり街路の姉妹提携は珍しい。提携の第1弾は、ニューヨークにあるマジソン・スクエア・ガーデンに、渋谷公園通りや道玄坂に毎年設置するクリスマスイルミネーションを提供した。一方パークアベニューの屋台を渋谷の街に出店し、各種イベントやストリートパフォーマンスの日米交換などをおこない、交流を進めていくそうだ。渋谷ではこの他に地元8商店街が合同で展開したキャンペーン『おいでよ、渋谷』などがある。

『街起こし事例』都会編　その二

渋谷に近い原宿の『ふるさとプラザ』の展開も見逃せない。

これは農水省の外郭団体『ふるさと情報センター』が運営しているもので、農漁村との交流施設としてオープンし、開館1年で当初目標を30％上回る約67万人の入場者を得た。ラフォーレ原宿パートII内にある立地のよさもあったし、出店者が３００団体を越える『ふるさと産品ショップ』も、人気の引き金になったようだ。

北海道のジャガイモバター真空パックや、新潟産のコシヒカリの玄米など、東京では手に入りにくい商品が人気を集めた。また直売店の出店を契機に、全国の市町村出身者の東京在住会が発足するなど、その交流の拡大にもつながっているというから、意義のあるプラザだったといえるのではないか。

また、川崎市と神戸市が主催した2元ジャズコンサートも人気を集めた。これは日本のジャズ発祥の地といわれる神戸が、阪神大震災で大きな被害を受けたので、神戸の復興を川崎も支援するという意味合いから実施されたもの。川崎側は『イルミネーション・クリスマス・コンサート』を、神戸側は『ルミナリエ神戸ハーバーランド・ジャズ・コンサート』を同時におこない、両会場間をデジタル専用回線で結び、双方の演奏風景を会場の大型スクリーンで映し出した。これにはNTTも協力した。川崎側では収益の一部を復興資金として神戸市に寄付をしたそうだが、音楽を通じた交流と街起こしとして爽やかな事例だと思う。

『街起こし事例』都会編　その三

神輿が出るのは、夏祭りや秋祭りばかりではない。正月の三が日に大神輿を繰り出して、地域の活性化に成功しているのが東京の『目黒正月神輿初夢初担ぎ』だ。

目黒権助商店街振興組合と下目黒1丁目町会が毎年おこない、地域の活性化とともに、地域住民との交流にもなって好評である。目黒雅叙園が広場を提供、お年玉抽選会をはじめ『餅つき大会』『ガラクタ市』や焼き鳥、おでんなどの店も出て、お祭り気分を盛り上げている。正月に神輿を担ぐのは縁起がいいので、担ぎ手の応募者は200人にふくれ上がる。女性だけで担ぐ女性神輿も繰り出す。

東京・台東区商店街連合会では、地元にゆかりの深い文学者の図柄を入れた手提げ袋を製作。地域密着型のPR作戦である。正岡子規と樋口一葉の図柄をいれた袋を商店街のセールやイベントで配布して、好評だった。地元商店街のおこなったこの手法は、スーパーチェーンではできないプロモーションだと自信をもっている。

東京・墨田区の向島橘銀座商店街協同組合では、高齢者の買い物へのサービスに独自のアイデアで勝負を賭けている。全国でも珍しい、シルバーカード事業の展開である。60才以上の会員が午後1時から3時の間に買い物をすると、カード加盟の協賛店では高齢者向けの商品の割引やスタンプの倍増のサービスをする。近くに大型スーパーが出店したための一策で、高齢者とのふれあいとともに商店街の賑いを呼び戻したい狙いの戦術だ。

『街起こし事例』地方編　その一

各地に今、フルーツをテーマにした『フルーツパーク』の設置が盛んだ。

静岡県浜松市にある『浜松市フルーツパーク』のトロピカルドームには、バナナやパパイヤがいっぱい実をつけている。広い果樹園があり、もちろんフルーツパーラーもあって、いつもお客で混んでいる。山梨市の『笛吹川フルーツ公園』は完成は98年で、その一部はすでに一般公開されている。地元名物のブドウをはじめモモなどの果樹園もあり、山梨の果物の歴史をテーマにした展示室など、休日には多くの入場者であふれている。同園を果樹王国山梨のシンボルにしようと、全園の完成をめざして、今造成に拍車がかかっている。

この他には、奈良県の西吉野村の『柿博物館』。岡山県の勝田郡と児島郡にまたがる地域にある『おかやまファーマーズ・マーケット』。さらに近く完成を予定している『梨博物館』（鳥取・倉吉町）など、全国各地でフルーツパークの造成が進んでいる。

地元の活性化、地元の果樹産業の発展を狙ったこれらのパーク、必ずしも問題がないとはいえない。これらのほとんどは自治体主導型のため、企業や団体が集客（売り上げ）を目的につくるものと違って、広報、宣伝についての専門スタッフがいないのだ。だからどうしてもＰＲ力に欠け、定期的なイベントなどの企画で盛り上げる策があまりない。気になるところだ。

『街起こし事例』地方編　その二

東京駅八重洲口の大丸と、その隣にある国際観光会館に、全国都道府県の物産コーナーがある。どこも客はまばらでいつも閑古鳥が鳴いている。年中同じ展示でしかも集客策になんの手も打っていないから。それに対し、郷土の名産を売り込もうという全国各自治体の東京でのアンテナショップは、どこも活況を呈している。売り込みのための多彩なアイデアと活力があるのだ。

まず南のほうから紹介してみよう。東京銀座の沖縄物産公社が運営する『銀座わしたショップ』には、毎日平均して1000人の来店客がある。この『わした』とは沖縄方言で私達。沖縄の情報の発信基地としてとにかく活気に満ちている。広い店内には泡盛をはじめ各種食品、衣料、工芸品など、約3000点の沖縄物産品が並んでいる。店頭には当然魔除けの『シーサー』がデンと構えて通行人を見つめている。

東京・有楽町に構える『かごしま遊楽館』はいうまでもなく、鹿児島県のアンテナショップだ。一般的にはあまり知られていないが、鹿児島は静岡に次ぐお茶の産地であり、しかも気候の関係で本州より早い六十六夜で新茶が出回る。だからシーズンには店内で新茶の無料サービスを提供。このお茶を、さつまいもや黒豚に次ぐ鹿児島ブランドとして、ＰＲに懸命である。店内には名物の薩摩揚げや各種焼酎、餅米を灰のアク汁につけた『あくまき』や『げたんは』など、関東地方の人には珍しい食品も並ぶ。かごしま遊楽館では、都内で年間40本以上のイベントを計画しているというから凄い。

また、東京の銀座に構える『銀座熊本館』。ここは申すまでもなく球磨焼酎のオンパレードだ。店内には約40種類の焼酎を展示販売。もちろん試飲もできる。球磨焼酎を目玉にした各種イベントで、拡販を狙っている。

サクランボと西洋ナシで日本一の生産量を誇る山形県は、東京・霞が関にアンテナショップ『やまがたプラザゆとり都（と）』を開設している。当然サクランボや洋ナシがメインで、オフシーズンには名産のリンゴやブドウ、スイカ、柿、桃、メロンなどを展示即売、フルーツ王国ヤマガタを強力にＰＲしている。フルーツ以外にも地酒や漬物、また有名な米沢牛の畜産品も展示即売している。

『街起こし事例』地方編　その三

街起こしのために、地道な活動を続けているところは意外と多い。その一つが琵琶湖に沿って南北に走る滋賀県長浜市。ここの市内の中心商店街は、以前は1時間に数人しか通行人がなかったが、今では年間で180万人の客が訪れるという一大観光のメッカになっている。

きっかけとなったのは、今時珍しい旧第百三十銀行長浜支店の黒いしっくい壁の建物だった。これを永久に保存しようという運動が起き、第3セクターで『黒壁ガラス館』としてオープンした。館内にはガラス細工の商品の展示即売から、飲食店や地元の物産品も置き、休日ともなると女性を中心に多くの客が訪れる。運営はほとんどが女性、欧州でのガラス製品の買い付けなどは女性にまかせているという。

『黒壁ガラス館』の成功を機に、周辺の商店も機運が高まり、ディスプレなどに工夫を凝らして集客率をあげている。商店街全体が盛り上がる口火を黒壁ガラス館がつけたわけだ。第三セクターとなると、どうしても行政主導型になるが、この長浜市では民間主導型で展開したのが成功の要因ではないだろうか。

一方、長浜市の黒壁にヒントを得て、岩手県江刺市では市内に残る多くの土蔵を活かそうと、今、計画を進めている。土蔵だから黒壁ではなく白壁、しかし利用するノウハウには違いはない。江刺名物の伝統工芸の岩谷堂だんすや、オルゴールなどを目玉にした観光客の誘致を、現在模索中である。

第4章

〝人を動かす〟販促のテクニック

鉄道・ツアー関連販促事例集

くつろぎの旅を演出するJRの『お座敷列車』

団体旅行の時に利用する専用列車で好評なのが、旧国鉄時代から運行している『お座敷列車』。臨時列車として運行するこの列車は、年配者の団体ツアーにはなくてはならないものになっている。従来の列車の座席を廃止し、床を上げて座敷にして、しかも窓に障子がはめこまれているところが誠に日本的でいい。今までの4人掛けの座席のイメージを完全に変えてしまった。団体旅行客は食事や飲物のサービスを受け、窮屈な座席と違い、お座敷であぐらをかき、道中が本当にくつろげていいもの。昨今ではカラオケもあって賑やかなツアーとなっている。また疲れたら横になって居眠りだってできる。

列車＝快適な旅。これをキーワードに企画したこのお座敷列車は、旧国鉄が残した傑作商品の一つといっていい。100年近くも続いた列車の座席をがらりと変えた、このお座敷列車は、『発想を変える』ことで大きな成果を上げているわけである。お座敷列車とともに、旧国鉄時代の名残で成功しているのが、修学旅行専用列車ではないか。1列車を1校専用にしたところが画期的なことだと思う。生徒達は旅行が終わり列車を降りる時に、車掌や運転手さんと記念写真を撮ることもあるそうだがこの触れ合いがまた旅情を誘うことだろう。

『フルムーン』は国鉄時代の傑作商品

旅行パックの先陣を切ったのは、いうまでもなく日本航空のジャルパック。その後、旧国鉄時代のヒット商品が『フルムーン』であり『ナイスミディパス』だ。この二つの商品のヒットの要因は、リッチな気分で旅ができ、しかも料金が割安ということだった。さらにいえることは熟年夫婦とか中年女性のグループというように、商品のターゲットを明確に絞り込んだことが成功の要因だろう。

『いい日旅だち』のコピー表現もよく、一般受けし、旧国鉄のキャンペーンとしては成功した部類だと思うが、テーマが抽象的だったことは否めない。それに引き替え、『フルムーン』と『ナイスミディパス』は企画内容が断然優れている。時間とお金に

ある程度余裕がある層に絞り込んで、売り込んだ商品のネーミングに、センスの良さがうかがえる。

また、共に故人とはなったが、フルムーンでは上原謙と高峰三枝子を使ったのも成功した。かつての象徴的な美男美女としてスターの座にあった両人を使ったことで、実際に旅をする熟年夫婦は、自分達をそこにオーバーラップさせ、錯覚する。

『ターゲットの絞り込みと巧妙なネーミング』ツアー商品の販促の成功例として、特筆されるものだ。

JR各社の冬の企画商品合戦

旧国鉄時代と違って、商売上手なJR各社の冬の戦略はどうか。販売促進の観点から見てみよう。

JR東日本では、JRグループの中では営業管内にもっとも多くのスキー場がある。そこでスキー客向けの夜行列車『シュプール号』を走らせている。最近は女性専用車両を連結した。スキーやスノーボードを楽しむ乗客を乗せて、東北・上越新幹線も含めて毎年10％増である。また、クロスカントリーのパック旅行商品も売り出し、なかなか人気がある。ツアーの参加者にスキー用品一切を無料で貸し出し、さらに専門の外人のインストラクターによる講習会をセットにしたのもうけた。

一方、JR東海はドル箱路線の東海道新幹線は順調だが在来線の落ち込みが激しい。スキーや初詣客を見込んで、名古屋と松本・長野を結ぶ中央線の特急『しなの』に新型車両を導入した。さらに、臨時列車を22本増発して関西・中部圏から信州方面に向かう客を取り込む作戦だ。東海道新幹線については『のぞみ』や『ひかり』は好調だが、『こだま』の利用率が低迷している。そこで1月から3月まで割引キップ『グリーン車エコノミープラン』を発売した。これを利用すると東京―大阪間で４４３０円安くなる。

ＪＲ西日本も知恵を絞っている。年末年始期間の子供連れの帰省客を狙って、山陽新幹線に臨時列車『ファミリーひかり』を走らせた。ビュッフェ用車両の半分に子供達が自由に遊べるスペースを設け、大人気だ。

ＪＲ九州では、まず本州からの集客が大きな目標。別府を始めとして多くの温泉場をかかえ、しかも人気の長崎ハウステンボスの観光などをメインにした旅行企画商品を打ち出している。ＪＲ北海道は、何といっても冬の最大の目玉である『札幌雪祭り』観光をセットに、頑張っている。ＪＲ四国は、ゴルフツアーや八十八か所巡礼ツアー商品で勝負をかける。

冬のシーズンでのＪＲ各社のそれぞれの戦術には、地域性を活かした企画が目立って面白い。

女性客を巧みに捉えるＪＲ各社

最近のＯＬを『３べる』といい、それは『しゃべる』『たべる』そして『トラベル』だそうだ。そのトラベルではないが、JR各社の最近の女性客への気遣いには並々ならぬものを感じる。

JR東日本では今度スキー客向けの夜行列車に女性専用車両を設けた。これを『レディースカー』という。ドアには『女性専用車』と表示して、午後11時過ぎの出発後の検札時のほか消灯後も一定時間おきに車掌が女性専用車を巡回する。

きっかけは、スキーシーズンに列車の乗客を対象にアンケートをとったところ、意外にも、安心して乗れる女性専用車の要望が多かったからだという。アンケートの結果をすぐ反映させるところが、旧国鉄時代にはなかった素晴らしい実行力だ。

ところで、このような『女性専用』のきっかけをつくったのは実はJR東海だった。午後8時半の京都発の長崎・佐世保行きの寝台特急『あかつき』に、90年から11席の女性専用スペース座席(寝台ではない)を設けた。寝台ではどんな人と隣り合わせになるかわからないし、不安からかえって座席のほうが消灯後も本が読め、朝早い到着(下車)の場合などは座席での仮眠で十分。ということで専用座席は好評である。

JR西日本にはフェミニストが多いのか、夏場の関西から信越方面に向かう列車に女性専用車両の導入も考えているそうだ。女性グループのリゾート地への旅を誘うのが目的のようだが、アイデアはなかなか味なもの。

JR東海と小田急の巧みな戦術

鉄道会社は販促展開次第で大量一括、売り上げ増が可能になる。企画力で勝負している最右翼は、やはりJR東海だろう。

東京人を、とにかく西へ西へと誘引させる戦略は誠にあざやか。熱海から静岡へ、また東海地方の名所へ、京都へと強力な宣伝力で誘引している。

ずいぶん前になるが、東京駅八重洲口で「〝こだま〟で行っていただきます」という名コピーのポスターを見た。それはこだまの停車駅のグルメツアーをPRしたものだった。「いただきます」を「行くこと」と「食べる」ことの両方にひっかけているところが、誠にうまかった。さらにJR東海のすばらしいことはシーズンごとにプロモーションを明確に分けて、訴求していること。例えば『冬の京都へ』とか『長良川鵜飼』、『浜名湖の鰻』というように。

地域により若干違うが、鮎釣りの解禁はほとんどが6月1日。これをうまく販促に結びつけたのが小田急電鉄である。5月31日の深夜に東京の新宿駅を出発し、目的の小田原近くの駅で停車して全員朝まで就寝。そして、夜明けとともに一斉に鮎の釣場に。帰りはもちろんその電車で帰京となる。車中はきっと太公望の気炎で盛り上がったことだろう。シーズンに合わせたこの2社のツアー企画は、他の業種にも応用できそうだ。

鉄道事業の綿密な経営計画

鉄道事業というものを、販売促進の面から見てみると誠に興味深い。鉄道は公益性の強い事業だから、沿線開発とか少しスケールを広げても新都市開発計画による鉄道の新設が事業の主目的のように思われる。この見方も間違ってはいないのだが、実は乗客の平均化（上り下りの）ということと、休日の乗車率を高めることに大きなビジョン（事業計画、売上計画）をもっている。

沿線開発は、住民の足としての利便を考えた鉄道事業のはずが、これでは業績は伸びず頭打ちとなってしまう。つまり住民の足ということは通勤通学の足ということであり、当然朝は上り、夕方は下りがラッシュとなることは誰でもわかる。が、その時間に逆の線、朝の下りと夕方の上りはどうであろうか、と考えると、電車は当然ガラガラであることはいうまでもない。しかも日中や休日にはとても多くの乗客数は望めない。いくら公益性の強い鉄道事業とはいえ、営利事業だから平均した売り上げを確保し、また売り上げも伸ばさなくてはならない。

そこで考えられたのが沿線の先、下りの終点付近に学校を誘致することである。そうすれば通勤とは逆に、朝は下りが、夕方には上りの乗客（学生）を確保できる。学校なら日中でも学生の行き来があり、乗客数として見込まれる。

休日の乗客の確保については、どうか。例えば路線の起点（都心部）に自社系列のターミナルデパートをつくると、休日には沿線に住む家族連れが、自社の電車に乗って自社系列のデパートに買い物に来てくれる。また一方では、沿線郊外に遊園地やレジャー施設をつくり、休日の乗客の誘致をする場合もある。『販売促進はまさに仕掛けである』ということを、鉄道事業も示してくれている。これの元祖はいうまでもなくあの小林一三。当時、大阪郊外のさびれた地・宝塚という所に、レビューのメッカをつくり、自社の阪急電鉄でお客を運んだわけである。

続々ヒットを飛ばすJTBのアイデアマン物語

あえて実名で紹介したい。JTB（日本交通公社）の市場開発チームのマネージャー大東敏治氏は、大変なアイデアマンである。今まで独自に多くのツアー商品を考え出し、社長賞も数え切れないほど受賞した、旅行業界の企画のスーパースターといっていいだろう。

大東氏の最大のヒット商品は、積立て旅行貯金の『たびたび』。旅を『度々』したい、という語呂合わせから生まれストレートなネーミングが、またいい。積み立てをして旅行に行くという堅苦しいイメージをなくし、特に女性に好評だ。この商品で年間何と1000億円を売り上げたそうだ。

この他、年金ローンの『年金旅行プラン』を商品化して、3万5000人を集めたり、『ルック』のプランニングを担当してからは、ハワイの『お天気保証プラン』、さらにグアムの『宝探し』というユニークなパックを商品化した。旅に出かけるというコトをモノ化（商品）して、購買を見事に誘発している。

これらのアイデア商品を続々生み出す大東氏のコメントが、爽やかだ。

「プロであってアマであり、プロでなくてアマでない」。プロは専門を持っているがその分野では他の意見を聞かない。専門以外は関連することでもまったく興味を示さない。しかし、アマはどこまでいってもアマだ、という深い含蓄である。

彼はよく公園で1人ボーッとしながら、主婦やOL、中年男性は今一体何を求めているのだろう、とアレコレ空想しながら、企画の発想を練るという。週末には千葉のログハウスで草刈りをしたり、槍ケ岳に登ったり、こんな余裕からツアー商品の企画のアイデアが生まれてくるのだろうか。

コンビニでパック旅行券が買える

ツーリストの話題を幾例か続けよう。法の規制緩和の流れを受けて、旅行会社の販促戦術が活発化してきている。

まず、近畿日本ツーリストはチケット販売のコミュニティ・ネットワーク（CN、東京・文京）と提携。首都圏のエーエム・ピーエムの店舗に設置した約800の各種チケットの予約・販売端末『CNぷれいBOX』で、格安旅行券と海外パック旅行の予約ができるようにした。当面、海外6コース、国内5コースを用意する。

また格安旅行券の大手で、今回航空会社設立運行を計画し話題を呼んでいるエイチ・アイ・エス（ＨＩＳ）では、セゾングループの旅行会社パシフィックツアー・システムズ（ＰＴＳ、東京・豊島）と提携。首都圏のファミリーマート２５００店で販売する約４０万部の季刊のパンフレットに、海外パック旅行11コースを掲載。価格はＨＩＳらしく、ロサンゼルス５日間で５万６３００円というコースもある。

一方、旅行最大手のＪＴＢは、サンクスアンドアソシエイツ（東京・港）と提携して、店頭の端末で海外パックの予約販売を開始する。

今までは、法により『一般旅行業務取扱主任者』のいる旅行代理店以外でのパック販売は禁じられていたが、運輸省通達で航空券などをコンビニで販売することが可能になり、各旅行会社は生き残りを賭け、一挙に販路を広げる作戦に出ている。

借り切りでゆっくりとツアーの時代

海外旅行での『借り切り』をセールスポイントにした、画期的なツアー商品がやっと現れてうれしい。

日本人の海外団体旅行といえば、ギッシリつまったスケジュールと、かけ足の旅が特徴。ところが、見たいものだけをじっくり時間をかけて見るツアー商品がいよいよ登場して、年配層から早くも問い合わせが集中しているとか。

まずJTBの『エジプトを極める』と題したツアーは魅力だ。このツアーでは、ツタンカーメン王の黄金のマスクで知られるカイロのエジプト考古学博物館を、閉館後2時間借り切って、ゆっくりと見物できる内容。全11日間、東京発で13万8000円からある。これを高いとみるか安いとみるかは個人の価値観。またミケランジェロの壁画で有名なバチカンのシスティーナ礼拝堂を閉館後2時間借り切って見物できるコースも売り出している。

日本旅行でも、この借り切りツアーに遅れじと乗り出した。米国の人気テーマパーク『ユニバーサルスタジオ』の〝ジュラシックパーク・ザ・ライド〟を、午後8時から11時まで借り切るツアー『遊びの王国・ロサンゼルス・テーマパークの旅5日間』(東京発9万8000円から)がある。

興味があるのは万人皆同じ、見たい物に観光客が押し寄せ、長い行列は世界の観光地のどこでも見られる風景だ。そんな状況を見込んでゆったりと見学できる、団体借り切りを打ち出したツアー商品のアイデアは、素晴らしいと思う。

一方、国内でもこの『借り切りツアー』の商品が出てきた。近畿日本ツーリストの子会社、ジョイ（東京・千代田）の『チョベリグのっとりキロロ』は、北海道余市のスキー場『キロロスキーワールド』に隣接したホテルをシーズン前に全館借り切り、そして、お客に存分に滑ってもらおうという企画商品である。人のまったくいないゲレンデで、ツアー客だけで存分に滑る醍醐味は、また格別だろう。借り切りというよりは、『貸し切り』に近い内容だ。

ただそこへ行くだけでいい、ちょっと見るだけでいい、というお定めツアーから、中身の濃い本格的な旅行をめざす時代が、やっとときたという感じ。私にいわせればあまりに遅過ぎた感は、否めないが。

釣り、クルマ、ツアーは女性がターゲット

これからのレジャーは、とにかく女性がターゲットだと各業種が狙っている。しょせん男は居酒屋と競馬とパチンコ、それにたまのゴルフ、その程度と思われているのか……。

まず、釣りの世界が大きく変わってきた。釣りといえば昔から年配層というか、リ

タイア組の余暇利用が相場だったが、今は若い女性が続々参入。エサにミミズなどを使わないルアー釣りのブラックバス釣りが特に人気で、あちこちの釣り場が女性客を誘引している。釣り場ではボートもピンク色に塗装したり、竿、リール、糸全部用意して、普段着でお出かけください、と宣伝している。郊外有名どころのブラックバス釣り場は、若いカップルのデートスポットにすっかり変身した模様だ。

さて、その釣り場に行くにはぜひこのクルマでどうぞ、といわんばかりにコマーシャルするのが、最近発売されたホンダの『ステップワゴン』だ。クルマはロングノーズがいいのだが、このホンダのステップワゴンは鼻がつぶれたような、どう見てもカッコよくないタイプ。でもなぜかよく売れている。月産4000台の計画が、売れに売れて月1万5000台の注文。2～3か月待たないと手元に届きそうにないようだ。ステップワゴンは5ナンバーのミニバン、車内が広く、しかもフロアが低いため、女性や子供の乗り降りが楽。特に女性ドライバーに人気だという。また、家族でのドライブには最適で、車種決定権のある男の影は薄く、女性（主婦）の指名を一身に集めそうな勢いがある。

かたや、海外ツアーに目を向けてみると、最近では女性の1人旅が多いことに目をつけ、ＪＴＢでは『パーソナルヨーロッパ』を商品化。１人で参加できる欧州パックツアーで、発売以来大好評。女性客が70％を占めている。女性の１人旅は危険だという観念はもう古い。このパックの場合、空港からホテルまでは送迎車付き、トラブルの際の専用デスクもしっかり設けている。ホテルも厳選され、女性の１人旅には完璧のサービス態勢です、とＪＴＢは胸を張る。どうも男の影が薄くなる話題ばかりで、いけない……。

レジャーではなく、不動産の話だが、女性専用マンションを売り出した東京建物の文京区、目黒区の物件は即日完売、特に目黒区は応募者多数で抽選になり、最高では6倍の競争率だったという。女性のマーケットには底がなく、深い。

女性の１人旅を歓迎する旅館事情

旅館業界では昔から女性１人の宿泊客を敬遠していた。いうまでもなく経済効率や安全性の面からである。しかし最近では女性の１人旅を受け入れる旅館が増えてきたようだ。背景には、不況でドル箱の団体客が減ったことが引き金になったのか。口コミの効果は男性より女性のほうが大きく、サービスがよければ友人や家族が訪れることもある。旅館もそれを期待して変身したのかもしれない。

ＪＴＢでは、3年前からこのトレンドに着目し、パンフレットに『ひとりで泊まれる宿』を掲載した。当初、この種の宿を集めた時は５００軒だったが、今では８００軒に増えた。ＪＴＢはその他に北海道、東北、金沢などの『ひとり歩きシリーズ』というガイドブックを出し、どれも10万部以上の売れ行きを得た。

『実業の日本社』が発行した『全国ひとりで泊まれる温泉の宿』というガイドブックは、発売後売れに売れて、増刷に次ぐ増刷。気をよくした同社では『民宿編』も出し、これも売れているそうだ。

さて、個人的に私が推薦する、堂々と１人で泊まれる宿の１例を紹介する。『華の湯』（静岡県・伊豆長岡）では、１泊朝食付きで８８００円。２人以上で泊まる場合の料金（６８００円）に比較して、決して割高ではない。従業員が部屋に来ないシステムになっており、宿泊客の３割が女性の１人旅だそうである。

バスの中で土産物を売り、それを宅配サービス

旅行といえば、土産物が荷物になってどうも困る。

ニュービジネスというほど大げさではないが、このニーズを商売に結びつけている会社が実はある。海外旅行者用に土産物を販売しているトラベラー（東京・千代田）だ。同社ではこの度、旅行会社とタイアップ、国内バスツアーのお客に対して土産物を売り、それを宅配するサービスを開始した。

ツアー（地域）ごとに異なった土産物案内チラシを用意して、バスの中でお客に渡す。買ったお客には2日後に自宅に届ける。送料は1件当たり1000円～1200円で、数量に関係はない。土産物の商品はツアーの内容に合わせ、高齢者ばかりのツアーだったら、現地名物の漬物、子供の団体や女性ばかりのツアーはお菓子類を多くする。

当面は1泊2日以上、100人以上が参加するツアーが対象。社員旅行や、修学旅行、スポーツ大会やイベント関連のツアーも扱い、掘り起こせばさらに需要は見込めるだろう。

土産物宅配サービスでは、1人当たりの客単価（土産物購入額）を1万から1万5000円とみて、年間3億円の売り上げを見込む。

ハワイへ誘うＪＡＬのキャンペーン

『トリスを飲んでハワイに行こう』は古い話だが、日本人の観光客にとってハワイはまだまだ魅力のある楽園のよう。年間で２００万人の日本人がハワイを訪れるため、日本航空が目をつけ、ハワイ便を大幅に増やすことにやっきになった。東京発はもちろん、札幌、仙台、名古屋、大阪、福岡から、ホノルル便、コナ便を飛ばしている。

ハワイ人気をさらに販促に結びつけようと展開しているのが『キング・オブ・リゾートＪＡＬハワイキャンペーン』。テレビＣＭのキャンペーンソングには、人気のＴＲＦの新曲『レジェンド・オブ・ウインド』を使い、小室哲哉プロデュースで勝負している。

キャンペーンの内容を見ると、プレゼントの多さに驚いてしまう。

キャンペーン期間中、ＪＡＬを使ってハワイに行くと『ＪＡＬハワイオリジナルグッズ』、『ＪＡＬオリジナルＴＲＦコンサート』の招待券が1万人にプレゼント、さらに次の五つのコースのプレゼントを用意している。（　）内は当選者数。）

●『ＷＡＶＥコース』ビーチ対応防水機能付きＣＤプレーヤー（１５００人）

●『ＢａｄｙＧコース』ＪＡＬハワイオジリナルデザインＢａｄｙＧ腕時計（３５００人）

●『ＴＲＩＰコース』ハンドルキャスター付きのオリジナルバッグ（３５００人）

●『ＶＩＰコース』ＪＡＬオリジナルＴＲＦコンサート招待（ＶＩＰルーム＆食事及びホテル日航東京宿泊50組１００人）

●『ＬＩＶＥコース』ＪＡＬオリジナルＴＲＦコンサート招待（２９００人）。

この応募方法は、キャンペーン期間中、ＪＡＬハワイ便の日本発ハワイ行き搭乗券の半券を切り取って葉書に貼って送る。「ハワイへはＪＡＬで」と日本航空は勝負を賭けている。今までこれだけのメニューを揃えてキャンペーンを打った例はない。

事前予約・回数で割り引く各航空会社の販促アノ手コノ手

航空会社にとっては、できるだけ早くから予約をとって飛行機を満席にし、しかも自社の飛行機の利用回数を増やせるよう、一番知恵を絞っている。

日本航空は『前売り14前売り28』で14日前までの予約分については約20％、28日前までの分については約30％運賃が安くなる。

全日空はJALよりキメ細かくてメニューが多い。

28日前の予約で2泊以上の場合は40％割引の『スーパー早割』に始まり、事前予約の割引に、『早割28』『早割14』などを用意。また回数割引運賃制度を設け『リピート4回』『リピート6回』『スーパーリピート』など、固定客の確保に熱心なのがわかる。なかでも、スーパーリピートは『新幹線よりお得です』とはっきりいっているように、事前予約に関係なく、料金が最高33％安くなる。

日本エアシステムは『先手必勝レインボーきっぷ』で負けてはいない。2か月前の事前予約については45％、4週間前は30％、2週間前は22％の割り引きとなっている。さらに早起きするとおトクです、と朝の6時台の出発便の『早起ききっぷ』は40％引。夜の遅い『ムーンライトきっぷ』は15％引き。日帰りきっぷは10％引き。さらに6枚綴りの回数券は15％引き。その他、ビジネスきっぷ（15％引き）や4路線を限定した『まるとくきっぷ』は30％近い割り引きとなっている。

こうしてみると、メニューの多さもさることながら、ユーザー指向に徹してサービスしているのがANAとJASであり、事前購入、空の利用度の多い人は断然この2社を利用し、JALの出番はあまりない。これではいかんと、最近JALも事前予約と週末利用について、45％引きを打ち出したが、遅きの感は免れない。旧国営と民営の差がここにハッキリ出ているようだ。ただ、先に上げた割引制度についてはシーズン・路線・便・座席数については、限定があるので注意したい。また、以上の割引条件について、やがて羽田空港の増枠にともない、各航空会社ともさらに割引枠を拡大させるという情報もあるので、付記しておきたい。

航空幅運賃に対応する旅行各社

旅行大手各社では、航空会社の運賃幅に対応して、最適な運賃を迅速に検索できるシステムを構築しはじめた。

ＪＴＢでは、端末の画面を見ながら最適な運賃の照会とお客の予約ができるシステムを既に稼働させている。航空各社間、または同一路線でもっとも安い運賃を表示する。予約と連動させて、端末機の操作性も高めている。さらに同一画面上で残席数も表示できるようにしている。

近畿日本ツーリストは航空会社の幅運賃に対応してシステムを構築させた。自社と航空3社のコンピュータとを接続して、毎日最新情報をシステムに反映させている。

もっとも安い運賃を瞬時に表示することができ、さらに、複雑な割り引きの条件（路線、便、座席数）も表示できるようになっている。現在では、ダブルトラッキング（2社運航）以上の60路線を対象におこない、やがて全路線にまで拡大したシステムづくりを計画している。日本旅行でもシステム開発を進めている。

航空運賃は幅運賃の登場で利用者にとっては運賃が安くなり、いいことではあるが各社で条件がマチマチのため混乱していることは否めない。そこで導入したこれらのシステムにより、路線と便が明瞭に表示され、これが販売増加につながるというのが各ツーリストのヨミのようだ。すでに航空券の予約券については、いわゆる旅行会社離れの現象を起こしているので、システムの構築でここで一挙にお客を呼び戻そうという作戦のようだ。

21世紀の『初日の出』を太平洋上で

西暦2000年も間近。読売旅行（東京・中央）が今度画期的なツアー商品を売り出した。21世紀の『初日の出』を太平洋上の日付変更線で拝もうという企画だ。日本人が初日の出に特別な思い入れがあるところに目をつけたこの企画は、素晴らしい。

豪華客船の『飛鳥』（約２万９０００トン）で西暦２０００年の12月25日に東京港を出港し、日付変更線に向かい、世界最初に21世紀を迎えようというもの。

船上で初日の出を拝み、１月３日にホノルルに寄港、東京港へは14日帰港する。20泊21日のクルーの料金は、１３２万円からあり、定員は５００人となっている。船内では評論家の長谷川慶太郎氏や竹村健一氏の『21世紀講演会』も予定しているそうだ。

一方、日本旅行ではこれよりお先にといわんばかりに、１９９９年の12月21日に出港して翌年の１月18日に帰港する飛鳥を使ったクルーズ『２０００年の夜明け』を発売したが、すでに完売した。

正確にいえば21世紀は西暦2001年から始まるのだが、日本旅行では2000年の夜明けのほうがインパクトがあるとみて、ツアーを企画したようだ。

さて、真の21世紀の初日の出か、2000年の初日の出か、客はどっちを選ぶかその結果が楽しみ。それにしても日本人の心を巧みに捉えたこの二つのクルーズ商品の企画は見事だ。

シニア向けツアー商品も花盛り

「1か月で日本一周してみませんか?」

これはJR北海道が毎年おこなっているバスツアーのコピー。これが大変な人気を呼んでいる。定員は80人、1か月という長期旅行のため、参加者のほとんどが道内の60才以上のシニア世代というのもわかる気がする。

毎年札幌を3月中旬に出発して、本州の太平洋側を一気に南下して四国から九州に入り、そして本州を『桜前線』とともに北上するというのが粋ではないか。いかにもシニア向けのコースの設定だ。全行程30泊、31日にかかる費用の額がまたふるっていて、末広がりの88万8000円というものだ。心憎い数字だ。ツアーでは高齢者の利用を配慮して希望者には週1回各地の立ち寄り先の病院で、血圧の測定や薬をもらうことも組み込まれているという、キメの細かさ。あまりに好評なため、JR北海道では定員枠の80人を、最近200人に拡大した。

一方、JR各社共通の『ジパング倶楽部』もいい企画だ。夫婦や友人などと気ままに国内旅行を楽しみたいという層に向けたもので、男性は満65才以上、女性は60才以上、または夫婦どちらかが65才以上ならこの倶楽部の会員になれて、JR線を201キロ以上利用する場合、3回目までが2割引きで4回目以降は3割引になる。

シニア向けツアーのアイデアもいろいろで、地中海クラブ（東京）のツアー商品には、さすがの私も脱帽した。結婚年数に応じてツアー料金を割り引くという粋なもの。帆装の大型客船『クラブメッド2』を使ったクルーズによる、南太平洋のニューカレドニアのツアーだ。例えば結婚20年なら料金は20%割り引かれる。旅行代金は1人23万8000円から28万6000円。料金には食事はもとより船内のショー、マリンスポーツなどの基本料金はすべて含まれている。かくいう私もすでにエメラルドを迎えた年代だが料金は40%は安くならないで、残念ながら最大が30%だそうだ。しかしこの企画のアイデアは素晴らしい。

海外『現地発着ツアー』の魅力の商品

海外旅行といえばパッケージツアーが定番。そこで、今までとは違ってホテルや航空券を自分で手配する海外自由旅行が、今静かなブームになっている。

そもそも需要はあった。欧米ではシーズンオフなら格安の航空券が手に入るし、ホテルなどもその気になって探せば、格安のところもある。何回も渡航した経験のある人にとっては普通のパッケージツアーではどうも満足できないはずだからだ。日本でも海外の交通、ホテルの情報が入ることから、この種の海外自由旅行を楽しむ人が多くなったのだろう。

一方、日本の若者には『現地発着ツアー』が人気を呼んでいる。これは格安航空券を自分で購入し、現地のツアーに参加するもの。主としてバスツアーが多く、その一部を紹介してみると、ロサンゼルス発『アメリカ西部バス8日間の旅』が6万9000円。カイロ発『エジプト冒険ツアー』15日間（そのうち、3日間はナイル川クルーズ、紅海ダイビングのメニューも含む）で9万2000円。また冒険好きで寒さに強い人には『アラスカ犬ゾリツアー６日間』というものもある。フェアバンクス発で犬ゾリに乗ってアラスカを探険、夜は雪上テントで寝て、運がよければオーロラを見ることもできるというものだ。食事付きで防寒ウエアも用意されていて20万７０００円だ。またシドニー発のジャンボ機で『南極12時間半遊覧』というものもある。

これからはこの『現地発着ツアー』を利用する人も増えてくるのではなかろうか。ちなみにこれらのツアーは日本のエクスプローラ『地球探険隊』という旅行会社で申し込むことができる。

探険といえば、今度ＪＴＢが『アレキサンダー大王の足跡を訪ねる東地中海の旅35日間』という商品を売り出した。価格は１３５万円からで決して安くはないが、世界遺産・秘境ブームにのって時間とお金に余裕のある熟年層にうけるのではなかろうか。アレキサンダー大王の東方遠征ルートをたどり、途中ギリシャからエジプトまで６か国を回る。有名な神殿『シーワ・オアシス』へは、ＲＶ車に乗ってリビア砂漠を３泊４泊で駆け抜けてゆく冒険コースもあるというから、豪快だ。

それにしても、日本では冒険、探険をテーマにしたツアー商品が何と少ないことか。アイデアがないのか、運輸省の規制が厳しいのかわからないが、寂しい限りだ。冒険探険でなくとも、〝富士山、〇〇アルプス連峰空の遊覧〟とか〝北海道岬灯台空の遊覧〟とか、夏季に限って〝全国洞窟巡り〟というツアーなどがあってもいいと思うのだが。

航空運賃を直販で格安に販売するイージージェット

ここで海外の話題も取り上げてみよう。自社が運航する航空券の予約販売をすべて電話1本で、それも24時間体制でおこない業績を上げている航空会社が英国にある。社名をイージージェットといい、ここの予約センターにはパソコンと電話を使ってお客との応対に忙しいオペレータが120人を擁している。

お客が電話で申し込むと『予約番号』を告げてくれるから、お客は空港のイージージェットの受付カウンターでその番号を告げ、身分証明書かパスポートを提示して航空券を受け取ればよい。支払いはクレジットカードで決済する。旅行代理店を経由しないので販売コストも25%低減され、その分航空運賃も割安だ。さらに運航時間が1~2時間程度の便では機内食を廃止し、乗り遅れの時の払い戻しや便の時間変更などには応じないという徹底さだ。

同社の航空券の販売は、電話1本で店舗を持たない商売だからその宣伝には力を入れている。広告のすべてを自社でおこない、社長を中心に制作している。中でもユニークなのが自社の旅客機のボディに大きく書いた『0990－29－29』という番号だ。ロゴマークやデザインパターンを施した旅客機は多いがこれには誰しも最初は度胆を抜く。実はこれは自社の予約センターの電話番号なのだ。

独自のアイデアで低運賃の航空事業を展開するイージージェットは、創業1年で約100万人の乗客を運んだというから凄い。日本でもエイチ・アイ・エス（HIS）という格安航空券販売で急激に業績を伸ばした会社が、新しく航空会社を設立するというが、何だかそこには共通点のようなものを感じてならない。

国内パックに割安レンタカーをセット

沖縄・北海道方面を中心にして、大手旅行会社が格安のレンタカーを組み合わせた商品を売り出して人気を集めている。

日本旅行では沖縄パック旅行『きらきらパラダイス沖縄リゾート』では滞在期間中追加料金が一切なしのレンタカーサービスを提供している。JTBでは100円からの追加料金で小型車をレンタルする『シャトルレンタカーサービス』で、これは空港から宿泊ホテル間の指定区間を利用するものだが、6時間以内なら自由に乗ることができる。乗車人数によって料金は変わるシステムになっている。

近畿日本ツーリストでは、すでにレンタカーで旅行を楽しむパック旅行商品『マイドライブ』が人気だが、北海道や九州地区でさらにコースを拡大してニーズに対応している。ちなみに北海道コースの場合、札幌・函館・小樽の2泊3日で4人以上で利用した場合、航空券、宿泊、食事、観光施設の入場券にレンタカー料金がすべて込みで1人当たり5万4600円から9万1800円までのメニューがある。

東急観光ではリッチな気分で沖縄を走り回ろうと『BMW沖縄フリータイム』を発売した。これはドイツの高級車に乗りながらレンタカーの料金が実質かからない割安の商品だ。期間は限定されるが、価格は2泊3日を4人で利用した場合1人当たり6万7000円。ちなみに、BMWを通常3日間レンタルすると料金は6万8700円かかるので、この商品がいかに割安かがわかる。

最近、グアム・サイパンなどへのツアーに比較して国内ツアー料金の割高感がユーザーに浸透してきたため、沖縄・北海道旅行をレンタカーサービスでお客を取り戻そという各旅行会社の戦術だ。

身体障害者も気軽に旅を……。

近畿日本ツーリストが、一般の旅行客と一緒に身体に障害をもつ人も参加できるユニークな商品を発売した。これは欧州旅行『奇跡の泉ルルドとゴッホのアルルそしてモネの庭園へ10日間の旅』だ。このツアーでは盲導犬の同行もＯＫで、さらに車椅子での参加も認め、一般客との交流も目的にしているというから、爽やかな企画商品だと思う。価格は10日間で48万８０００円。近畿日本ツーリストではその他に視覚障害者向けに、米国で乗馬やキャンプを楽しめるパックツアー商品も既に商品化しているが、この傾向はますます高まるのではなかろうか。

一方、ＪＴＢでも福祉団体と提携した障害者向けの旅行会社『トラベル・ネット』をすでに設立しているが、同社では車椅子に乗ったまま旅行ができるように、車椅子の乗降が楽なリフトつきの大型観光バスの運行も開始している。

さてツーリストとは離れるが、ホテル業界やレンタカー業界も障害者ニーズに対応を始めた。

まず、ホテル内で階段のそばにスロープを設けるところが増えてきた。なかでも東京・新宿の京王プラザホテルでは、聴覚障害者向けにドアのノックやＦＡＸの着信を光と振動で知らせる装置を客室に無料で提供しているが、これらは当事者にとっては誠に便利なものではなかろうか。また、トヨタ自動車では系列レンタカー会社でリフトを備えた『ハートフルカー』を導入して利用促進を図るため3か月間は無料で提供するというニュースがあるが、これも爽やかな情報だ。日産カーリースでは神奈川県の店舗に、足の不自由な人が運転できるように、手元でアクセルとブレーキが操作できる車両を導入している。またオリックス・レンタカーのように、障害者割引制度を実施しているところもある。

障害者の旅行市場規模といっては何だか失礼だが、年間約７８００億円あるという。その市場規模には関係なく、業界が障害者に向けて『旅へ誘う』その配慮には拍手を送りたいと思う。

第5章

普遍性のあるインターネット販促

インターネットビジネス事例集

本邦初の電子モールを構築した凸版印刷

印刷大手の凸版印刷（東京・千代田）がインターネットビジネスに参入した。この業界ではスタートがもっとも早かったようだ。長い準備期間の後、'96年4月から『マルチメディア事業部』を正式に発足させて、顧客の取り込みに強力なセールスをかけている。

このきっかけになったのはロス五輪だった。オリンピックの写真を速報したいというニーズがあり、写真の電送方式について研究を開始した。当時の技術ではモノクロしか電送できず、カラーは色素を分解して送らなければならないなど、いろいろな難題にぶつかった。しかし'94年になると米国でインターネットがスタートして、カラー画像と文字情報が同時に送られるようになった。そこで同社でもそれを受けて遂に構築したのが本邦初の電子モール『サイバー・パブリッシング・ジャパン（ＣＰＪ）』

だ。

インターネットホームページは今では多くの企業や団体、また個人が開いているが、利用者にとってはホームページをいちいち開くのは面倒な作業だ。そこで同社ではインターネットを新しい広告メディアとしてとらえて事業化に着手した。

このＣＰＪはわかりやすくいうと大きな商店街、またはテナントビルのようなもので、このＣＰＪが大家の役目を果たすものだ。だから加入（テナント）すると制作も凸版がやってくれてＣＰＪのネットワークにのる。

利用者が最初にアクセスすると、画面全体に全加入企業（テナント）一覧が出てくる。その中から自分の希望する会社なり商品を選んでアクセスすればよいわけだ。

一企業、個人が単独でインターネットホームページを開設するより手間がはぶけてさらに費用も割安だ。ちなみに、最初にかかる制作費はページ数で異なるが30～40万円。年間の使用料が１２０万円だから、いったん立ち上げさえすればあとは月々10万円の経費ですむ。現在同社のＣＰＪには大手企業が80社加入している。

当面この分野での売り上げを3～4億円と見込んでいる。ちなみにインターネットの広告費だけをみると２０００年には全世界で50億ドルといわれている。

テレビ番組と連動するインターネットを開発したＮＥＣ

テレビ番組とその場面に関連するインターネット情報を連動して、パソコン上に同時に映し出すシステムを今度ＮＥＣが開発した。『ＷｅｂＳｙｎｃ』がそれで、番組の関連情報メニューが表示され利用者が選択してクリックするとインターネットを通じて関連情報が取り出せるというものだ。それぞれのメニューには番組の進行状態に合わせていろいろなインターネットのホームページを読み込むようにプログラミングされているので、メニューを見ながらアクセスするとそのホームページの情報を画面に表示してくれる。

その情報メニユーとしては、例えば海外ドキュメント番組を見ながら、単語や文法の語学学習ができるというわけだ。またロケの撮影場所を示す地図や、関連する文献情報も掲載できるという。さらに歌謡番組で、今歌手が歌っている曲の楽譜を画面の脇に映し出したり、洋画の放映中俳優のセリフを脇に原語で表示することもできるという。

ＮＥＣでは、録画したテレビ番組を後で見ながらホームページをつくるソフトも開発した。これはパソコンでもできるので、友人同士で共通のホームページをつくり、ドラマや音楽番組を見ながら互いに感想を交換することもできるわけだ。この世界は一体どこまで進むのだろうか。

広告業界に乗り出したNEC

同じくNECの話題が続く。各種インターネット機器の開発を進めているNECが広告事業にも本格参入する。

すでにNECでは『BIGLOBE』をスタートさせている。インターネットの接続から各種番組配信のサービスをおこなうもので、会員数はすでに209万人に達している。ホームページの上にバナーという長方形のスペースがあり、そこを広告スペースとする。この媒体利用については、企業や団体が月単位で借りる固定型と、複数企業が交互に掲載するローテーション方式の2本立てにしている。同じホームページのなかでもアクセス数の多いもの、つまり人気のあるものとないものがあるので、バナー広告では料金に格差を設ける。これは当然だ。例えば、1日約900人がアクセスするというBIGLOBEのトップページの場合、固定型で月の料金が90万円、1

日約1000人がアクセスするページでは月25万円に設定している。このバナー広告でユニークな点は、表示回数保証制度があることだ。それは表示回数20万回の80万円から表示回数2万回の30万円までを4段階に設定していて、表示回数が達成するまでは契約期間に関係なく広告を継続して掲載するものだ。これは広告業界としては良心的な手法だ。

また、電子メールの中にスペースは限られているがダイレクトメールを打つサービスもおこなう。この料金は1000人当たり1万円だ。ということは1人当たり10円の費用でDMが打てるわけだ。電子メールの送信先の属性情報（年齢、住居地域、性別）はわかっているので、商品によっては確率の高いDMとなるのではなかろうか。

業界ではインターネット広告市場は、本年度は30億円と予測しているが、これが2000年には60億円を見込んでいるようだ。

インターネット家電がいよいよ登場

今、家電業界に『インターネット家電』という商品名の旋風が吹き荒れている。パソコンの画面ではなく、従来のテレビに通信機能をプラスしたものだ。リモコンを操

作してホームページを画面に出したり、今までパソコンでしかできなかった友人同士との電子メールのやりとりもできるというものだ。形はテレビだからキーボードはない。だから電子メールの文章は画面に表示される文字一覧表などを使って入力する。製品の中にはテレビとインターネットの2画面表示可能のタイプが多く、待ち時間のイライラ解消のためにはこのタイプがいいようだ。

シャープでは32型ワイドテレビ〝ネットワークビジョン〟（32万円）があり、パソコンのディスプレーとしても使える高画質が自慢だ。三洋電機の〝インターネッター〟は個室用の21型（11万500

0円）とリビング用の28型（19万8000円）の2機種があるが、既存製品の製造ラインを活用することで価格を抑えているのが特徴だ。三菱電機の28型〝インターネットテレビ〟（27万円）は今後の拡張性を考慮して通信用のモデムを外付けにしている。もちろんインターネットの他にBSやハイビジョン放送や文字放送対応型だ。

弱電大手の松下電器産業と日本ビクターがこのインターネット家電にまだ名乗りをあげていない（'96年現在）。何か商品開発に秘策があって、やがてアッといわせる商品を市場に登場させるのだろうか。

ちなみに、このインターネット家電を購入する場合は機種により通信用のモデムが異なるので注意したい。現在の製品では毎秒28・8キロビットと14・4キロビットの2種類がある。文字情報だけに使うのなら14・4キロビットでいいが、画像情報も見る場合は28・8キロビットのほうがよい。さらに1部の機種ではプロパイダー（接続会社）が限定されるものもあるし、電子メールに漢字が使えないものや、ブックマーク（ホームページの短縮登録）の記憶件数が少ないものもあるので注意したい。店頭で飛びついて買わないで、目的用途を考えてカタログでじっくり検討したいものだ。

114部署の情報を流す岡山県庁

岡山県では'96年10月より県庁内の全114の課・室がそれぞれインターネットのホームページを開設した。1課1室1ホームページが県庁の方針だった。これは自治体のホームページとしては全国で最大規模だ。

県の広報活動だから県警本部のページも当然ある。そこでは犯人を検挙した警官やそれの協力者を顔写真や感謝状入りで紹介している。タイトルは『お手柄さん登場!』。交通取締情報や生活関連情報も掲載し、なかなか好評だ。「警察のお固いイメージを少しでも柔らかく見せたい、県民、市民との距離が少しでも縮まれば」と作成には県警捜査一課の課員が担当している。県警ページへのアクセス数は庁内でトップ。女性青少年対策室では、セクハラなど女性問題についての文献紹介や相談斡旋窓口として機能している。

県ではインターネットで県民にあらゆる情報を提供しようと、全県にCATVの通信網を設置する『岡山県情報ハイウエイ構想』がある。これが完成する3年後には県民が低料金でインターネットのサービスが受けられるようにしたいといっている。

ただ問題はやはりお役所仕事。原案は担当者がつくるのだが上にいけばいくほど原稿にクレームが入り、心の通うホームページにはなかなかいかないようだ。最近ではアクセス数も減っているという。

このほど電子メール機能を備えた『マルチメディア目安箱』をホームページに加えた。双方向というインターネットの機能を使って県政に活かすとともに、県民の声を聞くパイプ役として活用したいとのこと。この姿勢があるなら岡山県のインターネットは成功するのでは……。

地方自治体が取り組むコンピュータ・ネットワーク

先の岡山情報ハイウェー構想に呼応するかのように地方自治体が続々とこの分野の構築を進めている。中でも注目したいのが神奈川県の藤沢市と岐阜県だ。

NTT（日本電信電話）のOCN（オープン・コンピュータ・ネットワーク）サービスを使ってネットワークのインフラ、つまり基盤にOCNを活用する機運が高まってきたことだ。藤沢市ではいよいよインターネットを通じて市民が意見を述べることができる『電子会議室』がオープンする。今まで年に一度市民と市長が対話できる

『市民集会』があったが、ここではごく一部の市民しか発言の場がなくて、市民全体の声が反映されたとはいえなかった。しかし、このインターネットを使った電子会議室なら、市民集会に出られない人も自由に参加できるので、市民の声が市政に反映できると市では期待している。

一方、岐阜県でもOCNによる『県民情報ネットワーク』を構築する。美術館や福祉施設、病院などの公共施設にパソコンを設置してインターネットにより県の情報も無料で配信する。また県内の約600校の全小中学校に、パソコンを設置する計画もある。大垣市ではマルチメディアのベンチャー企業育成を目的にした県の第三セクター『ソフトピアジャパン』をスタートさせた。

ところでNTTのOCNはコストがかかりこれが障害になっていることも事実だ。低速系128キロビット/秒なら月額料金は3万8000円だが、これが高速系になると1・5メガビット/秒になると35万円で、さらに6メガビットになると98万5000円の月額料金がかかる。個人ではまだまだ利用できず、自治体や大手企業がシステムを構築し、個人向けのダイヤルアップサービスもアクセスポイントを整備することで低料金の提供ができるようになる。中央と地方の情報の格差をなくし、地方自治の情報ツールとしてコンピュータネットワークは、これからますます盛んになっていくことだろう。

ゴルフ場の情報をリアルタイムで

ゴルフ場がインターネットを媒体としてサービスを開始した。

特にメンバーコースを持たないビジターに向けてのサービスが多く、なかなか好評のようだ。ビジターにとってどのゴルフ場が、いくらでプレーできるのか、という情報を、今までは分厚い情報誌をめくって探していたが、インターネットで即座に検索できるようになった。コースの空き具合までがわかり、これは便利だ。

例として、ゴルフ場情報ホームページ『144クラブ』のサービスを紹介してみよう。まずアクセスすると『特別優待券〇万円、〇〇カントリークラブ』とモニター画面に優待券が表示され、希望のコースをクリックすると、優待券がプリントされて出てくる。それをコースの受付に出せば割引券として使えるようになっている。このサービスを関東を中心に60コースの優待のほか早朝プレーやセルフデー、予約状況までの情報をリアルタイムで提供。グループのコンペなどにその利用者は多いようだ。現在の利用者は月平均で4000人だが、アクセスのほとんどが平日の昼間に集中し、会社のパソコンを使って情報を検索しているようだ。

スポーツ用品大手のミズノでもこのようなサービスを開始した。同社のゴルフ教室の生徒やOB、またクレジットカードの会員を対象にゴルフ場の予約代行サービスをインターネットでおこなっている。ゴルフ場では正規メンバーの手前ビジター獲得に積極策を打ち出せないから、ミズノのようなサービスはまさに渡りに舟。

スキー場からプロ野球までも

今年の雪のコンディション、積雪量、天候、またサービスやイベント、客の混み具合にいたるまで、あらゆるスキー場に関した情報が、インターネットで瞬時にわかるのも当然。目的、日程、宿泊の可否から予算までをインプットすれば、希望のスキー場が選べるのだから、便利になったものだ。

関東地方でこのサービスをおこなうスキー場をざっと上げてみよう。

●アルツ磐梯　●神立高原　●富士天神山　●斑尾高原　●信州　●八方尾根など。

またインターネットを使って、スキーヤー自身が発信する個人情報も盛んになっている。今シーズンの穴場のゲレンデ、初級から上級向きに分かれたゲレンデなどを紹介したものもあってさまざま。

さて、プロ野球もインターネットで観戦できるようになった。UHF神奈川（横浜市）では、昨年の8～9月にプロ野球のナイター試合を生中継した。視聴者がホームページでアクセスすると、5台のカメラがキャッチした映像を選択しながら野球が観戦できるものだ。しかもスローモーションや解説までもあるという親切システム。

昨年の日米野球の8試合を〝サン・スーパーメジャーシリーズ〟と銘打ち、インターネットで提供したのが、日本サン・マイクロシステム（東京・世田谷）。スーパープレーのすべてを、動画・音声のプラットフォーム上でリアルタイムに生中継した。

最適なスキー板を画面上でアドバイス

商品（ハード）を知らせることだけでなく、コンサルティング（ソフト）をおこなうというのも販売促進手段では必要なことだ。

インターネットでこれを実施しているのが、スキー用品大手のロシニョールジャパン（東京・千代田）。消費者にどのスキー板が最適かをアドバイスするシステムだ。

『スキーセレクション』にアクセスし、まず画面上の設問に従って性別、年齢、体重、身長、スキー経験年数、年間滑走日数、自己診断による技術レベルをインプットすると、ロシニョールジャパンではそのデータに基づいて実力を判断し、まず本人のスタイルを表示する。つまり貴方は『レーシング派』とか『基礎スキー派』というふうに。そして、板の性質を『軟らかい』『小回り、大回りしやすい』などの注文をつけると、自分に最適なスキー板を選択してくれるというものだ。

同社はスキー板の販売では、1昨年度で約25万台と国内ではトップ。インターネットでスキー板のアドバイスをしようとしたきっかけは「客からよく、どの板がいいかと聞かれるが、どれを薦めていいか迷うことがある」という(販売店の声)。その声をすぐ反映させたところがさすがに業界トップだ。同社ではコンピュータのプログラムを組み直して、今後質問項目を増やしていき、ユーザーに合う板の長さまでアドバイスできるようにする。またホームページ上では、ユーザー対象にスキー板の人気カラーコンテストも実施していく。これは今後の商品開発に大いに参考になる情報だ。さらに国内のスキー場の各種イベントや、スキーのワールドカップ情報もホームページに掲載する。

ロシニョールジャパンのユーザーを取り込むこの戦術は見事だと思う。

接続サービスに女性専用型が登場

インターネットのプロバイダー（接続業者）が女性向けの新サービスを開始した。まだ1割程度の女性利用客を、ここで一挙に増やそうという狙いがあるようだ。

ネットワーク関係のマーケティングやコンサルティングをおこなうアラン（東京・港）ではインターネット接続サービス『女湯（ON－NA－YU）』を立ち上げた。同社では今までインターネットのスターターキットの開発・販売をやってきたが、ここへきて女性客の問い合わせが殺到したため、そこに着眼したのだ。

その『女湯』のサービスは、簡単なクリック操作で初期設定できるスターターキットを会員向けに薦めて、オンラインショッピングができるものだ。化粧品会社や旅行会社と提携して、その各社には自社のホームページを無料で提供する代わりに、提携会社から毎月3～5万円相当のプレゼント商品を提供してもらい、これを月に1度会員向けの『プレゼントコーナー』にしている。このアイデアはいい。

一方、同じプロバイダーのエスエスケー・アンド・アールシーワイ（東京・品川）

でも女性専用のサービス『CALEN』をスタートさせた。同社のサービスで注目したいのは、女性への配慮があることだ。それは会員にはメールアドレスを二つ提供する。つまり一般的なアドレスとごく親しい人のみに知らせるアドレスがあるわけだ。これでセクハラメールも防げるというものだ。午前9時から午後9時に限定してその代わり年2万円の会費を1万円にするコースもあるというのは、やはり女性を意識してのことか。

昨年11月横浜でおこなわれた〝女性のためのネットワーキング・フェア〟には、3日間で何と2万人の女性来場客があったという。電話や手紙など、男性と違ってもともとコミュニケーション好きなのが女性だ。現在インターネットのユーザーは1割というが、以上のような女性専用システムの構築で、数が倍増するのも必至だろう。

産直に全国の農協も参入

農産物の産直はぜひインターネットで、と全国の農協が乗り出した。

宮崎県清武町の南宮崎農協では『特産の高級品を全国に』と銘打って特産のコメと宮崎牛をホームページでPRを開始した。和歌山県田辺市の紀南農協では、大手企業のインターネットの『仮想商店街』に参加して、紀州産の名物の梅干しやミカンの産直をはじめた。愛知県豊川市のひまわり農協ではマスクメロン、菊、トマトなどを販売している。この、ひまわり農協へのアクセス数は、問い合わせも含めて月間1万5000から2万件あるという。

都道府県の農協連合会が、ホームページを開設して、県内の農協と消費者を結ぶケースも出てきた。山形県経済農協連合会では名産のサクランボや西洋ナシを、また長野県農協中央会ではコメ、リンゴやジュースなど加工食品も含めて約30種類をホームページに掲載している。

消費者がインターネットの画面で商品を選ぶと農協は電話で確認して、代金が農協の口座に入金されてから、2～3日の内に商品は届くような仕組みになっている。ところでこの各農協の作戦でもっともネックになっているのが、扱う商品がほとんど生鮮食品のため、値段が一定しないこと。注文を受けてから値段に変動があった場合が一番困るそうだ。さらに利用者からは、配送料金が高いという声も聞かれるという。各農協のホームページ商売で、これが今後の課題だろう。

5000店舗と情報網を構築する資生堂

化粧品の資生堂がインターネットを利用して、専門小売店との情報ネットワークを構築する。各小売店にパソコン機能をもったレジスター端末を設置して双方で商品動向・市場ニーズ・販促情報などを交換するものだ。今年より実施して2000年には全国5000店での展開を目標にしている。今まで、どちらかといえばメーカーからの一方通行だった情報の流れを、インターネットを使って双方で交換するというものだ。販売ルート戦略としてこれは注目したい。

資生堂では、子会社の情報ネットワーク（東京・中央）を設立。東芝と共同で6億円をかけインターネットを社内ネットワークに利用した『イントラネット』を、今後さらに発展させて小売店にまで広げるシステムを構築する。

小売店にPOS（販売時点情報管理）機能をもったレジとインターネット接続機能を備えた店頭端末機『JOIN』の本体を各店舗に無料で貸し出す。小売店はこれを使い商品や販促情報を端末でキャッチできると同時に、そのフィードバックもできるのである。POSによりメーカーでは自社製品の売れ筋や売れ行き、客の年齢層、また時期、時間が即座にわかるが、実はこのデータは営業展開、生産計画上から、のどから手が出るように欲しい情報だ。一方、小売り店側からの要望などもメーカーに生で流すこともできる。この店頭端末からは小売店の顧客に向けてインターネット経由でダイレクトメールを送信することもできるので販促にも応用できる。消費者が資生堂にアクセスした意見や要望も、そのまま店舗側に電子メールで送信して商売の参考にしてもらえるというメリットもある。

今まではともするとメーカーと小売店は利害だけで結ばれていて、それぞれの内部的なことはクローズドだった。これがインターネットの利用によって、互いに情報を交換し合い心の通じる商売となるわけだ。資生堂もそこに目をつけたのだろうか。

出版界も本格参入、インターネットで読者開拓

出版業界もいよいよインターネット事業に本格参入してきた。スタート時点では新刊紹介や出版社自身の会社案内くらいで、利用者のうけは必ずしもよくなかった。それは高い接続料を払ったのに広告ばかりを見せつけられてはかなわない、という単純な不満だった。

そこでまず平凡社が中心になって立ち上げたのが『オープン・ジャパン・ワールド・ネット』（ＯＪＷ）のホームページだ。読んで字のごとく「日本を世界に開く」だが、日本史、日本文化史、そして異文化交流をテーマにいろいろな情報を紹介している。これこそ出版社ならではの企画といってよい。このＯＪＷはそのテーマに近い出版物を扱う出版社の加入で構成されるが、当面は10社以上の出版社の加入を目標にしている。今のところ、最近の物故者に関する情報が検索できる「や、これは便利だ」や、文化人類学の今福龍太氏の「カフェ・クレオール」などがある。

これはＯＪＷではないが、農業書の農山漁村文化協会の「ルーラル電子図書館」がユニークで面白い。雑誌「現代農業」の記事の検索サービスをはじめ、「日本の食生活全集」のデータサービスを有料で提供している。この他、言語中心の出版社の「ひつじ書房」。建築書の「学芸出版社」なども読者サービスとしてホームページで情報を提供している。大手の平凡社や岩波書店でもインターネットを通じて、自社の出版物についてその在庫を確認できるサービスをおこなってはいるが、実は取次店や書店との関係からオープンにできない点もあり、まだこの部分では決め手を模索しているのが現状のようだ。

インターネットでの電子決済システムの構築進む

インターネットを使って、いよいよ電子マネーの時代がくるようだ。

さくら、あさひ、第一勧業、富士の各都市銀行とユーシーカード（UC、東京・千代田）は、カード利用者がインターネットで商品を買うと利用者の銀行口座で同時に決済できるシステムの開発に着手した。システムの構築に際しては日立製作所と富士通も参画している。

現在インターネット利用者が商品を買うと、決済は電話やファックスでおこなう。このシステムが構築されると銀行口座から同時に決済する、いわゆる電子取引が可能になる。これにはまず本人確認用の電子データ（暗号）を登録する認証機関が必要だ。つまり電子取引の場合ホームページを開設している加盟小売店が、取引の本人であることを証明するための電子データが必要なわけだ。そして取り引きの度に本人確認ができるように、利用者（商品購入者）は自分のパソコンに暗号データをインプットしておく。このための発行手数料は利用者側が約１００円、小売店側は１万円程度を予定しているそうだ。

この事業の開発に要する費用はおよそ40億から50億円といわれ、通産省も積極的で10数億円程度の助成金を出す。またすべてのクレジットカード、及び銀行口座所有者が利用する日本の標準仕様にする目的から、マスターカード・インターナショナルとも提携して国際的な互換性も考えている。

このプロジェクトは既に昨年6月から、森ビルが推進している『マルチメディア都市開発研究会』のホームページで実験を開始している。

銀行業界では今まで電子上での決済を、安全性の観点から消極的だったが、先に上げた認証機関の設立によりいよいよ電子決済に向けて前向きの姿勢を示し始めた。

インターネットで資金の移動も

都市銀行がインターネットを利用した資金の移動サービスをいよいよ始める。

まずそのテストに着手したのは『さくら銀行』だ。普通預金や当座預金からの資金の移動をインターネットを使ってできるものだ。残高照会や振り込み振り替え、また出入金の照会もできるというものだ。今までのホームバンキングでは手数料をとっていたが、このサービスではそれは取らないという。いわゆる電子マネーシステムは不正利用への疑念もあり、安全性の面から多くの問題点がないとはいえなかった。

しかし、さくら銀行のシステムでは独自に開発した暗号システムによりその心配は解消されたそうだ。インターネットによる資金移動、資金決済はICカードに情報を入力しておこなう、いわゆる『電子財布』の機能を備えたもので、電子マネーのベースになるといわれている。

欧米ではすでにこのシステムの構築ができ、日本ではこの分野の立ち後れは否定できない。さくら銀行のテストを踏まえて、結果次第ではいよいよ現実にこれが実現するだろう。

投資の訓練になる資産運用ゲーム

投資をインターネット上でゲームとしてやってみませんか、というユニークな会社が現れた。これは資産運用ゲームの一つで、投資に関心のある人にはトレーニングとしても最適なものではなかろうか。

ガヴァリ・デジタル・エンタテイメント（東京）では、インターネット上で株式の売買や為替取り引きをして、互いに資産運用を競うシミュレーションゲーム『KAB

UTO－CHO』（兜町）を提供している。現実に毎日の株価や為替レートを元に資産評価を判断しながら自分で株式投資をしていくゲームだ。このゲームに参加するには、同社のホームページにアクセスして会員登録をする。その登録料は1人1000円で月の会費が1500円だ。

さてそのゲームの内容だが、毎月与えられる1億円の資金をもって、株式や、不動産、商品取引、為替取引などに運用していく。株式の対象は東証1・2部の全銘柄で、月末に同社で各人の運用結果を集計してその順位を全会員に知らせるとともに、上位入賞者を表彰する。ゲームの内容性から、証券会社にスポンサーになってもらい、同社のホームページに無料で広告を掲載する代わりに入賞者への賞品を提供してもらう。実際に証券会社が社員研修などでこのゲームを利用する場合は団体割引もあるというからさすがだ。同社では、ニューヨーク証券取引所を対象にしたゲーム『WALLS TREET』や同じくロンドン版の『CITY』の提供も検討中だ。

同じような事例で、商品先物をインターネットで模擬売買してみませんか、という会社も現れた。ジャパンネットワークサービス（北九州市）が実施するもので、サービス名を『相場研究倶楽部』という。会員は電子メールか同社のホームページを通じて模擬売買をシミュレーションでおこなう。同社では模擬売買の他に先物関連リンク集など実際の取り引きに関する情報も提供している。

ゲームではないが、関連することでもう一つ取り上げておくと、学生ベンチャー企業のスプレッドエフフォー（東京・調布市）では、インターネットを使って株主を募っている。電子メールで申し込むと株式募集の詳細な情報や同社の業績などがメールで送られてくる。

ホームページで国宝の普賢菩薩をじっくりと鑑賞

インターネット利用も遂にここまできたかと思わせる事例が登場した。それは博物館や美術館が所蔵品の数々をインターネットを通じて配信を始めたからだ。

東京国立博物館では1昨年よりインターネットを通じて、所蔵品の展示公開を試験的に開始している。ホームページでアクセスすれば、雪舟の山水画や縄文土器などが現れ、写真とともに解説まで入っている。また国宝の普賢菩薩が見たいと思えば、その菩薩像が現れ、さらに「画像」をクリックすると画面いっぱいに菩薩像がカラーで見ることができる。もちろん解説付きだ。じっくりと鑑賞した後は自分のパソコンにメモリーできるので、後日いつでも取り出して見ることができる。私の知人に美術愛好家がいるのだが、彼は今全国の美術館や博物館にアクセスして自分のパソコン内に『プライベート美術アルバム』の作成に忙しい。

さて、東京国立博物館以外でも、京都国立博物館や奈良国立博物館も現在計画を進めている。また名古屋の徳川美術館や犬山市の明治村では既に立ち上げている。東京の、たばこと塩の博物館では既に浮世絵のページをインターネットで配信している。美術ではないが、兵庫県立自然の博物館では昆虫や植物などの標本を配信している。ちなみに海外でも、フランスのルーヴル美術館や米国のスミソニアン博物館では早くからこのホームページを展開している。これらのホームページは、所詮限られたスペースでの鑑賞にとどまるわけで、興味を覚えればやはり実際に足を運んで現物をじっくりと鑑賞したくなるものだ。そういう意味から美術館や博物館のホームページは販売促進のひと役を担っているともいえる。

東京大学総合研究博物館でも、約６００万点にも及ぶ学術資料をデジタル化してインターネットで流すサービスを開始した。

インターネットもおいしい時代、食品各社の戦術

食品各社も、いよいよ本格的にユーザー向けにインターネットの導入を開始した。日本ペプシコーラ（東京・港）ではすでに日産自動車、ＪＴＢ、ビクターエンタテイメント、トミーなどと提携して展開している。この異業種と提携したインターネットは一味違って利用者参加型のゲーム形式にしていることだ。ペプシはもちろん、参加企業の商品に関するクイズを出して利用者はそれに答える。クイズ内容は１か月ごとに更新されるが利用者（クイズ応募者）は月々増加している。正解者にはペプシをはじめ参加企業から賞品が出る。

一方、江崎グリコではバレンタインデーに的を絞って、ホームページでチョコレートを注文すると、50字以内の自分の〝愛のメッセージ〟を書き込んだ商品を送ってくれるサービスを実施した。また職場向けの〝義理チョコ〟『トリュフチョコ』『プチ・プラルネ』もインターネット専用商品として提供した。ともにネットサーファー需要を狙った戦術だ。またネット商品（市販品以外の商品）をインターネット通販で販売している。『ライトミール』（栄養補助食品）や『ビネスカ』（健康飲料）がＯＬを中

心によく売れている。

味の素ではホームページ『Ａ－Ｄｉｓｈ』で３００種を越える料理レシピが好評だ。カロリー別、素材別に検索できるのがうけている。なかでも同社のＣＭにも登場する中華の周富徳氏などのメニューも好評だ。レシピには調味料やサラダ油など、同社の商品が出てくるのは当然だ。

最適ルートは時刻表ではなくホームページで

列車の時刻表は分厚くて見にくい。特に急いでいる時は本当にイライラしてしまう。そこでこの分野にもインターネットが登場した。

『リアルタイム列車&航空時刻案内』。路線図の中から１駅を選ぶと、その駅から利用できるすべての路線とその発車時間が瞬時に画面に出てくる。今では１日数万件の利用があるという。現在首都圏のターミナル駅と名古屋、新大阪で展開中だが、ＪＲをはじめ主要私鉄から、成田、羽田、関西国際空港での航空便も網羅している。実はこのページを手がけているのはエヌ・エス・ジェー（東京・北品川）という会社で、鉄道マニアのここの社長のアイデアなのだそうだ。アクセスの料金はかからないが、

同社ではその時刻表のページにある企業の広告収入で費用をまかなっている。

さて、目的地までの経路や運賃、所要時間が検索できる『乗換案内』も利用者が多い。出発駅と目的駅を機械に入力すると、いろいろなコースのパターンが表示され、それを自分で選ぶものだ。運賃はかかっても早く行きたいなら当然飛行機便が表示されるが、運賃を安く、時間は問わないとなれば各駅停車で乗換駅から所要時間まで表示されるようになっている。この乗換案内を考えたのは、ジョルダン（東京・新宿）。ダイヤの改正を迅速にとらえてシステムを構築しているので利用者は多く、1日に3000件あまりもあるという。またローカルの交通については『時刻表リンク』があるが、こちらは市・都営バスから登山バスやロープウェーまで網羅しているから限定した地域での乗客には便利だ。以上紹介したものは、利用者側に立った心憎いような、企画力の優れたホームページだと思う。

これに反して各鉄道会社では独自に時刻案内のホームページを開設しているが、それはあくまでも自社路線の範囲内での案内で、しかも自社のPRや旅行案内が多くて、必ずしも利用者向きとはいえない。

店舗の要らないインターネット商売

中古コンピュータ販売のホームページ『ポートネットサービス』を個人で立ち上げているのが千葉県野田市に住む上野千里さんだ。今ではインターネットを通じて個人で商品を売った最初の人として有名だ。現在扱っている商品はリース会社がリース期間（通常5年）が終わってユーザーから引き上げた中古のパソコンがメインだ。今ではリース期間が終了るする前に新型を入れるユーザーが多いため、年式もそんなに古くなくお客の反応もいい。顧客は大学関係が多いそうだが、それは教授が使うのではなくて学生がトレーニング用に使うため、少しでも安価な商品を求めていることからきているのではないか。以前から無線や電子メールを使って友人と情報交換をしてきた上野さんは、女性ながらキカイにめっぽう強い。その強みを発揮してパソコンのトラブル解消法をお客にアドバイスしているのも顧客獲得になっている。大手メーカーがあまり手をださない、いわゆるスキ間産業で結構商売になっている。

パソコンのディスカウント店『ツートップ』（東京・足立）の商売もユニークだ。昨年にホームページを開設したが、顧客のほとんどが地方の大手メーカーの技術者だという。アクセスしてくる時間もほとんどが午後10時以降だが、そのアクセスに対して必ず翌日には迅速な対応をしているのが顧客にうけている。

極論すれば、店を持たなくても商売ができるのがインターネットを使ったホームページ。ここに上げた事例はその成功例といえる。

プロバイダーがCATV各社と提携

インターネットはいうまでもなく電話回線を利用した通信手段だが、この電話網に依存しないニュービジネスが出現した。それはプロバイダーがCATV各社と提携して、ＣＡＴＶがもつ加入者直結の大容量回線ケーブルを使ってインターネットを配信するものだ。アクセス時間の短縮と割安料金をセールスポイントに攻めの営業展開を開始した。

大手のプロバイダー『インターネットイニシアチィブ（ＩＩＪ）』（東京）がＣＡＴＶ（有線ＴＶ）10社と提携するもので各社が第一種電気通信事業者の免許をとってサービスを開始した。主なＣＡＴＶは、ジュピターテレコム、ケーブルＴＶ足立（東京）、ひまわりネットワーク（愛知県・豊田市）、シー・ティィー・ワイ（三重県・四日市市）など、参加10社の総契約者は50万人というからマーケートとしては非常に大きい。放送にインターネットが組み合わされたことによりさらに新規契約者の増加を狙っている。

ＩＩＪではまず東京に通信センターを開設し、ここにサーバーを置き各地のＣＡＴＶ局の大容量専用回線に接続する。そしてＩＩＪに総合問合せセンターを設けて、提携のＣＡＴＶ各社の契約者からのインターネットに関する問い合わせからクレームまでの一切をここで処理する。急激に伸びつつあるインターネット業界ではあるが、個人ユーザーの大きな不満は料金が時間比例でかさむことと、通信速度が遅いことだった。これがＣＡＴＶになるとまず加入者宅まで直結する大容量回線のため時間の問題がクリアされる。しかも高速でありながら料金も割安というから利用者は確実に増えるのではなかろうか。

ＣＡＴＶにインターネットを接続してマルチメディアに

前項に関連するが、ＣＡＴＶ（有線ＴＶ）がインターネットの登場で大きく変わろうとしている。

武蔵野三鷹ケーブルテレビ（東京・三鷹）では日本最初にＣＡＴＶにインターネットの接続サービスを開始した。ＣＡＴＶ局と家庭をケーブルで結ぶものだから電話料金はかからない。同局はインターネットのプロバイダーだからアクセスポートの数量も多めにもち、ビジー状態にはほとんどならず、通信速度も安定しているので、加入者には好評だ。

テレビ放送である地上波、ＢＳ、ＣＳ、これらはあくまでも視聴者に向けて情報（番組）を電波で送っているに過ぎない。しかし一方のＣＡＴＶは有線で情報を送り、しかも双方で、情報のやりとりができるのが大きな特徴だ。つまり双方向性があるわけだ。

この武蔵野三鷹ケーブルテレビの実績から、大手の東急ケーブルテレビジョン、大分ケーブルをはじめ、全国のＣＡＴＶ局が、この分野に参入する計画を進めている。ＣＡＴＶとインターネットの双方向性を活かして、加入者同士が互いにゲームに興じたり、買い物、レジャー、福祉の情報をやりとりできるようになる。

また双方向性のメリットを活かしてＣＡＴＶを利用した電話事業の構想もあり、伊藤忠商事系のタイタス・コミュニケーションズ（東京・渋谷）、ジュピターテレコム（東京・新宿）などがこれに参入する計画をもっている。

郵政省の調べによると、既にＣＡＴＶの受信契約者は都市型テレビも含めて１００万所帯を超えている。これにさらにインターネットを接続することで、マルチメディアのプラットフォームとして機能はますます拡大するだろう。

インターネットで宿泊プランを予約販売

旅行代理店の電話はなかなか通じにくい。社員はカウンターでお客の応対に忙しくて電話にすぐ出られないのが実情のよう。さてそれでというわけではなかろうが、今度近畿日本ツーリストがインターネットを使った宿泊プランの予約販売『Eクーポン』をスタートさせた。このEは『いい』に通じるゴロ合わせだろうか。お客はホームページを見ながら予約を申し込みプリントアウトして自分の予約番号が入った『確認書』を受け取り宿泊先でその確認書を提示する。プリントアウトできない場合は予約番号を控えておき、それを宿泊先に示せばよい。当面対象を旅館200軒、ホテル100軒やスキー場の宿泊施設50軒においている。なおこのEクーポンで申し込むと旅館では2割程度料金を割り引くというから販促につながるのではないか。受付時間は午前9時から午後8時だ。

この近畿日本ツーリストのインターネットによる販売手法をとれば、人件費やパンフレットの大幅削減が図れるし、窓口に社員がいなくても対応できるので実質の営業時間の延長も可能になる。

ただ、法により旅行商品はオンラインでは販売できないことになっている。そこで同社では販売ではなく、あくまでも予約という範囲でこの手法を使っている。だから客は宿泊先で料金を支払う仕組みになっているわけだ。法の穴といっては大げさだが近畿日本ツーリストのこの販売手法の狙いはさすがである。

関連する情報も付け加えておこう。湯原温泉（岡山県湯原町）では『ゆばらリゾート』をインターネットですでに提供している。ホームページで宿泊の予約受付し、ホームページでの予約客には通常日は15％を割り引く。

仮想モールを開設したエンドウの戦略

自動車部品製造のエンドウ（千葉県佐倉市）が今度国内外の自動車メーカーや車用品販売会社約450社などと提携してインターネットに仮想モールのホームページ『オートモール』を開設した。

これには国産ではトヨタ、日産をはじめ、外車ではドイツのメルセデスやフランスのプジョー、またイタリアのフェラーリなど世界15か国の自動車メーカー25社のホームページがある。さらにこれには日本の運輸省、日本道路公団、日本RV協会、米国の政府機関のホームページも接続されているのでユーザーにとってはまたとない情報となる。

それは国内外の自動車メーカーの新車情報とともに、運輸省のホームページでは車のリコール情報、また道路の交通事情なども入手できるからだ。また、石油会社、レンタカー、自動車雑誌の情報も入れているからまさに至れり尽くせりだ。さらに車の整備や修理の情報提供もするという。このシステムは、自社でホームページを開設していない企業に対しては同社で有料で制作作業の代行までやる。

今後この仮想モールでの検索数を増やしていき、広告掲載料金の有料化もしていく考えのようだ。商品情報に限らず、行政や業界のニュースなど、車に関するあらゆる情報を提供するこのエンドウの仮想モールは、いかにもベンチャー企業らしい戦術。ちなみにこのエンドウの遠藤義一社長は、弱冠25歳の起業家で米国の大学に留学中にこのプロバイダー（接続業者）のノウハウを学んだのだそうだ。

キメ細かいサービスの『京都モール』の展開

インターネットを使った仮想商店街『京都モール』がいよいよ開業する。京都といえば、清酒、西陣織、漬物、清水焼きなどがすぐ頭に浮かぶが、これに灯油をはじめコメや食料品、日用品までを扱う京都モールを運営するのは、京都市の第三セクターの『京都ソフトアプリケーション』（ＫＹＳＡ）だ。お客の支払も電子決済を考えているようで、そのため産業界と行政で組織した『京都ＥＣ（電子商取引）推進協議会』もこのモールに参画している。この京都の仮想商店街は国内外の不特定多数を対象にしてはいるが、地域へのサービスが大きな目標なので電子決済は地域住民に限定している。

この京都モールのもっとも大きな特徴は、昔懐かしい『御用聞き』を復活させたことだ。コメや酒などのように消費のサイクルがおよそ読めるものについては、客の周期を見ながら電子メールでＤＭ（御用聞き）を送信する。その他の独自のサービスを上げてみよう。

●顧客の購入額に応じてクーポン券などをオンラインで発行する。
●特売情報などのダイレクトメールや各店のチラシページを設け特売などの情報掲示板とする。
●大口割引も実施して共同購入を促進する。
●扱って欲しい商品などを聞く窓口の設置。
●割引交渉用の窓口を各店に設置。地元優先に徹し、しかも売り手一方の姿勢ではなく、買い手側の要望も聞くこの京都モールは必ず成功することだろう。

遠隔在宅医療が実験段階に

マルチメディア時代を迎えて、いよいよ遠隔在宅医療が実験段階に入った。

インターネットやテレビ電話を使い、患者の自宅にはカメラ、テレビ電話、インターネット端末、心電計などを置き総合デジタル通信網（ＩＳＤＮ）かアナログ回線で接続し医師と患者がやりとりする。医師は送られてくる心電図や血圧、体温などの測定データをもとに、患者の顔を見ながら診断できる。また、インターネットでは医師が電子メールで症状を尋ねたり、逆に患者からの相談のやりとりもできる。通産省の外郭団体『ハイビジョン普及センター』（東京・港区）が中心になっておこなうもので、同センターでは遠隔在宅医療研究会を設立して推進する。東京の国立大蔵病院、国立小児病院、国立水戸病院、茨城県立こども病院などが協力している。

ただし、まだまだ実験段階で問題点がないとはいえない。医師も患者も機械の操作に慣れていないし、また画面もコマ送りで不鮮明だし、それに設備費も高価だ。

装置の小型化、軽量化、操作性の向上とともに装置全体の低価格化が今後の課題のようだ。しかし、マルチメディアを駆使した遠隔在宅医療システムは、近い将来現実的なものとなるのは間違いない。

25万種類の商品情報を提供する会員制の通販

米国で急成長している大型通販大手のCUCインターナショナル（コネティカット州）と三菱商事とユニーなどが提携して、インターネットを通じた事業展開に乗り出す。その合弁会社は、シー・ユー・シー・ジャパン（東京・港）という。CUCは米国では6000万人の会員を擁する通販専門会社だが、昨年には年商16億ドルを上げ、車も年間1万台以上を紹介販売したり、航空券やホテルの予約代行もおこなうというユニークな会社。その同社のノウハウを日本の市場で活かそうという狙いだ。

商品はメーカーや卸から直送し、自社では在庫を持たない仲介型のビジネスだから低コスト化が図れる。会員に提供する商品は家電、衣料から生活関連商品のほとんどすべてを扱い、25万種類にも及ぶ。これは通販では最大だ。

会員はインターネットで購入したい商品を問い合わせると、もっとも安い商品が検索できるような仕組みになっているから便利だ。もちろん電話でも受け付ける。年会費は3000円。当面は都市銀行と提携して銀行の小口預金者向けにサービスを開始して2000年には300万人の会員を獲得し年商で100億円を目標にしている。

中小企業向けインターネット一括支援

商社とコンピュータメーカーとが提携して、中小企業向けのインターネット一括支援の動きがある。これは大手企業が続々と情報武装をするのに対して、中小企業では例えば、パソコンの配備一つをとっても大変遅れていることに目をつけたニュービジネスである。

兼松と日立製作所が提携してパソコンの供給から据え付けから接続、教育、ソフトまでのサービスを提供するオールインワン・サービス『KANET』（カネット）をスタートさせた。対象は社員数10人程度の中小企業が主体で、パソコンの使用目的、必要台数、予算を聞き顧客の要望にマッチしたパソコンや周辺機器の調達から接続をおこなう。もちろんプロバイダーとの契約も引き受ける。パソコンやインターネットの導入は大手から中小企業へと進んではいるが、現実にはその構築に問題があり、まず専門部署や専門スタッフが中小企業では整備しにくい。この点を巧みにサポートして、個々のサービスではなく総合的なサービスで立ち上げるのがKANETの狙いだ。

もちろん顧客の希望があれば、ホームページの作成から維持、管理までの一切の業務も引き受ける。また必要に応じてパソコン教育も実施したりソフトの提供もする。

提携先の日立では全国の支店や営業所を中心にＫＡＮＥＴを展開していくが、パソコンやその周辺機器の提供とともに、インターネットを利用した新規顧客の獲得やコンテッツの販売も構想にある。

ＣＤ－ＲＯＭでインターネットを無料接続する日産

日産自動車がソニーグループのインターネット接続会社（プロバイダー）のソニーコミュニケーションネットワーク（東京・品川）と提携して、インターネットの無料利用を組み合わせた新しい販売促進戦術を展開した。

これは日産系列のディーラーにＣＤ－ＲＯＭ（コンパクトディスクを使った読み出し専用メモリー）を5万枚配布するものだ。接続ソフトが組み込んであるので、ソニーコミュニケーションネットワークの接続サービス『ソネット』を最大3か月、10時間まで無料で利用できる。当面3か月ごとに定期的に配信していく。新車情報を中心にしているが、ゲームなども随時取り入れていく。このＣＤ－ＲＯＭ方式によると簡単にインターネットに接続でき、利用者は日産自動車のホームページ以外のものも自由に見ることができる。

一方、CD－ROMでおこなったユーザーのアンケートの結果をインターネットを通じてデータとして集計すると、今後のマーケティングにも応用できると日産では考えている。

ユーザーがインターネットにアクセスする時の費用は、ソネットの場合で10時間分で2400円の接続料金がかかる。これを日産では無料で提供するわけである。5万人のユーザーがフルに利用したすると、日産では月に約1億円の負担となるが、詳細な製品情報を音と映像により無料でユーザーに提供する効果を計算しているようだ。

長距離割安のインターネット電話

インターネットを使った割安電話サービスがいよいよ本格化した。

プロバイダーが相次いで電話事業に参入し、従来のNTTより料金が半額近いというのが、なんといっても魅力。インターネット電話は、文字通りインターネットの回線を使って通話し、専用のソフトで通話の音声をデジタル信号に変えて送信し、受信側が再び音声に変換して通話する。

　プロバイダーの『リムネット』（東京）は、会員を対象に東京・横浜・大阪・名古屋・札幌・福岡とその周辺地域を含む6都市でサービスを開始した。会員はリムネット設置の交換局にフリーダイヤルで電話し、会員番号を打ち込むとＮＴＴの電話と同じように通話ができる。料金は最初の３分間が60円で以後１分当たり20円。リムネットでは現在会員数が5万２０００人だが、このほとんどが会員登録すると読んでいるようだ。ちなみにこの加入料は７０００円だ。

　中小企業約１００社が加入している『リブアンドラブネットワーク』（埼玉・川口市）や、割安国際電話のビジネス展開をしている『千代田産業』（東京）でも同じくこのサービスを開始。東京・大阪間で料金は3分間で55円、48円を設定している。ＮＴＴでもこれに負けじと、今年の2月より東京・大阪間（平日昼間）は3分間１１０円、新電々が3分間１００円に値下げ、インターネット電話の料金とはともに大きな差は否定できない。

　ただ、インターネット電話に問題がないわけではない。まず、電話の発信、発着地がアクセス拠点のある都市部とその周辺となっていて、そのサービスエリアのカバーについては通話可能地域が限定されていることだ。さらに通常の電話回線ではないので雑音の問題もあり、さらに通話の秘密保持の点も懸念される。しかし、料金の安いインターネット電話の普及で、消費者の選択肢は増えてきたわけだから、これはいいことではないだろうか。

第6章

〝代わりにやってあげる〟ノウハウとは

代行ニュービジネス事例

給食事業で快進撃を続けるエームサービス

企業の社員食堂の80％はその運営を専門業者に委託しているが、その大手の一つが給食事業受託会社のエームサービス（東京・港区）。三井物産系でありながら、意外にも三井グループでの売り上げは26％程度で、グループ内での売り上げに依存していないところがユニークだ。既にＮＴＴ、松下電器産業、ソニー、野村証券などグループ外企業からも続々と受託している。さらに病院や社会福祉施設の給食事業も請け負い急成長を遂げている。１事業所当たりの売上高はライバル他社の5倍になるという。社員食堂部門以外でも、広島アジア大会では選手村の食堂を受注して35万食を提供するという大きな記録を打ち立てた。また、アトランタ五輪にもコックを派遣するなど着々と実績を積み上げている。

同社の成功要因を探って見るとそこには並々ならぬ企業努力を見逃すわけにはいか

ない。通常社員食堂は1人1人の調理師が和、洋、中華のすべての料理をつくっているが、同社は業界初で、それぞれ和、洋、中華の専門の調理師を置いている。さらにさめた料理を提供することを排除した。つまり、断熱材を使ったトレーや保温、保冷車を導入して時間内なら、いつも適温の料理を提供するということに徹しているのも大きなセールスポイントになっている。また利用者の特性を絶えず調査・分析して各食堂ごとのメニューを組んだり、飽きられないメニューづくりに気を遣っている。

さて、このメニューや仕入れ、在庫管理などをシステム化し、ローコスト化を図る手法は提携した米国のアラマーク社のノウハウである。4兆円といわれる給食産業市場で快進撃を続ける同社は、さらに給食施設の清掃、害虫駆除、自動販売機管理など周辺のサービスも手がけていて、その攻めの企業戦略には驚いてしまう。アウトソーシング・ビジネスとして、このエームサービスの展開には注目したい。

テレマーケティングで伸びるベルシステム24

マス媒体の広告戦略とともに、今テレマーケティング戦略が注目されている。テレマーケティングは文字通り電話を使って見込み客を発掘するものだが、土曜や日曜、また夜間などにおこなう場合があるので、メーカーや通販業者などが専門業者に依頼するケースが多い。

さてこのテレマーケティングで業績を伸ばしているのがベルシステム24(東京・豊島)だ。取引先は既に3000社を超える。同社の戦略を見てみるとさすがに業界トップだけのことはある。

まず、電話での顧客発掘だけでなく、商品開発のためのリサーチ、発売後の顧客の反応リサーチ業務をおこなっていることだ。さらに企画力も抜群で、阪神大震災の時にはいち早く電話による募金システムを構築したことだ。また、マスコミからの依頼で選挙の時の世論調査も広く手がけている。

テレマーケティングでのキーはなんといってもオペレーターの力にかかっているといっていい。だから同社ではコミュニケーターといっているが全国24の拠点に合計7000人のコミニュケーター(嘱託社員)がいる。顧客企業を代表しているから、商品知識はもちろん、しつこい客にも巧みに対応しなければならないため応酬話法もマスターしなければならない。そこで同社では『ベルゼミナール』という研修部門があり、コミュニケーターを徹底的に教育している。仕事柄ストレスもたまるので、社内にはゆったりとくつろげる休憩室も設け、さらにコミュニケーターが使う椅子は社員用のものより上等のものを供給している。

業績を見てみると、去年5月期の決算で売上高204億7400万円はもちろん業界トップだが、テレマーケティングの市場は約500億円といわれているから、ベルシステム24が市場の5割近くを占めていることになる。

なお同社では今度読者参加型の女性誌『ビーズアップ』を創刊、18〜25才の女性を対象にして22万部発行し、競争の激しい女性誌業界の上位を狙っているのだ。

便利、代行を売る米国のニュービジネス

これは海の向こう、米国での事例。ニュービジネスの本家米国らしいニーズを巧みに捉えた便利、代行サービスのアイデア商法のあれこれだ。

まず、レストランの元シェフ達が共同で展開しているPC（パーソナル・シェフ・サービス）が人気を呼んでいる。その名をトゥルーリース・ユニーク・パーソナル・シェフ・サービス（カリフォルニア州）といい、契約した家庭に出かけていき、先方のキッチンを使って2週間分の夕食をまとめて調理師して冷凍保存しておく。料金は

2人分で260ドルと決して安くはない。単純計算で1日の夕食が日本円で2000円ちょっと。お金はあるが時間がない、という共働きの夫婦の家庭ではこの便利な代行サービスは結構好評のようだ。

一方、同じようにピーポッド・デリバリー・システム（イリノイ州）も共働き夫婦を対象にオンライン受注による食品の宅配をやっている。現在サンフランシスコ、シカゴなど5都市で展開中だが、既に約2万人以上の会員がいるそうだ。今後カナダを含めあらゆる都市で展開すると鼻息が荒い。

さて、米国にはビジネス面での新事業を展開しているアイデアマンもいる。ポスネット（ネバダ州）は、自宅をオフィス兼用にしている人向けの代行サービス業務で多くのお客を獲得している。郵便物にはじまり航空貨物、宅急便などを一手に引き受けるサービスをおこなっている。その店舗もフランチャイズチェーン化してすでに年商6000万ドルの勢いだ。荷物の梱包から24時間使える私書箱の設置から留守中の荷物の預かりもやるという完璧なサービスだ。またコピー、FAX、挨拶状の制作郵送業務までやっている。便利、代行を売るニュービジネスとして、この米国の事例は日本でも大いに参考になるのではないか。

コピーサービスで月３０００万円の売り上げのキンコーズジャパン

明日、大阪での会議に使う資料の作成に時間がかかり、資料が完成したのは午後10時過ぎ。コピーをとってくれる女子社員はもういない。会議資料はＡ４の用紙で27枚。Ａ３のグラフや表が5枚、明日の会議にはそれが30部要る。会社には当然コピー機はあるが自分でその作業（全部のコピーを30部ずつとってＡ３のものを折って頁を揃えて綴じる）をやったとして何時に終わるかわからない。こんな時、あなたならどうする？　実はそんな時に便利に対応してくれるのが、米国から上陸したキンコーズジャパンだ。

平日は24時間営業だから、何時になっても原稿を持ち込めば、明日の大阪行き新幹線の始発に乗るまでにコピーをとり製本までやってくれる。

キンコーズジャパンは本社が名古屋市にあり現在市内に3か所、東京の京橋と虎ノ門に支店がある。その業務内容を上げてみると●セルフサービスコピー　●フルサービスコピー　●カラーコピー　●大型カラーコピー　●ＴＶ会議システム　●ペーパーセンター　●オフィス文具販売　●メールボックスサービス　●デジタルフォト

●製本・加工サービス　●写真現像・証明写真　●セルフコンピュータサービス　●FAX送受信　●翻訳サービスなどである。

現在、コピーサービス業務がそのほとんどで平日は24時間営業、土曜、日曜、祝祭日は午後7時まで営業するキンコーズは『オフィスのコンビニ』をめざしている。米国のキンコーズは約800店舗のネットワークを持っており、例えばロサンゼルスにある会社の支店の担当者が、明日ニューヨークの本社の会議に使う資料を作成して、それをキンコーズの店に持ち込めば翌日ニューヨークのキンコーズの店で会議資料は受け取れるという。だから自分は手ぶらで出張できる。

ところでキンコーズジャパンの本格的な展開はこれから。冒頭のサラリーマン氏のようなケースもやがて東京で依頼した会議資料が、現地の大阪で受け取れるようになる。特に社外秘扱いのものについては特別に管理を徹底しているので安心だ。コピー、コンピュータ、メールボックス、FAXの送受信ができるそのオフィス・コンビニのキンコーズは、個人で事務所を持たない外人のビジネスマンなどに大いに活用されている。この『ビジネス・ネットワーク・サービス』をキンコーズジャパンは今後積極的に推進していくという。すでにコピーはオフィスの常備品となっているのに、その

『時間』と『ボリューム』次第で、ビジネスチャンスは必ずあると狙いをつけたキンコーズはさすがに凄いと思う。ちなみに、同社では月間コピーサービスだけで現在約3000万円の売り上げがあるそうだ。

営業・販売促進業務を代行するマースジャパンの商法

営業から販売促進までの仕事を一切代行するという会社がある。マースジャパン（東京・文京）といい、この社名の『マース』はマーケティング＆セールス・サポートからとった。ここでアウトソーシングのニーズに対応する同社の業務内容を見てみよう。

まず正社員80人に対してセールススタッフが300人、フィールドスタッフが400人という登録スタッフで構成されている。登録スタッフの年代はほとんどが30代で男女比は7対3。もちろんすべてが営業のプロだ。

さてその展開の内容は、同社の急成長ぶりの謎が解けてくる。まず営業については依頼してきた企業の面接をパスしたスタッフが商品知識はもちろん、商品の業界動向から競合商品まで徹底的にマスターして営業の最前線に飛び出して行く。

マースジャパンでは即戦力の部隊を派遣するのが目的だから、これは当然だ。セールススタッフは1日決められた時間に営業報告を入れ、しかも営業先への抜き打ち訪問や確認などの管理体制は一般企業の比ではなくそれは誠に厳しい。そしてクレーム2回、不正1回で即日解雇という。依頼してきた企業に応えるためにはこのような厳しい基準も当然なことだろう。契約人数や期間は依頼先が決めるが、この人件費は1人当たり70万円という。社員としての経費は通常給料の1・8倍というから、これを高いとみるか安いとみるかは、評価が分かれるところ。

欧米では多様な販売チャネルと営業拠点を設けることへの莫大な経費を勘案して、このような営業や販売促進の業務を、代行業者へ依存するのは慣習化しているが、日本ではまだまだこれが根づいていないのが現実。マースの実績を見ても今までは外資系の企業からの依頼がほとんどだったが、最近になって日本企業からの依頼も増えてきて、外資系と国内企業の受注比率は6対4にまでになった。モノが売れなくなって不況が本格化してきた今、優秀な人材を外に求めるようになったニーズに対応して、マースジャパンの出番がいよいよ多くなってきた。

帳簿から、製造・営業を代行する日本アシスト・グループ

前項のマースジャパンに似た業務内容で、帳簿の記帳から営業、製造、販売までを代行するというのが、文字通りの社名の日本アシスト・グループ（大阪市・中央）だ。

まず、記帳代行のサービスに乗り出したきっかけは、中小企業の経営者には資産表の見方がわからない人が多いことに気づいたため。そこで専門の税理士でも2か月はかかるものを、10日間で対応するシステムをつくった。現在この分野での顧客は400社に及ぶというが、中には金融機関との折衝も代行してくれという企業も多いそうだ。

また製造メーカーでの人材不足に対応して、同社のグループの『ライテック』で製造・加工の代行業務をおこなっている。電機、食品、文具の各主要メーカー200社と業務委託の契約、専門技術を必要とする製造ラインの代行は人材の確保がキーになる。同社では技術・製造スタッフの登録スタッフの1000人が、これに対応している。いうまでもなく同社で製造ラインを設備するのではなく、その人材を派遣しているのだ。

さらに営業スタッフの派遣は同社のグループ『キャスコム』でおこない、新製品の

市場導入、新規開拓などで、すでに依頼先の正社員の3倍の実績を上げた成功事例もある。

正社員はわずかに40人の同社ではあるが、先に上げたように登録スタッフが技術・製造系で1000人、営業スタッフが60人、それに事務系（帳簿記帳）が5000人を抱えて、今後さらにアウトソーシングビジネスに企業のスケールメリットを発揮していくことだろう。

書類整理のノウハウを売り込むファイリング・システム

代行ニュービジネスについて取材しているといろいろユニークな企業があるものだ。このファイリング・クリニック（東京・港）もその一つだ。

会社内の情報の大半はいうまでもなく『紙』に集約される。しかしその紙が問題であり、企業の各セクションの紙の資料（情報）は膨大なものになる。そこに目をつけたのが同社だ。

まず、一般企業ではどうしても各部署で個人の管理になりがちな資料を共同管理にスイッチする。そして、各文書ごとに保存年限や重要性のランクづけをする。そうすることによりさらに文書整理方法を統一する。それは文書をA4とかB4に統一することだ。つまり文書のファイリングの統一である。社内の不要な文書を整理処分して事務の能率化を図るわけだが、そのためにはマニュアルを作成して依頼先に出向いていき社員研修をやっている。そして実施後には中間チェックをおこない、最終的には成果を確認して作業は完了だ。

同社はオフィス収納家具のメーカーだったが、納入した家具が実際に機能していない、つまりハードを提供しながらソフトが不足していることに気づいたのが、このビジネスを開始したきっかけだった。

同社で採用しているその書類整理システムは、業務提携先でもある米国の情報コンサルタント会社のノウハウ、『レコード・マネジメント・システム』を利用したものだ。同社では中小企業から大手企業までに社員を派遣し、診断・調査・改善案の提出・実施・成果の確認をおこない、実施期間は通常1年となっている。費用は1０００万円ほどかかる。しかしシステムを採用すると紙の消費は年間で約4割削減でき、しかも事務能率も向上するので、年間コストも約1０００万円削減となり、投資費用は1年間で元が取れる計算だ。

電話健康相談サービスで年商10億円のティーペック

1日24時間、365日休みなしで電話による健康相談・医療相談を受け付けるユニークな会社がある。それは『ハロー健康相談24』のサービスをやっているティーペック（T－PEC）（東京・千代田）だ。社員数は45人という小さな会社だが、株主を見てみると今後のその企業の将来展望がうかがえる。AIU保険、アメリカンホーム保険、オリコジャパン、大同生命、三和銀行、大和銀行、日本合同ファイナンス、日本ダイナースクラブ、ニチメンなどが株主として名を連ねている。

さてそのティーペックのサービス内容を見てみよう。まず健康相談から医療相談、看護相談、介護相談、メンタルヘルス相談などを受け付けている。さらに医療機関の情報の提供から、休日や夜間の医療機関の案内、医薬品についての情報も提供している。相談件数は年々増加していて、今年は約23万件、累計で52万件になるという。電話を受ける相談スタッフの構成をみると、ティーペックがこのビジネスにいかに本格的に取り組んでいるかがよくわかる。スタッフは各科の専門ドクターが41人。保健婦、助産婦、看護婦、臨床心理士などのヘルスカウンセラーが、117人となっている。

同社の契約先は個人ではなく約５００の法人や団体で、福利厚生の一環として利用している。同社の展開でさらにユニークなのは『海外総合医療サービス』があることだ。海外で医療機関にかかっている人が、治療や薬などについてわからないことなどが気軽に相談できる窓口だ。さらに英語翻訳サービスもあるというのもさすが。昨年には大阪にも相談センターを開設した同社の売り上げは現在では約10億円あまりだが、今後契約先も増やしていき年商15億円を目標にしている。

人と触れ合うビジネスを築くキンダーネットワーク

ベビーシッター派遣ビジネスを開始して、すでに15年になるのがキンダーネットワーク（東京・渋谷）だ。

専業主婦といえども趣味やレジャー、またスポーツなどで自分の時間を自由に活用する時代になってきた。そのニーズに対応して24時間体制でサービスしている同社だが、社員数はわずか6人で昨年度9月期で年商が1億８０００万円という業績を上げている。入会金が2万円で年会費が５０００円というのもリーズナブルな料金だ。そして1時間当たりの料金が１８００円というのも決して高いものではない。現在会員

数は１７００人だが、その内訳を見ると意外にも専業主婦が80％で、就業主婦はわずか20％という。

同社の登録派遣人員は約５００人、年齢も19才から65才と幅広いのも特徴。会員の要望により派遣する要員に年齢差があるため考慮されている。会員からのシッターの依頼の連絡がある時「年配の方を」との指名も多いという。

同社の社長は女性だが、さすがに女性ならではと思われる事業展開をしている。

それは当初はベビーシッター１本だったが、その後幼児専門の家庭教師、つまり『ベビーチューター』を開設して絵画、工作、数などを派遣スタッフが教えるものから、自転車、鉄棒、縄跳び、水泳などを教える『スポーツチューター』もあるし、家の掃除やペットの世話をする『ハウスシッター』や、お年寄りの世話や話し相手をする『シルバーシッター』なども派遣している。さらに同社ではシッターの派遣業務業のノウハウを活かして、デパートや駅ビルに『託児ルーム』を開設したり、ショッピングセンターのコミュニティークラブでベビーチューターの養成スクールを運営するという多角化を進めている。

個人輸入代行システムを構築したブルックランズ

海外の商品を個人で輸入することは以前から静かなブームになっている。しかしそれには語学力も必要だし、また個人で輸入すると運賃や保険料などの経費がかかって商品代はけっこう高くつく。さらに注文した商品が違っていたというトラブルのケースもある。

このニーズに対応してスタートしたのがブルックランズ（栃木県・宇都宮市）。もともと同社は経営コンサルタントが本業だが、今度オープンした『フライング・パン』でその個人輸入代行ビジネスを開始した。店には320種以上のカタログが用意されていてその商品アイテムは7万点を超える。カタログはすべてコンピュータに入力されているので、お客がカタログを見て注文すると3分あまりですべての手続きは完了し、お客はただサインしてあとは商品が届くのを待つだけ。強いて問題点といえば、商品の85％が米国製品というくらい。だが利用者は年々増加している。

お客が商品を注文するとシアトルにある同社の子会社がまずその注文を受け、商品を取り寄せる。そして商品を検品して日本に送るからトラブルはない。それも一括してフライング・パンに送るので個々の送料は大幅に削減できる。だから個人輸入に比較して割安の商品が手に入るわけだ。同社では、代行手数料と商品代金を合算しても現地の商品価格の1・6倍以内で購入できると胸を張る。このノウハウを活かして代理店を募りやがて100店くらいにしたい、というのが同社の目標。

すでに個人輸入代行では日本の大手通販会社が取り扱ってはいるが、ここでは現地の契約通販会社の商品しか買えないのがネックになっている。しかしフライング・パンでは扱い商品のアイテムが多いので、カタログ以外のこの雑誌に載っているこの商品が欲しいといえば、ほとんど対応できるというのが強味である。

利用急増する高層ビルの共同配送

私が常々思っているのだが、世の中には何と多くの配達業種があることか。新聞、郵便、牛乳、小包、デパート、宅急便、それに運送の専門会社などなど。これらを1本化できないものかということだ。各業種がそれぞれ専用の車両を使い運転手を雇っている。こんな非効率的なことはない。また電気、ガス、水道の検針業務の1本化はできないものか。

そんなことを考えているうちに今度東京・新宿に遂にそのヒントを実現したような運送事業がスタートした。

新宿周辺の配送業者約50社で組織する『新宿陸運事業協同組合』が全国でも珍しい高層ビル街への小荷物代行納品事業を開始した。そのネーミングがふるっていて『摩天楼スタッフ』という。高層ビルへの配送はビル内での荷物の移動に時間がかかり、駐車料金もかかる。これを1社でまとめてやろうという。利用者は文具販売や宅配業者が多い。協同組合の配送センターに荷物を持ち込めば、東京都庁、住友ビル、新宿三井ビルをはじめ、周辺の高層ビルや地下街に入居している企業や商店に納品してくれる。

スタート時は月平均5000個くらいだったものが、'95年後半から2万個にもなったそうだ。組合ではこの需要をにらみ、約2億円かけて月4万個までの荷さばき能力のあるセンターを新しく開設して対応している。

東京に限らず高層ビルの林立する都会も増えたことだから、このアイデアは他の都市部でも応用できるのではないか。

買い物代行ビジネスで急成長するJCP

「買い物を代行します」という会社が現れた。東京・足立区に本社をおくジェー・シー・ピー(JCP)が、それ。

お客は買い物代行商品が載っているチラシの中から商品を選び電話かFAXで注文すると翌日にはその商品が配達される。代金は商品と引き換え。配達手数料は商品の個数や量に関係なく1回当たり500円。この価格設定がうまいと思う。商品1個でも配達するが、まさか2000円くらいの物を買って500円の手数料を払うお客はいないからだ。どんなに買っても1回が500円なら、つい、あれもこれもと一度にまとめ買いするのが客の心理だ。

ＪＣＰでは販売価格も大きなセールスポイントになっている。食品などは一般スーパーより10%～15%安いし、ディスカウントストア（ＤＳ）より5%は安い。

さて同社の顧客開拓戦術だが、これは各家庭のポストへのチラシ投げ込み１本に絞っている。チラシ広告の場合、新聞折り込みよりこの方が3倍の効果があるとのことだ。

買い物代行というユニークな商売を展開する同社では、代理店制度も打ち出していて、現在東京都内23区と近郊、神奈川、埼玉の一部とともに大阪、新潟、福岡、浜松などに今年現在で32の代理店があり、これを２０００年までには８００店にするという。

ちなみに同社の売り上げは、１昨年3月期３０００万円、昨年3月期７０００万円と倍々ゲームのような伸びを示し、さらに今年3月期ではなんと2億４０００万円となった。

買い物代行です
JCP
JCP
JCP

第7章

シビアな金融の販促テク

金融・カード業界の販促事例

自動販売機にも仕掛けがある

本題に入る前に、街のあちこちに見かけるあの自販機の仕掛けについて、ちょっとふれておきたい。自販機のメーカーにもよるが、お釣りがすぐ出てこないというのも、実はこれも一つの販促の仕掛けである。今、仮に1000円札を入れ250円の物を買ったとしよう。そのお釣り750円がすぐに出てこない自販機がある。これは実は、次の購買を促しているのだ。飲物や煙草を買いながら、釣銭がすぐ出てこないと、どうせまた買うものだからと、つい一つや二つ追加で買い足してしまう。さらに自販機によっては、駅のキップのように2個、3個のボタンのついたものもあり、『まとめ買い』を促進しているものもある。これはうまい仕掛けである。

自動販売機に関連して、これは『ものの裏』を見る現象だが、銀行のATM（自動預払機）でも巧みな手を使っている。

銀行というところは誠にドライな体質をもっているもので、自分がトクにならないことは時間外には一切やらないという主義である。まず、営業時間（午後3時）以後になると両替機は当然のごとくストップする。以前は記帳機もストップするところもあったが、今はなし。また当座預金に入金ができない。

冗談じゃないといいたいところだが、よく考えてみると普通預金と違って時間外に当座預金の入金のために機械を動かしても、銀行としてはまったく『利』がない。つまり小切手や約束手形を決済するために、入金されるのが当座だからである。午後3時を過ぎて、どうしても入金して小切手や手形を決済しなければならない人は、裏口からどうぞ、というのが銀行の姿勢。当事者にとっては重要なことだが当座預金が無利子なのもこの点にある。銀行の体質を如実に物語っていると思うが、読者の皆様はどう思われるか。

銀行のＡＴＭ機が稼ぐ巨額な手数料

我々はただ便利というだけで銀行のＡＴＭを何気なく使っているが、今、各銀行はこのＡＴＭの利用客を少しでも増やそうとやっきになっている。

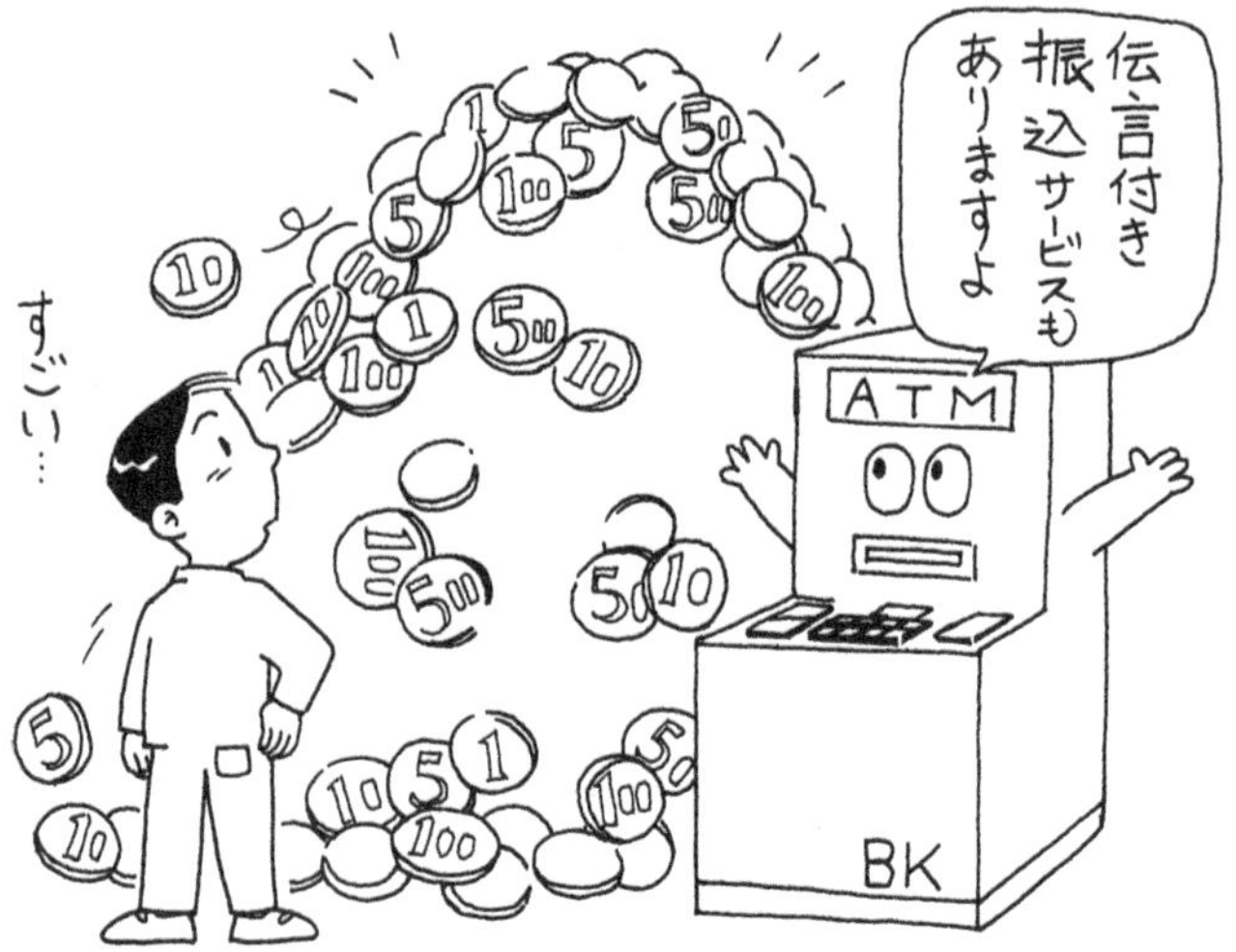

例えば振込料の３００円、４００円の小銭でも、チリも積もれば山の論法で、今や銀行の大きな収入源になっている。オンラインによる他行分の現金引き出しや時間外取り引き、また振込手数料だけで年間で５００億から６００億円にも上るそうだ。この銀行の小銭稼ぎのアノ手コノ手の戦術を見てみると誠に興味深い。とにかくＡＴＭを使わせるために各銀行でそれぞれ知恵を絞っているからだ。

まずトップは第一勧業銀行と大和銀行。９秒で預金引き出しができる最新型のＡＴＭを導入している。富士銀行は全店舗に英語の操作手順表示を取り入れたり、また三和銀行では『伝言付き振込サービス』を実施している。これは振り込みと同時にメッセージを送れるもので、振込手数料の他に210円の別途手数料がかかる。「遅れてごめんね」とか、東京にいる学生の息子に親が「お酒やパチンコには使わないように」というメッセージでも入れるのだろうか。また東京三菱銀行が導入した『定期預金自動預け入れ・解約サービス』東海銀行と三和銀行の『紙幣しわ伸ばしサービス』などもある。銀行のキャッシュカードに付加価値を付けるだけではなく、クレジットカードとの提携にはじまり、大手消費者金融の出金もできるATMもある。また、自治体の発行する病院の診療カードに『治療費決済機能』を付加したいとか、大手企業の社員カードや公務員の身分証明書に『与信機能』をということを狙っている銀行まであるそうだ。本格的な金融自由化を迎えて、ATMを中心に銀行はますます手数料ビジネスに本腰を入れてくることだろう。

取り引きに応じて点数を加点する第一勧銀の味な戦術

頭の固い銀行の商法だが、ここだけはいささか柔軟な頭を持っているのか、第一勧銀がなかなか味な企画を発表した。

個人顧客の取引内容に応じて点数を付け、一定の点数に達するとローンの金利や手数料を安くする優遇サービスである。合計点数が20点以上になると新たに利用する個人ローンの金利を通常より1％低くしたり、トラベラーズチェックの発行手数料の5割引きサービスを受けられる。さらに50点以上になると個人ローンの金利を2％低くしたり、スーパー定期の金利を0・05％上乗せしたり、電話による年金や介護相談などのサービスが受けられる。

すでに取り引きのある顧客にも点数を付けるというのは、なかなかいい。私は常々個人もメインバンクを持つ時代だと思うのだがこの第一勧銀の企画はまさにこれを先取りしていて、高く評価したい。販促とはこういうものである。ちなみに米国では大口預金者、つまり富裕層に対してはいろいろな優遇サービスがあるそうだが、第一勧銀では個人対象を幅広くして取り引きの拡大を狙っている。しかしその1点とはどの程度の金額をいうのか、それが20点になるには、どうか。まあ、どうもこの私にはまったく無縁なようだ。

マクドナルドに進出した三和銀行

都市銀行の中でもっとも早くATMの無人店舗ネットワークを構築した三和銀行が、今度はハンバーガーの最大手マクドナルドの店内に預金口座開設などの郵送申込書を置く戦術に出た。これは総合口座や自動積み立て、公共料金自動支払の3点をセットにした。この3点を同時に申し込むとマクドナルドの500円の商品券がプレゼントされるというのもタイアップの企画としてはうまいやり方。

三和銀行の狙いは、当然10代から20代の新規顧客の獲得にあるわけで、それをマクドナルドで展開したことはさすがである。昨年大蔵省が、銀行が自店舗以外での預金の郵送申込書の設置を認めたことを受けて、すぐその戦略を展開した三和はさすがに大阪に本店をもつ銀行らしいと思った。三和のキャラクターのスヌーピーや、松たか子のタレント性が活きるのは間違いない。

かねてから私は三和銀行の企業戦略には関心をもっていた。先に上げたようにATMの先駆者でもあるし、またベンチャー企業の支援、育成に'83年には三和ベンチャー育成基金を、そして'84年には三和キャピタル㈱を設立して資金面での支援体制を確率している。さらに'95年には社内に事業化支援室も開設した。このプロジェクトでは、ベンチャー企業と大手企業との橋渡しをおこない、昨年の『ベンチャー・メッセ』では、ベンチャー企業の企画提案に対して100社の上場企業が参加したという。

銀行の新商売戦術アレコレ〈その一〉

金融の自由化とともに、各銀行の新商売のアレコレを見てみよう。

まず東京三菱銀行では銀行の店頭で商品券（ギフトカード）の販売を始めた。当面東京都内の数行で実施して反響を見て取扱店を増やす。これは同行の関連クレジットカードのDCカードのギフトカードを窓口で取り扱うもので、贈答品として人気の商品券を窓口で販売することで顧客へのサービスとともに手数料収入が狙い。銀行側にとっては、店舗に絶えずその商品券を備えておかなければならないという手間はかかるが、販売手数料の増加も無視できないことからこの施策に踏み切った。

一方、住友銀行では、定期預金の利息を利用者が指定した日に支払うサービスを始めた。この対象になるのは、預入期間が1年以上の個人向けスーパー定期と大口定期で、1年に1回自分の好きな日を利払い日に指定すると、その日に自分の普通預金口座に利息が入金されるものだ。その指定日は誕生日とか結婚記念日にすれば、その記念すべき日に利息が受け取られるというのはいい。それを小遣いに当てるとか、家族で外で食事するかは自由だが、住友銀行のアイデアはなかなか味なものを感じる。

銀行の新商売戦術アレコレ〈その二〉

いよいよ都銀が電話による口座振り込みや定期預金の開設ができるテレホンバンキングに乗り出してきた。

まず富士銀行がその口火を切った。

高額所得者を対象に地域を限定して始めるが、住友銀行と三和銀行でもこのサービスを開始する。電話での取り引きを希望するお客はまず取り引きに使う預金口座を登録すると暗証番号と契約番号が決まる。そしてテレホンバンキングの専用ダイヤルに電話をかけると、口座振り込みや振り替え、また定期預金の開設や解約、預金の残高照会、出入金の明細照合ができるものだ。当然所定の手数料はかかるがこれは利用者には便利なサービスだ。

住友では住所変更や公共料金の振り替え依頼も対象にしているが、三和では当面資金の移動を中心にしておこない、やがてすべてのサービスをこれでおこなう方針のようだ。富士でも開始するが当面は埼玉県内に限定しながら、展開していき、順次対象を拡大していく。

銀行の新商売戦術アレコレ〈その三〉

金融自由化も遂にここまできたか、と思わせるのが山形しあわせ銀行が売り出した新金融商品の『しあわせ3倍・5倍』だ。抽選で金利が3倍から5倍になる金利抽選権つき定期預金だ。

これはスーパー定期の1年もので、1口10万円から300万円の定期口座を募集して1口に1個の抽選番号がつく。当選本数は金利5倍が500本、3倍が2000本というが、当面新規口座数を5万口におきその中からの当選比率ではあるが、業界筋では首をかしげるムキもある。それはこのような金融商品は企業向けの短期プライムレートが1・625%で、300万円のスーパー定期の金利が0・35%という現状から金利を5倍、つまり1・75%にすると採算が合わず、いわゆる逆ザヤになってしまうからだ。またお固い商売をモットーとする銀行が大衆の射幸心をあおるようなやり方についての反発もある。

しかし同行では抽選ではあるがこの高金利商品を目玉にして、他の新規取り引きを獲得するためのPR戦術と考えている。

銀行の新商売戦術アレコレ〈その四〉

ここで海外の話題も取り上げてみよう。

これは米国大手のシティバンクの例だ。同行の米国内1900台のATMで株式の売買ができるというものだ。同行の証券子会社に口座をもつ顧客がATMにカードを入れて画面で選択すれば、『セキュリティーズ（証券）』が出て、銘柄や株式数を打ち込めば株式の売買ができるのだ。もちろん株式の保有状況や最新の株価の検索とともに、投資信託の売買もできる。そして配当は自分の預金口座に振り込まれるという仕組みだ。

日本と違って米国では銀行の証券業務参入が進んでいて、銀行が株式の取り次ぎや引き受け業務までおこなっている。だから銀行に口座をもつ顧客は、ATMを使って自由に資金の管理から資産の運用ができるわけだ。

日本ではまだ証券会社以外の株式ディスカウント・ブローカーが参入できないことや、銀行窓口での保険や投資信託の販売ができないことから問題は多いが、やがて米国並みに日本でも銀行を通じて株式の売買がATMでできるようになるのではなかろうか。そしてさらに保険や投資信託の窓口販売ができるようになるのも近いのではないか。口座をもつ消費者が一つの金融機関から、あらゆる商品を手軽に買える時代が、日本にも訪れることを期待したいものだ。

銀行の商法の問題点　その一

金融の自由化を迎えたとはいえ、銀行の商売はまだまだ旧態依然としたところがあって、私なんか歯がゆくてならない。銀行はもっと『個人の全経済圏』を握るべきだというのが私の持論だ。あちこちの銀行にちらばっている個人の通帳を1本化させて個人の生活と将来設計に食い込むべきだと思う。つまり個人でも『メインバンク』をもつべきだ、ということをどうしてPRしないのだろうか。

そんなことを思っていたら、今度第一勧銀が『シミュレーションサービス』を始めた。これは個人の家計に絞っておこなうもので、アンケート用紙に利用者が現在の年齢と給料、貯蓄や年金の金額、結婚や子供の予定などを書き込んで郵送する。すると1〜2週間して将来の給料の伸びや家計の費用、貯蓄借金の残高などの資金計画をわかりやすくした表が届く。さらに最長で向こう40年程度の計画を算出して、5年刻みで支出や収入の構造を円グラフの形で示してくれるという。この第一勧銀の『シミュレーションサービス』は、明らかに個人の経済圏の把握であり、このサービスによりどれだけの個人に対して営業活動を展開するかにかかっている。

銀行の商法の問題点　その二

東京・城南信用金庫の懸賞金付き定期預金が大変な人気を呼んだため、各金融機関はその戦略にやっきだが、私にいわせれば、どこもかしこも似たり寄ったりで変わりばえがしない。知恵がないというか芸がないというか、誠にお粗末の限りだ。懸賞・景品に終始していて、本書で取り上げているいろいろな業種や企業の販促アイデアに比較して、レベルが低い。

最高20万円が当たる懸賞金付き定期預金は、先の城南信用金庫と巣鴨信用金庫。富士銀行では定期預金・貯蓄預金・積立預金に、抽選で8万円相当の旅行券・グルメ券

・ギフト券・図書券。住友銀行では最高4万円分のVISAギフトカード。三井信託銀行では3万円分のギフトカード。中央信託銀行ではワイドテレビや電子ブックや旅行券。東海銀行では4万円分の旅行券やギフトカードやMDウォークマン。さらに何を考えているのかわからないのが、東洋信託銀行。スピードクジでその場で3000円のJCBギフトカードが6000人に当たるという。さくら銀行は少しはましでキャンピングセットやブランド商品。そして安田信託銀行になるとリゾートホテル宿泊券、産地直送メロン・リンゴ。あるいはPHSやコシヒカリ5キロ、蕎麦のセット。このへんになると私も納得。三和銀行になるとスヌーピー暖簾とかスヌーピー・エアクッションヨン、東京三菱銀行ではミッキー・マウスのモーニング・セット。今さら自社のキャラクターで間に合わせることはないと思うのだが。第一勧銀では積立預金を開始したり、増額した場合にJリーグの観戦チケットが当たるのだが、すでに人気も下降気味のJリーグ、積立預金のために、チケットのために何人がハートの銀行に足を運ぶだろうか疑問。

空前の低金利時代になり預金そのものに魅力が薄れてきた今、懸賞や景品で預金者を呼び戻したい気持ちはわかるが、それにしても知恵が無さ過ぎる。'94年11月に城南信用金庫が始めた懸賞つき定期預金で1000億円の預金を集めたので、柳の下のどじょうを我も我もと追いかける各金融機関の無策ぶりに呆れている私である。本書は販促の成功事例の紹介が目的だが、本項ではダメ戦術の紹介になってしまった。

提携で活路を見い出すカード会社の知恵のアレコレ

銀行系39％、信販系27％。流通系26％。その他8％のカード業界では、今、守りから攻めへ、その経営転換の時期を迎えようとしている。現在我が国のクレジットカードの総発行枚数は2億3000万枚にもなっているそうだ。

業界ではリスクマネジメント体制の強化、高度情報化社会への対応、そしてリボルビングシステムの普及による収益の増強などに取り組んでいる。さて、そのクレジットカードだが、各カード会社とも提携に力を入れてそこに活路を見い出そうとしている。その中のいくつかを見てみよう。

まずトヨタはJCB・UC・MCと提携。ホンダはJCB・UC・DCと。日産はJCB・UCと。これらの提携にはポイントサービスがあり、各社とも加盟店でカードを使った場合カード利用代金の1・5％相当分を一定期間（例えば5年間）蓄積しておいて最高30万円を限度に当該メーカーから車を購入する時に「値引き代」に充当するものだ。

車に負けるものかと航空会社も知恵を出している。提携カードとのマイレージサービスも盛んになってきた。航空機の利用距離およびカード買物代金をマイル計算に換算し、無料航空券をサービスする。これは航空機利用の多い米国で始まったサービスだが、我国ではＪＣＢがノースウエスト・日本航空・全日空と。ＵＣがユナイテッド航空と。ＭＣがコンチネンタル・ミクロネシアと。住友ＶＩＳＡはアメリカン航空・全日空と。アメックスは英国アトランティック航空・エールフランス・日本航空と提携している。航空業界のカード会社との提携によるマイルサービス競争はますます激化するだろう。

また本州の高速道路の料金もカードによる決済が可能になった（ＪＣＢ・ＶＩＳＡアメックス・日本ダイナース）。カードの利用でキャッシュレス化。そしてスーパーなどではカードのサインレス化も進んでいる。カード業界が、次はどんな手を打ってくるか楽しみだ。

ＩＣチップカードを加盟店ですぐ発行する日本信販

クレジットカードといえばカードの裏に磁気テープを貼ったものが普通だが、今度日本信販が開発した新型カードはハイテクを駆使したもので注目したい。

このカードは磁気テープに変わってＩＣのチップを使ったものだ。この手法により、お客はその場でカードの新規加入を申し込むことができ、その場ですぐカードで買い物ができるようになった。このカードは『スーパーカスタムカード』といい、通常のクレジットカードと同じ大きさで、ＩＣチップが埋め込まれている。加盟店ではカードチップの原板を常備しておいて、お客の申し込みに応じてＩＣに会員番号や暗証番号などの情報を入力する。これでカードは完成だ。日本信販のこのシステムはすでに米国で特許が成立している。

従来では各カード会社ともホストコンピュータに顧客情報をインプットしていたため、カードの発行は申し込んでから2～3週間かかったものが、この方法によれば、その場でカードの発行が可能となった。不正利用を防止するために、他人が操作して誤った暗証番号を3回打ち込むと、自動的にその場ではカードは使えないようになっている。

このＩＣカードは偽造が困難なため、お客の信用状態に変化がないなら有効期限を設けず半永久的に使えるというのもいい。日本信販ではこの新カード発行システムで、会員を50万人に増やす構想だという。

なお、このＩＣチップを使ったカードは発行コストが高い。記憶容量を約３００ビットにして通常の磁気カードと同じにし、１枚当たりの発行コストを３００円に抑えた。これでも通常のカードの発行コストの倍近いが、新規カードの郵送費（書留）を考えればトータルコストではそんなに差はない。

ただここで私が懸念するのは、店頭でカードをすぐ発行してくれるのはいいのだが、本人であることの確認と、審査は店が日本信販と電話かＦＡＸするだけである。ほんとうにそれだけでクリアできるものかどうか疑問だ。

カード各社が開始した市外通話料金の割引サービス

ＪＣＢがカード会員に対し市外通話料金の割引サービスをおこなっているが、クレジットカード各社も続々と参入し始めた。

まずUCカードは、NTTデータ通信と提携した。NTTの『スーパーテレワイズ25』は、毎月一定額を支払えば、市外通話料金が25％安くなるシステムを利用したものだ。

NTTデータでは電話会社から25％引きで仕入れたものを、16～20％引きでUCカード会員に再販する形になる。NTTデータはUCカードの加盟店となり、カード会員に対して市内通話料金も含めて、料金の請求業務から電話会社への支払いを代行する。カード会員にとっては月々の定額料金がいらないというメリットがある。

住友VISAは、日本総合研究所と提携して16～20％の割引サービスを、またDCカードも15％割引サービスを開始、月々3000円の登録料を払うと20％引きになるというから、市外通話の多いカード会員には便利。ただ気をつけなければならないのはこのカードによる決済を始めると、各電話会社に毎月定額を払っていた割引サービス（例えばNTTテレホーダイやテレジョーズなど）は、受けられないから要注意。

しかし通常の夜間、早朝割り引きなどは引き続きOKだ。クレジットカード各社のこれらのサービスはNTTをはじめ新電電3社の企業向けの大口割引サービスを活用するものだが、商売のヒントというものはいたるところにあるものだと痛感した。

カード名	市外通話料金割引率
ＪＣＢカード ＤＣカード	一律15%（但しＤＣカードは月額３千円の登録料を払うと20%）
住友ＶＩＳＡカード	16%　市外通話の月間利用金額１万円未満 18%　〃　１～10万円未満 20%　〃　10万円以上
ＵＣカード 日本信販ＮＩＫＯＳカード ダイエーＯＭＣカード	16%　市外通話の月間利用金額１万円未満 17%　〃　１～３万円未満 18%　〃　３～５万円未満 19%　〃　５～10万円未満 20%　〃　10万円以上

HISがクレジット事業に進出

格安航空券の販売で有名なエイチ・アイ・エス（HIS）が、新航空会社を設立する話はすでに有名だが、そのHISが今度はクレジット事業にも進出する。『エイチ・アイ・エス・デビット・アンド・ファイナンス』（東京）という新会社がそれ。当面従来のHISの顧客を対象に会員カードを発行する。会員はクレジットやローンの上限額を20～30万円に設定して、さらに最大24回までの分割払いもできる。これは海外旅行に行く回数の多いヤング層を対象にしているようだ。同社では初年度で30万人の会員の獲得をめざしているというから凄い。

さらに同社ではマスターカード・インターナショナルと提携して、海外旅行中に現金が足りなくなった客に現地の銀行のATMでキャッシングサービス（小口消費者金融）もおこなうという。今後は旅行会社との提携も検討しているようで、格安航空券ビジネスにプラスして旅行とホテル、航空事業にクレジット事業、今後のこの4本柱にしていくようだ。

海外で現金がいる、そんな時に便利なシティカード

海外旅行となると現金はできるだけ持ち歩かないで、クレジットカードとトラベラーズチェック持参が普通だが、現地でどうしても現金が入用のこともある。しかし、カードも国際化の時代とはいいながら、現在日本の銀行のキャッシュカードは海外では使えない。海外で急に現金が要る場合にはどうするか、そこで登場したのがシティバンクのインターナショナル・キャッシュ・シティカードだ。

口座を開設すると、日本にある普通預金（円）から自由に世界75か国約22万7000台のCD／ATM機で現地通貨で引き出すことができる。例えば米国ならドルでドイツなら、当然マルクでその日のレートで1日50万円まで引き出せ、便利だ。

しかもサービスも至れり尽くせりで、まず24時間、365日いつでも引き出せる。それにカードを入れると日本語で対応してくれることだ。海外のシティバンクのCD／ATMではすべてカード（日本の）を入れれば機械が認識して日本語表示される。語学に自信がない人には、これは大いに助かるのではないか。

ちなみに、このシティカードは日本でも使うことができる。シティバンクのATM

でも24時間、365日使えてさらに提携都銀や第一地銀でも使える。もちろん手数料は無料だ。

金券をプリペイドカードと交換するチケットクラブ

金券（チケット）販売に新しい手法が出現した。それはチケット販売・卸のチケットクラブ（東京）がおこなうもので、ディスカウントストア（DS）と提携して現金ではなくそのDSのプリペイドカードと交換するものだ。

DSのアイワールドの神奈川・相模原店内にチケットクラブは、すでに金券ショップを設けているが、従来のように持ち込まれる金券を現金に換えることも継続。希望によりアイワールド全店で使えるプリペイドカードに交換する業務も開始した。しかもプリペイドカードとの交換を促進するために、買い取り価格を現金より5％高く設定している。

DSが店内に金券ショップを併設して、タイアップにより自店のプリペイドカードと条件のよい比率で交換できるということは、集客効果とともに売り上げ増にもつながるわけだ。チケットクラブでは、この相模原店での買い取り額を、プリペイドカード交換も含めて年間2500万円を見込んでいる。

金券ショップ市場は現在約2000億円といわれているが、この業界の悩みは『売り』より『買い』つまり金券の持ち込み（仕入れ）にある。

いわゆる需要と供給のバランスをとるのが難しい。このチケットショップの戦法はまさにこの点をうまくついた。DS内に出店することで主婦などが気軽に金券を持ち込んでくるからだ。ビール券、商品券、図書券、テレホンカードなど、家庭内には贈答用のこういった金券の2枚や3枚は必ずある。それに街のあちこちにある金券ショプは何となく女性が入りにくいが、DSなら買い物のついでに立ち寄れるのもいい。

自動契約機で売り上げを伸ばす消費者金融

消費者金融業界では相次ぐ株式公開の勢いを背景に、今では過去最高の収益を計上している。その背景には資金調達の低金利化に加え、先にもちょっと触れたが自動契約機の急激な普及を見逃すわけにはいかない。人は金を借りる場合、いかに借りる相手と対面したくないかということがよくわかる。

自動契約機を設置したところでは有人店舗に比較して2～3倍の新規客収集力があ

るという。自動契約機の先鞭をつけたのはアコムだが、お馴染みの『むじんくん』のネーミングはすでにその代名詞になろうとしている。次いで武富士の『¥ｅｎむすび』。プロミスの『いらっしゃいましーん』。アイフルの『お自動さん』。レイクの『ひとりででき太』となる。私は商売柄ネーミングには関心があるが、この消費者金融の自動契約機については、『むじんくん』と『お自動さん』が傑作だと思っている。

ところで銀行に対抗してこれらの消費者金融業者は、今、カネに限定せずあらゆるサービス業務に乗り出そうとしている。パソコン通信やインターネットなど、通信ネットワークを利用したキャッシングシステムをはじめ、各種ホームページ、ゴルフ会員権情報やビデオ・ＣＤレンタルのトップランキングなど、マルチメディア時代に向けての巧妙な戦略をやがて展開するのではないかと思っている。

は、はじめまして……
自動契約機

第8章

未公開販促術を教えます

提言集　これでいいのか！

これまで販売促進事例の数々を取り上げてきた。ここではそれに関連した私の提言を思いつくまま書いてみたい。

工夫がないギフトやプレミアム

展示会や新製品発表会などで渡される粗品、記念品、また結婚式の引出物などにはおざなりなものが多く、『これは！』というものに出会ったことがない。

原因を考えてみると、どうもギフト業界では、その目的に合わせてオリジナルなものを考える体制や機運がないようだ。

ギフト業者は多くのアイテムのカタログを持ってセールスしているけれど、それには予算別、品種別が分類されているだけで、『これには絶対この商品』という提案がないのだ。目的に合わせたタイムリーな企画もアイデアもないといっていい。

エンドユーザー向けとしてプレミアムキャンペーン。これはいうまでもなく購買の促進、ブランドスイッチを目的としている。この種のキャンペーンには、商品添付、店頭抽選、応募抽選など『クローズドタイプ』のものと、クイズへの応募抽選アンケート、コンクールなど『オープンタイプ』のものがある。ここでは『クローズド』の中の『商品添付』に限定して提言してみたい（これがもっとも多いため）。

今までのあらゆるプレミアムキャンペーンを見聞し、体験して私が心底感心したものは、残念ながらほとんどない。『ワインを買ったらワイングラス』そして『調味料を買ったら花小鉢、エプロン』というふうに、従来のプレミアムには工夫もなければ魅力もない。メーカーの広告宣伝販促担当者達が、多くのサンプル（候補）をじっくりと時間をかけ、真剣に検討して決めたとは、思えないのである。以前、我が家では新発売の焼酎を買い、プレミアムのグラスが20個もたまってしまい、結局捨ててしまったことがある。

また結婚式の引出物もしかり。先日友人の長男が結婚する情報をもらったので早速提案した。

「引出物はどうせ式場が仕切っている間に合わせ物にするんだろう。それはそれとして一緒に『家庭用各種ボンドセット』をさりげなく入れてみたらどうかな。家庭にこれが一つあると、とても便利だ。それに〝私達はいつまでもピッタリくっついて一生離れません〟という意味もこもる」

その友人からは、後日お礼の電話をもらった。

さて最後に、効果的なプレミアムのポイントを上げてみよう。次の条件を満たすプレミアムは、必ずあるはずである。

・効果的なプレミアムのポイント

●いくらあってもいいもの。
●たまって困れば人にあげても喜ばれるもの。
●買おうと思ってもなかなか買えないもの（金額的ではなく）。
●洒落ているもの。
●個人の好み（デザイン・色調）が強くないもの。
●オリジナルなもの。
●話題性があるもの。
●ユーモア性があるもの。
●商品に関連するか、それとも逆にまったく関連しないもの。

遅れているホテル、旅館の販促策

仕事で年間20回くらい、私はホテルや旅館を利用する。

また家族旅行にもよく出かけるほうで、温泉や海や山のホテル、旅館をよく利用する。さて、これらの公私両面の利用の際に、私はフロントでは必ず本名と住所をきちんと書くのだが、あとのフォローは、どの旅館、ホテルもまったくといっていいほどないのが、いつも不思議でならない。

また備え付けのアンケートを私はよく書く。が、これも記入して提出したからといって、その後はまったくなしのつぶて。こちらの意見、例えば「深夜はお湯の出が悪かった」「部屋の浴槽が汚なかった」「料理の味がどうも」などの決定的なクレームに対しては、アンケートを書いた以上、なんらかの反応がほしい。ただ一度、これは例外だが特筆すべきホテルは京都の東急イン。支配人名できちんとした礼状が届き、その後も、時期をみた宿泊を促す特典付き招待状が来る。いつぞやは、京都の有名な織物でつくったテレカ入れが、同封されていて驚いた。こうなると、こんな些細なことでも、気持ちが動く。京都東急インは駅から遠く、タクシーを使わなければならない不便さはあっても、また利用したくなるのである。それが人情だ。

記憶に残るいいホテルがもう一つある。あえて名を上げると東京・新宿駅南口近くにあるホテルサンルート。そこのレストランで、ある時家族みんなで食事をした時のことだ。レストランは1階にある関係で、しばしば夜間ホテルに到着する車のヘッドライトが、ダイレクトにレストラン内を照らしてくる。それが気になって食事なんかしていられない。車にライトを消せともいえず、せめて夜間だけでも店の窓側にブラインドを下ろすか、さもなければ背丈位の植木鉢を置いたらどうかと、老婆心ながら私は提案させてもらったのだ。すると、しばらくたって私の自宅に礼状とともに宿泊割引券が届いた。もちろん期待したわけではないが、気持ちが嬉しいではないか。おせっかいな提言を一応、聞き入れてくれたという満足感が、こちらの胸を打つのである。ほんのわずかな心がけ次第で、人は満足する。しかし、こんなことは例外であって、全般的にサービス業の最右翼ともいえるホテル、旅館の顧客管理とサービス、販促への対応は、大変遅れているといっていいだろう。

時代を読めなかった秋葉原の電気街

東京・秋葉原の電気街が一時ほどの活況を失った。

お客から見てまだまだ秋葉原の電気街は魅力があるはずなのに、だ。交通の便、店数の多さ、豊富な商品、値引きへの対応、どれをとっても秋葉原は魅力がある。

それがどうしたことか最近では、大型量販店のいくつかが休業、廃業に追い込まれている。これではいけないと、商店街の組合は『秋葉原電気街新聞』をつくって配布したり、年末にはキャッシュの当たるセールを実施したりしたが、私からするとまだまだなまぬるい。どうせどこかの大手広告代理店の提案をそのまま受け売りでやったのだろうが、効果はご覧の通りだ。秋葉原のここまでの衰退を見て、私は『時代に即応すること』をまったく怠ってきたツケが回ってきたのだと、直感した。

商売のやり方が、戦後のバラック時代の電気街とまったく変わっていないのだ。

品不足時代なら、商品を並べて置きさえすれば飛ぶように売れただろう。ところが今は物が余っている時代。『お客を呼ぶ』ことは、『時代を読む』ことに他ならない。いつの時代になっても商品を安く売ればお客は来る、と考えたのが間違いだったのである。

もう時代は変わっている。私の見解をまとめていわせてもらうと、

●車社会への対応が遅れた。駐車場が少なくて、あっても店から距離が離れている。

●お客の休息、食事への配慮がない。家電品の買い物はそんなに短時間ですむものではない。あれこれ迷いながら、何軒もの店をめぐるのが、また秋葉原での楽しみでもあったのである。そんなお客のための洒落た喫茶店やレストランを本当は誘致すべきだったのではないか。

●アーケードなどの雨対策を怠った。雨の日にお客が電気街を回りながら買物をする悪状況に、まったく知らん顔をしている。

●お客の生理的現象を無視した。秋葉原には公衆便所がないに等しい。各電気店に一応トイレはあるが、その表示はわかりにくく、一見『社員用』に思えてお客にはどうも使いずらい。さらに店の各階にトイレがあるわけではない。

以上、失礼ながら、なるべくしてなった秋葉原電気街衰退だと私は思う。

『顧客招待』のアノ手コノ手

企業がおこなう『招待』は、販売促進の重要な手段の一つであることはいうまでもない。招待の内容をざっとまとめると『温泉』『旅行』『観劇』『ゴルフ』『野球』『キャンプ』『海水浴』『○○狩り』『祭り』、そして『工場招待』がある。

お客を招待することのもっとも大きな効果は、1日とか2日とかの間、お客を完全にこちらのペースに引き込むことができるということ。そして企業スケール、ブランドイメージ商品名を強烈に印象づけ、さらに招待した側とされた側の人間関係ができるということだ。何より招待でもっとも重要なことは、相手に『印象を与える』ということだ。もちろんその印象は『いい印象』でなくてはならない。

ところが私の感想では、ほとんどの企業の主催者は、お客を招待することだけにやっきになって、『印象づけ』についてほとんど配慮がされていない。招待が終われば「とにかく終わった」と、ただ胸を撫でおろして、社内で「おつかれさま」と互いに慰め合っているだけではないか。これでは費用と時間の無駄使いというもの。

まず、招待についてのポイントを、工場招待の例を想定して考えてみよう。

●工場入り口に歓迎アーチ、または歓迎横断幕や看板を設置する。
●大げさなようだが、『首席随行員』を明確にしておく。
●スケジュールの時間は厳守する。
●移動時間の有効な使い方を考える。
●お客を退屈させない工夫をする。
●構内放送を大いに利用する「皆さん、只今○○販売店会ご一行様がお着きになりました。見学を終えられてご一行様はこれからお帰りになります」
●工場生産製品の見せ方を工夫をする（ショーアップの演出）
●必ず記録をとる。（スチールカメラまたはビデオで。撮影は偏らずすべての参加者を記録するように留意する。また、招待を表示した歓迎アーチ、看板類なども必ずカメラに収める）
●お土産は現地の名産品を用意する
●解散時の盛り上げ策を考えておく。（主催者側全員整列挨拶など）
●招待の後日、必ず参加者全員に礼状を出す。（この際招待した目的を明示する）
●礼状とともに写真アルバムまたはビデオテープを同封する。

顧客管理がなっていない車と生保

仕事柄、『顧客管理』が私の終生のテーマであり、そのことについては1日でも2日でも話すネタには事欠かない、と自負がある。そこであえていいたいことは、顧客管理がもっとも重要で、実行すれば必ず売り上げが上がるのに、やっていない業界の代表に車と生命保険がある、と思う。

車は『車検』の前にしか営業がアクションを起こさない。平素はご無沙汰の限りである。生保についても同じ。いったん加入したら、あとはなしのつぶてで、年末になると『生命保険控除証明書』が送られてくるだけ。これはサービスではなく、義務を遂行しているに過ぎない。あとは営業がフォローはしていますと、会社はいうかもしれないが、担当営業もすぐ辞めたりするし、その時もまったく挨拶がない。お客をこんなに馬鹿にした話はないのではないか。

ここで、この二つの業種の顧客管理についてこうあるべきだ、と提言するスペースはないが、特徴的なダメな一面を、生保の例をとって提言したい。

私が加入していたある生保の満期を迎え、印鑑と保険証書を持って保険会社の支払い窓口に出向いた時のことだ。しばらく待たされ後、窓口に呼ばれ満期保険金を受け取ろうとした時である。「三浦様、この満期金をそのままお預け頂きますと、こんなに有利な○○保険というものがあるのですが」と、こうくる。こちらがその金をすぐ使う予定があろうがなかろうが、関係ない。なんという場当たり的なセールスではないか。加入者の保険の満期日は、保険会社も当然事前にキャッチできているはず。期日が近くなったら、

「○月○日で貴方様の○○保険が満期となります。長い間誠にありがとうございました。満期金は○○○万円となります。ご予定があろうかとは存知ますが、ぜひ○○保険に」

という内容のDMを出したら、どんなに効果があるだろう。

『顧客管理とは、相手の誕生日に贈物をすることだけではない。タイミングと心のこもったきめ細かなサービスと平素のコンタクトにある』

これが私の持論である。

これからのテーマパークの問題点

岐阜県犬山市にある『明治村』が、今でいう日本のテーマパークのはしりではなかろうか。テーマパークの成功例のトップは、なんといっても東京ディズニーランドだ。膨大な投資と米国直輸入のマーケティング戦略と、従業員に対する徹底的なマニュアル教育により、年々集客率を上げているのは見事だ。ゲートから入場するお客に対して「いらっしゃいませ」といわないで「こんにちは」という。これがマニュアルの第一歩だ。ゲストもゲートをくぐればみんな友達、これがディズニーランドの戦略なのである。

お客も従業員も施設も皆友達同士だから、愉快に1日を楽しく過ごそうという思想がある。ところで東京ディズニーランドは、2700億円の巨費を投じテーマパーク『東京ディズニーシー』を2001年のオープンをめざして、建設中である。JR舞浜駅近くに、複合型の映画館やホテルを建設して、滞在型のリゾート化を計画している。

長崎の『ハウステンボス』『東武ワールドスクエア』など、テーマパークは全国あちこちにできたが、すべてが経営的に成功しているとはいえない。この数年の遊園地・テーマパークの売り上げの推移を見ると、意外にも落ち込みが激しい。

また主要施設の来場客数は合計3160万人にとどまり、年間100万人以上の利用客がある施設の大半が、前年実績を下回った。東京ディズニーランドは別として、長崎のハウステンボスのみが辛うじて1桁の伸びを示しているに過ぎない。主要施設の内容を次に上げる。

〈全国の遊園地・テーマパークの売上高〉

年	売上高（億円）	伸率（%）
91	5900	5.7
92	6140	4.1
93	5850	▼4.7
94	5670	▼3.14

▼はマイナス（余力開発センター調べ）

名　称	来場者数（万人）	全年同期比
東武ワールドスクエア	155	▼24.7%
横浜・八景島シーパラダイス	676	▼14.2%
東映太泰映画村（京都）	160	▼11.1%
レオマワールド（香川県）	127	▼11.1%
スペースワールド（北九州市）	210	1.4%
長崎ハウステンボス	405	5.7%

▼はマイナス（日経産業費消研究所調べ）

ただ、大型のテーマパークに比較して、入場者数が年間１００万人以下の中規模施設は、概して健闘している。なかでも妖精の森や中世の古城をモチーフにした東京・多摩市のサンリオピューロランドでは、施設の案内板に中国語版が併設され、喜ばれた。中国をはじめ香港、台湾からの団体客をあてこんでいるとも思えるが、それぞれ現地のツーリストとタイアップし、中国語のパンフレットを作成して客の誘引策を図ったのは、立派。

また投資効果を意識した小型のテーマパークはどこも盛況だ。ゲームメーカーのナムコが開設したサンシャインナンジャタウンなどは、昭和30年代の町並みを再現したもので立地条件も幸いしてヤング層に好評。また、セガ・エンタープライゼスが最新のハイテク技術を導入してオープンした東京・ジョイポリスなどは、大型商業施設との相乗りで多くのお客を集めている。

こうして見てくると、巨大資本による大型のテーマパーク以外は、余程の誘引策を取らないと生き残れないのではなかろうか。またそのパークのテーマづくりについても、日本人の感性にフィットするものでなくてはならないようだ。私は大きなプロジェクトのテーマパークの企画が専門ではないが、思いつくままテーマ案を上げてみた。

●怪獣パーク（怪獣の大行進）。
●地球歴史パーク（地球誕生・生物誕生・類人猿誕生・人類誕生～）。
●日本歴史パーク（石器、縄文、江戸、明治維新）。
●日本の城下町。
●童話（日本昔話）村パーク。
●グリム・アンデルセンパーク。
●テレビアニメパーク（アトム、ムーミン、Q太郎からクレヨンしんちゃんまで）。

と、ここまで原稿を書いていたら、今度岡山県の倉敷に、アンデルセンがこよなく愛したデンマークのチボリ公園をモチーフにした『倉敷チボリ公園』がオープンとの新聞広告を見た。アンデルセンの夢とロマンに満ちたおとぎの国を建設するそうだ。

これには大いに期待したい。

ショールームにも欲しい販促アイデア

ショールーム（以下SRと略）は取引先及びエンドユーザーとの接点の場であり、自社にとっては『情報の発信基地』でもあるが、全般的に販促面から見て工夫を凝らしているSRがあまりない。企業のプロモーション力が肌に感じられないのだ。強いて上げるならば、車・OA・住宅設備機器メーカーのSRは、演出にいろいろと工夫をしている努力が見られる。メーカーとして、企業イメージの訴求とともに購買心をそそること、つまり買う気にさせることが、SRの使命だと私は思っている。そのSR展開について、ここで私見をまとめてみた。

〈SRの基本戦略〉

●入口は自動ドアが鉄則である。
●ドアの外側には『いらっしゃませ。どうぞごゆっくりご覧くださいませ』そしてドアの内側には『どうもありがとうございました。またのお越しをお待ち申し上げております』の表示くらいは欲しいものだ。
●受付カウンターや商談コーナーは入口から見えない所に配置する。
●品名・特徴・価格などは大きめに表示する。(老眼鏡がなくても読める配慮)
●SRの事務所は、完全に隔離して電話や会話の声がSR内に聞こえないようにする。
●トイレの表示は明確にする。
●BGMを絶えず流しておく。

●テレビ映像も絶えず流しておく。ただし音声は小さめに。映像だけで音声がまったく出ていないものはダメ。（銀行のロビーのように）。
●商談コーナーの椅子は座り心地のいいものにする。
●お客持ち帰り用のファイル・封筒・手提げ袋・記念品を用意しておく。
●できるだけSR来館者リストができるシステムを考える。

〈SRの演出〉

●季節感を出す（商品に関係ないものが意外に効果的）。
SR内に夏にはサーフイン、ビーチパラソル、ビーチボール、テント、水着、冬にはスキー、スキーウェア、スケート靴、アルプスの大型パネルまたは四季折々の花。その他、自転車、バイクなど。
●生活感、使用感を出す。商品に関係のあるものがよい。

〈例〉・車ならファミリーでのドライブ、キャンピングの大型写真パネル。
・システムキッチンなら野菜、果物、フランスパンなどのサンプル。ファミリーの食事風景の大型写真パネル
・家電なら居間、リビングのセットをつくり、そこに商品を展示する

●『新製品』は目立つように展示する。できればターンテーブルに乗せてゆっくりと回転させるかスポットライトをあてる。

●商品によっては『只今の売れ筋商品』を明示する。

〈SRのサービス〉

●チビッ子を退屈させない工夫。おもちゃ・絵本・アニメビデオを置いておく。

●飲物はいつでも出せるようにしておく。さらに自動販売機も設置しておく。

●雑誌・新聞を常備しておく。

●ゆったりできるソファーを置いておく。

●公衆電話を設置しておく。

〈SR所在のPR〉

●夜間でも道路に面したウインドウの部分のみライトをつけておく。

●シャッター式の場合はシャッター全面にデザインよくSR名と主要商品名を書いておく。

〈SRのお客誘引策〉

●いつも何かをやっている感じ、明るくて楽しい気分に

●気軽に入れる雰囲気
●待合せ場所としても使える
〈ＳＲのプロモーション戦略〉
●定期的に製品のフェア・イベントを実施する（新製品発表展示会・相談会）
●商品に直接関係のないもののイベントもやる・産地直送市・自転車市・フラワー市、植木市・チビッコプラザなど
●ＳＲの会議室を近くの主婦の○○サークルなどの集会に無料で開放する

ヒット商品ネーミング集（著者作成）

商品は、そのネーミングだけで決して売れるものではないが、商品の特性や特徴を巧みに表現したネーミングは、商品の売れ行きに大きく左右するファクターであることも否定できない。商品名には、特徴をダイレクトに、またイメージやゴロ合わせ、造語などいろいろあるが、ここでは商品力とともにネーミング力の仕掛けでヒットした商品群を上げてみよう。ここに掲載したものは、私のまったく思いつくままのもので、記載は年代が時系列にはなっていない点は了承願いたい。

飲料・食品

商品名	メーカー名
BUSON(蕪村)	協和醗酵工業
タカラcanチューハイ	宝酒造
燗番娘	東洋醸造
スーパードライ	アサヒビール
黒生	アサヒビール
いいちこ	三和酒類
一番搾り	キリンビール
ビール工場・生	キリンビール
秋味	キリンビール
スウォーター	キリンビバレッジ
ザ・カクテルバー	サントリー
樽出原酒	サントリー
タコハイ	サントリー
ペンギンズバー	サントリー
ボス	サントリー
京番茶	サントリー
C.C Lemon	サントリー
ポカリスエット	大塚製薬
カルピスウォーター	カルピス食品工業
午後の紅茶	キリンビバレッジ
くだもの野菜からだ想い	キリンビバレッジ
充実野菜	伊藤園
KAGOME朝市	カゴメ
鈴木くん・佐藤くん	エスビー食品
赤いきつね	東洋水産
UFO(焼きそば)	日清食品
Spa王	日清食品
ひとめぼれ(米)	宮城・岩手
特盛り	吉野家
キャロット100	カゴメ
カップdeライス	マルハ
おっとっと	森永製菓
ぬかよろこび	森永製菓
おむすび山	中埜酢店(ミツカン)
いりこだし	味の素
シェフズパスタ	味の素
ガンバレ玄さん	キッコーマン
おとなのふりかけ	永谷園
Jリーグカレー	永谷園
陽気にナポリタン	カルビー
あ！あれたべよ	大塚食品
プッチンプリン	グリコ協同乳業
キスミント	江崎グリコ
レンジグルメ	ハウス食品
ごはんですよ	桃屋
お父さんがんばって！	桃屋
カラムーチョ	湖池屋

家電・その他

商品名	商品	メーカー名
静御前	洗濯機	日立
からまん棒	洗濯機	日立
白くまくん	エアコン	日立
野菜中心蔵	冷蔵庫	日立
新乾洗	洗濯乾燥機	シャープ
液晶ビューカム	ビデオカメラ	シャープ
ザウルス	携帯情報ツール	シャープ
快援隊	エアコン	三洋
時短ビデオ	ビデオデッキ	三洋
おたっくす	FAX	松下
でるナビ	カーナビゲーション	松下
画王	テレビ	松下
ウォークマン	テレコ	ソニー
ドデカホーン	ラジカセ	ソニー
Rupo	ワープロ	東芝

商品名	商品	メーカー名
文豪	ワープロ	NEC
一太郎	ソフト	ジャストシステム
Today	自動車	ホンダ
CITY	自動車	ホンダ
ゴリラ	バイク	ホンダ
フィガロ	自動車	日産
トラッドサニー	自動車	日産
カリフォルニア	自動車	日産
Be-1	自動車	日産
チャレンジャー	自動車	三菱
IDO	携帯電話	日本移動通信
DoCoMo	携帯電話	NTT移動通信網
テレジョーズ	割引電話	NTT
カエルコール	市外通話	NTT
写ルンです	カメラ	富士写真フィルム
かもめーる	葉書	郵政省

商品名	商品	メーカー名
禁煙パイポ	パイプ	マルマン
通勤快足	靴下	レナウン
どんびえ	アイス製造	日本軽金属
押すだけ	魔法瓶	象印マホービン
炊きたて	炊飯器	タイガー魔法瓶
クリンスイ	浄水器	三菱レイヨン
夢工場	情報	フジテレビ
満足	パンスト	福助
ゴン	防虫剤	大日本除虫菊
カビキラー	防カビ剤	ジョンソン
ドライペット	防湿剤	エステー化学

医薬・化粧品

商品名	メーカー名
カロリーメイト	大塚製薬
ファイブミニ	大塚製薬
ユンケル黄帝液	佐藤製薬
ゼナ	大正製薬
トクホンハップ冷	トクホン
デカビタC	サントリー
鉄骨飲料	サントリー
オリゴCC	カルピス食品工業
ゴキブリホイホイ	アース製薬
ゴキブリゾロゾロ	大正製薬
不老林	資生堂
エクボ	資生堂
鬱ロン・髪にもロン・ヘアロンシャンプー	資生堂
BODY SOAP	資生堂
バブ	花王
アタック	花王
マジックリン	花王
組曲、五大陸	オンワード樫山
天使のブラ	トリンプ・インターナショナル
熱さまシート	小林製薬

その他のユニークなネーミング

- ●アークヒルズ森ビル（東京・六本木地域開発）
- ●トマト銀行（山陽相互銀行改称）
- ●フロム・エー（就職情報誌／リクルート）
- ●とらばーゆ（転職情報誌／リクルート）
- ●フルムーン／ナイスミディー（JRパック）
- ●ほっかほか亭（持ち帰り弁当）
- ●ケイコとマナブ（ヤング情報誌／リクルート）
- ●植物物語（ライオン）
- ●パスポート新鮮組（第一生命）
- ●花粉注意報（カンロ）
- ●たまごクラブ、ひよこクラブ（ベネッセコーポレーション）
- ●むじんくん（アコム）
- ●お自動さん（アイフル）
- ●トレン太くん（JR東日本）
- ●山形林間学校（JR東日本）
- ●ホリデーパス（JR東日本）
- ●ルナパーク（後楽園）
- ●スペーシア（東武鉄道）
- ●FIELD（丸井スポーツ館）
- ●新宿MY CITY
- ●Jリーグ（日本プロサッカーリーグ）
- ●スルッとKANSAI（大阪市交通局他）

〈付録〉販促カレンダー（著者作成）

1月

行事・記念日で、業種によっては販促に応用できると思われるものに★印をつけた。

日	行事	業界記念日
1	★元旦・年賀・初詣	★省エネの日（毎月）
2	★初荷・書初め・皇居一般参賀	
3		
4	官庁御用始め	
5	初水天宮	
6	小寒・消防出初め式	
7	★七草	★健康の日（毎月）
8	学校始業・初薬師	★米の日（毎月8のつく日）
9	宵えびす	
10	日戎・初金比羅	
11	★鏡開き・蔵開き	
12		★パン・豆腐の日（毎月）
13		
14	大阪四天王寺どやどや	
15	★成人の日・奈良若草山山焼き	★お菓子・いちごの日（毎月）
16	やぶ入り・初えんま	
17		
18	初観音	★頭髪の日（毎月）
19		★トークの日（毎月）
20	★大寒・二十日正月	
21	初大師	
22		★ラーメンの日（毎月）
23		★ふみの日（毎月）
24	初地蔵・巣鴨とげぬき地蔵大祭	★鰹節の日（毎月）
25	初天神	
26	文化財防火デー	★風呂の日（毎月）
27	国旗制定記念日	
28	初不動	★にわとりの日（毎月）
29		★肉の日（毎月）
30		★味噌の日（毎月）
31		★蕎麦の日（毎月）

曜日で毎月決まっている業界記念日　●家庭の日（第３日曜日）
●麻雀の日（第３水曜日）　●インテリアの日（第４土曜日）

2月

日	行事	業界記念日
1		
2		
3	★節分・奈良春日大社万灯籠	
4	★立春	
5	三重尾鷲まつり・京都伏見稲荷初午祭	
6		★海苔の日
7	北方領土の日	
8	★針供養・事初め	
9		
10	加賀菅生石部祭・福島羽黒山暁詣り	
11	建国記念日・奈良橿原神宮祭	
12		
13		
14	★聖バレンタインデー	★チョコレートの日
15	秋田横手かまくら	
16	全国狩猟禁止・岡山西大寺会陽裸祭	
17	伊勢神宮祈念祭・青森八戸えんぶり	
18		
19	万国郵便連合加盟記念日	
20	水戸偕楽園梅祭り	
21		
22		★猫の日
23		
24	福井勝山左義長祭り	
25	京都北野天満宮梅花祭り	
26		
27		
28		★ビスケットの日

3月

日	行　事	業界記念日
1	★全国緑化運動	
2	★春季全国火災予防運動（1～7日）	
3	★ひな祭り　★耳の日	
4		
5		
6		
7	★消防記念日	
8	国際婦人デー	★ミツバチの日
9	茨城鹿島神宮祭頭祭	
10	宮城塩がま神社帆手祭	
11		
12	奈良東大寺二月堂お水取り	
13	奈良春日大社祭	
14	滋賀近江八幡左義長祭★ホワイトデー	★キャンデーの日
15	京都嵯峨釈迦堂お松明式	
16	兵庫西宮広田神社祭	
17		
18	★彼岸の入り・石川気多神社おいで祭	
19	鹿児島霧島神宮お田植祭	
20	東京上野動物園開園記念日	★電卓の日
21	★春分の日	★太陽の日
22	奈良法隆寺会式	ＮＨＫ放送記念日
23	世界気象デー	
24	彼岸明け	
25		★電気記念日
26		
27		
28	東京品川千体荒神大祭	
29		
30		
31		

4月

日	行事	業界記念日
1	★新学年・新財政年度　★エイプリルフール	
2		
3		
4	奈良竜田大社祭	
5	岐阜伊奈波祭	
6		
7	★世界保険デー	
8	★花祭り	
9		
10	婦人週間・京都平野桜祭	建具の日
11	メートル法公布記念日	
12	★世界宇宙の日	
13		★水産デー
14		
15	★科学技術週間・岐阜高山山王祭り	★布団の日
16		
17		
18	★発明の日	
19		
20	★郵便週間・逓信記念日	
21	伏見稲荷大社神幸祭・京都松尾大社神幸祭	
22	靖国神社春祭・滋賀多賀大社祭	
23		★サン・ジョルディの日（書籍）
24		
25		放送広告の日
26		
27	長崎港祭り	
28		
29	★みどりの日	
30		★図書記念日
31		

5月

★母の日（第2日曜日）

日	行事	業界記念日
1	メーデー・富士高岡関野祭	
2	★八十八夜	
3	憲法記念日・博多どんたく	
4	★国民の休日・下関海峡祭	
5	★こどもの日・児童福祉週間	★玩具 ★薬 ★ワカメの日
6	★立夏	
7		
8	★世界赤十字デー	
9		★アイスクリームの日
10	★愛鳥週間	
11	長良川鵜飼開き・奈良興福寺薪能	
12		ザリガニの日
13		
14		
15	沖縄本土復帰記念日、京都葵祭	
16		
17	日光東照宮春季例大祭	
18	国際善意デー	
19	奈良唐招提寺団扇まき・東京・浅草三社祭	
20	山形酒田日枝神社山王祭	ローマ字の日
21		
22		
23		
24	札幌ライラック祭・神奈川湊川神社楠公祭	
25	東京湯島天神祭	
26		
27		
28	福岡宮崎宮さつき祭	
29		★呉服の日 ★こんにゃくの日
30	★消費者の日	★お掃除の日
31		

6月　馬に親しむ日（第1月曜日）　★父の日　★鮑の日（第3日曜日）

日	行　事	業界記念日
1	気象記念日　★電波の日　★衣替え	★写真　★氷　★麦茶の日
2	横浜開港記念日・危険物安全週間	
3	★歯の衛生週間	
4		
5	世界環境デー・環境週間・名古屋熱田神宮祭	
6		
7	★計量の日	
8		
9		
10	★時の記念日	商工会の日
11	★入梅	★傘の日
12		★恋人の日
13		
14	金沢加賀百万石祭・大阪住吉大社田植祭	
15	東京日枝神社山王祭	
16		★和菓子の日
17	伊勢神宮月次祭	
18	海外移住の日	
19		
20	京都鞍馬寺竹伐り	★ペパーミントデー
21		★冷蔵庫の日
22	★夏至	★ボウリングの日
23	★オリンピックデー・沖縄慰霊の日	
24	東京愛宕千日詣り	空飛ぶ円盤記念日
25		
26	国連憲章調印記念日	★露天風呂の日
27		
28	貿易記念日	
29		
30	大はらい・夏越祭	
31		

7月

日	行事	業界記念日
1	★国民安全の日・安全週間・山開き・海開き	★童謡の日
2	福岡博多祇園山笠	
3		
4		
5		
6	東京入谷朝顔市	
7	★七夕・小暑	★浴衣 ★乾めん ★ギフトの日
8		
9	東京浅草観音ほおづき市	
10	国土建設週間	★納豆の日
11		
12	大阪生国魂神社夏祭	
13	★盆迎え火	
14		
15	★盆	

日	行事	業界記念日
16	盆送り火・えんま詣り	
17	京都祇園祭	
18		
19		
20	★土用 ★海の記念日・勤労青少年の日	
21		
22	埼玉熊谷うちわ祭	
23	大暑	
24	地蔵盆、福島相馬野馬追大祭	
25	大阪天神祭	
26		
27		
28		
29		
30	★土用の丑	
31	大阪住吉祭	

8月

日	行事	業界記念日
1	★水の日	★花火の日
2		★パンツの日
3	津軽ねぶた祭	★ハチミツの日
4	京都北野天満宮例祭	★箸の日
5		★タクシーの日
6	広島平和記念日・秋田竿灯・山形花笠祭	★ハムの日
7	仙台七夕祭	★鼻の日
8	★立秋	★そろばん ★ひげ ★ハゼの日
9	長崎原爆記念日	
10	★道の日	★帽子の日 ★国民皆泳の日
11		
12	徳島阿波踊り	
13		
14		
15	★終戦記念日	
16	京都大文字送り火	
17		
18		
19	秋田鹿角花輪ばやし	
20		
21		
22		
23		
24	京都地蔵盆	
25	東京亀戸天神祭	
26	富士吉田火祭り	
27	愛知一色大提灯祭	
28		
29		
30		
31		

9月

日	行　事	業界記念日
1	★二百十日 ★防災の日・茨城鹿島神宮祭	
2		★宝くじの日
3		
4	敦賀気比神宮祭	★櫛の日
5		
6		
7		
8	白露	
9	重陽、★救急の日	
10		★屋外広告の日 ★車点検の日
11		
12	水路記念日	
13	世界の法の日・福島白河提灯祭	
14		
15	★敬老の日・京都石清水八幡宮祭	
16	鎌倉八幡宮やぶさめ	
17		
18		★かいわれ大根の日
19		
20	★彼岸入り ★航空の日 ★動物愛護週間	★バスの記念日
21		
22		
23	★秋分の日	★愛馬の日 ★不動産の日
24	結核予防週間	★清掃の日
25		
26	彼岸明け	
27		
28		
29		★クリーニングの日
30		クレーンの日
31		

10月

日	行事	業界記念日
1	労働衛生週間・共同募金	★コーヒー ★日本酒 ★ネクタイ ★浄化槽 ★音楽の日
2		
3		
4	里親デー	★陶器の日 ★イワシの日
5		
6	★国際文通週間	
7		
8	長崎おくんち	★木の日 ★足袋の日
9	寒露・万国郵便連合記念日	★道具の日
10	★体育の日 ★目の愛護デー	★釣り ★まぐろ ★缶詰の日
11		
12		
13		引越しの日 ★さつまいもの日
14	★鉄道記念日	
15	★たすけあいの日	★人形の日 ★草履の日
16	愛媛新居浜太鼓祭	
17	★貯蓄の日・日光東照宮秋祭	
18	統計の日・東京靖国神社秋祭	★冷凍食品の日
19	東京日本橋べったら市	
20		★新聞広告の日
21	国際反戦デー	★明かりの日
22	京都時代祭・京都鞍馬寺火祭	
23	★電信電話記念日	
24	霜降・国連の日	
25		
26	原子力の日	
27	★読書週間	
28	速記記念日	★織物の日
29		
30		
31	世界勤倹デー・東京明治神宮例大祭	★ガスの記念日

★シャツの日（第1日曜日）

11月

日	行　事	業界記念日
1	★灯台記念日 ★教育文化週間	★鮨 ★紅茶 ★犬 ★家具の日
2	佐賀唐津おくんち・山形庄内百万石祭	
3	★文化の日	★文具 ★ハンカチ ★レコードの日
4	消費者センター開設記念日	
5		
6		
7	ロシヤ革命記念日	
8	★立冬・京都伏見稲荷火焚祭	★米菓の日
9	太陽暦採用記念日	★換気の日 ★消防の日
10	京都嵐山もみじ祭	エレベーター ★トイレの日
11	世界平和記念日	★ピーナツ ★電池 ★宝石の日
12		★洋服記念日
13		★漆の日
14		★パチンコの日
15	★七五三・赤十字記念日	★昆布 ★蒲鉾 ★着物の日
16		
17	奈良談山神社例祭	★将棋の日
18	熊本八代神社妙見祭	土木の日
19		
20	群馬高崎えびす講	★毛皮の日
21	京都東本願寺恩講	
22		★ボタンの日 ★いい夫婦の日
23	★勤労感謝の日	★手袋の日 ★外食の日
24		
25		★ハイビジョンの日
26	★全国火災予防運動	★ペン日
27		
28		
29		
30		
31		

12月

日	行事	業界記念日
1	歳末助け合い運動	★映画の日 ★鉄の記念日
2		
3	埼玉秩父神社夜祭	★カレンダー ★個人タクシーの日
4	人権週間	
5	納めの水天宮・国際ボランティアデー	
6		
7	大雪	
8	事納め・針供養・納めの薬師	
9	障害者の日・京都鳴滝了徳寺大根炊き	
10	世界人権デー・納めの金比羅	
11		★タンゴの日
12		★カーバッテリーの日
13		
14	兵庫赤穂大石神社義士祭	
15	年賀郵便特別扱い	
16		★電話の日
17	奈良春日大社若宮おん祭	
18	納め観音・東京浅草寺羽子板市	
19		
20		
21	納めの大師・京都東寺終弘法	
22	冬至 ★ゆず湯	
23	天皇誕生日	★テレホンカードの日
24	★クリスマスイブ・納めの地蔵	無線電信の日
25	クリスマス・終い天神	★スケートの日
26		
27	官庁御用納め	
28	納めの不動	
29		
30		
31	★大晦日・大払い・男鹿なまはげ・出羽三山松例祭	

本書の原稿を作成するに当たり、左記の新聞の記事を参考にさせていただいた。

著者

・日本経済新聞
・日経産業新聞
・日経流通新聞
・日刊ゲンダイ

〈著者プロフィール〉

三浦　進（みうら　すすむ）
1934年広島市生まれ。
家電流通関係を経て、広告代理店の取締役営業・企画部長を歴任。'84年セールスプロモーションエージェンシー（株）三広エスピーを設立、現在その代表取締役。メーカー、流通、サービス業関係の販売促進の企画立案とその推進が主な業務。その他販売促進に関するコンサルタント、講演等も行っている。フジテレビのニュースJAPANにゲスト出演。日本ペンクラブ会員。

これはすごい！

驚異の販促成功事例集

平成9年12月20日　第1刷

著　者——三浦　進
発行人——杉田早帆
印　刷——萩原印刷
発行所——株式会社　たちばな出版
〒167東京都杉並区西荻窪3—42—19第6フロントビル
TEL　03(5310)2131(代)

ISBN4-88692-824-2　C0034　¥1800E

定価はカバーに表示してあります。
落丁本・乱丁本はお取りかえいたします。

Case Studies in Increased Sales

Published by Tachibana Shuppan, Inc.

Republished in cooperation with toExcel,
a strategic unit of Kaleidoscope Software, Inc.

For information address:
toExcel
165 West 95th Street, Suite B-N
New York, NY 10025
www.toExcel.com

ISBN: 1-58348-142-7

Library of Congress Catalog Card Number: 99-60381

Printed in the United States of America

0 9 8 7 6 5 4 3 2 1

www.ingramcontent.com/pod-product-compliance
Lightning Source LLC
Chambersburg PA
CBHW020721180526
45163CB00001B/56
* 9 7 8 1 5 8 3 4 8 1 4 2 4 *